武汉商学院学术著作基金资助(商科类)

中国资本市场的公司财务管理

张 娟 著

中国商业出版社

图书在版编目(CIP)数据

中国资本市场的公司财务管理/张娟著.---北京：中国商业出版社，2018.12

ISBN 978-7-5208-0622-0

Ⅰ.①中… Ⅱ.①张… Ⅲ.①公司-财务管理-研究-中国 Ⅳ.①F279.246

中国版本图书馆 CIP 数据核字(2018)第 279317 号

责任编辑　黄世嘉

中国商业出版社出版发行
（100053　北京广安门内报国寺 1 号）
010-63180647　www.c-cbook.com
新华书店经销
天津市蓟县宏图印务有限公司印刷

*

787 毫米×1092 毫米　1/16 开　14.25 印张　345 千字
2019 年 3 月第 1 版　2019 年 3 月第 1 次印刷
定价:68.00 元

* * * *

（如有印装质量问题可更换）

前言
Preface

  随着改革开放的不断深入,上市公司在我国市场经济中的主体性地位得到不断增强,我国上市公司的持续健康发展对于整体经济运行和社会发展具有重要的意义。如何对我国资本市场上市公司的经济行为进行有效治理,已成为政府、媒体乃至全社会关注的焦点。我国资本市场的功能已经出现诸多缺陷:股权融资功能被过度强化,而定价功能和资源配置功能、激励约束功能则出现了严重扭曲。本书指出了资本市场功能与资本成本理念的内在联系,为研究我国资本市场深层次问题提供了一个全新的视角。

  本书在前人研究的基础上,突破了资本市场和公司财务理论相互割裂的局部研究思路,把金融学与财务管理学视为一个整体系统,对资本市场功能缺陷的制度性根源进行了深入探讨。资本成本作为公司财务学、投资学以及资本市场等领域的交汇点,应该是影响资本市场功能的深层次制度因素。本书不仅剖析了资本成本在我国缺位的原因,而且突破了金融学意义上的的资本成本概念,赋予了资本成本以投资者产权的性质,使其成为剖析资本市场功能缺陷原因的一个关键工具。在此基础上,本书借鉴了投资学、公司财务学、新制度经济学和信息经济学的理论,揭示了资本成本影响资本市场功能的各种机制。

  为了从根本上解决我国资本市场功能缺陷的问题,本书不仅探讨了资本成本与资金成本在我国的混淆及其造成的资本成本缺位问题,而且突破了纯粹金融学意义上的资本成本概念,将现代金融学和产权理论结合起来,对资本成本内涵进行了进一步扩展和深化,强调了资本成本作为投资者产权的性质,使其成为剖析资本市场功能缺陷原因的一个关键工具。在此基础上,本书揭示了资本成本影响资本市场功能的各种作用机制,指出了资本市场功能与资本成本特别是资本成本产权的内在联系,为研究我国资本市场深层次问题奠定了理论基础。笔者认为,正是这种资本成本与资金成本在我国的混淆及其带来的资本成本缺位才是造成我国资本市场功能缺陷的深层次制度性根源。

  目前与本主题相同的研究,在国外基本不存在;而在国内,类似的研究只在宏观层面上有所起步,但其成果的深度与可操作性均有相当明显的欠缺,尤其是缺乏将现代财务理念与资本市场制度建设统一起来的系统研究。基本上可以说,大多数学者(包括中国资本市场的推动者和决策者)都没有意识到资本成本理念是资本市场健康发展的核心和基石。

  本书针对我国上市公司财务管理的状况,广泛地吸收了国内外有关的最新研究成果,去发现问题、解决问题。通俗易懂的语言和案例,有助于读者了解财务管理的方法与内容,在理论和具体操作实务方面有所提高。在世界经济企稳回升的时刻,希望本书能够为我国上市公司财务管理提供借鉴,以求促进我国经济的健康发展。

张 娟

目录 Contents

1 第一章 导 论

第一节　中国资本市场的公司财务管理研究的背景　◂2
第二节　财务管理主要涉及的内容　◂8
第三节　资本市场公司财务管理研究国内外综述　◂11
第四节　公司财务研究的现状与问题　◂14
第五节　中国独特情景及公司财务研究展望　◂15
第六节　中国资本市场的公司财务管理研究的意义和方法　◂17

2 第二章 资本市场功能与发展研究

第一节　资本市场概论　◂21
第二节　资本市场的功能　◂27
第三节　我国资本市场的发展状况　◂29

3 第三章 上市公司财务管理环境的研究

第一节　上市公司财务管理存在的问题　◂33
第二节　上市公司财务管理中的对策　◂34
第三节　上市公司目标　◂36
第四节　上市公司的社会责任　◂40
第五节　相关利益者之间的利益冲突　◂43
第六节　金融环境　◂45

第四章 市场经济下公司财务筹资战略管理研究

- 第一节　财务战略概述　◀50
- 第二节　筹资战略规划　◀52
- 第三节　企业内部控制背景下的融资战略管理研究　◀53
- 第四节　融资战略风险　◀59
- 第五节　筹资渠道与方式的战略选择　◀60
- 第六节　筹资方式的比较与选择　◀63
- 第七节　资本结构合理安排战略　◀70

第五章 市场经济下公司财务投资战略管理研究

- 第一节　投资战略目标与选择　◀85
- 第二节　制定投资战略的方法　◀95
- 第三节　投资战略方案的评价与选择　◀103

第六章 上市公司营运资本管理研究

- 第一节　上市公司资产的合理配置　◀106
- 第二节　现金管理的内容　◀107
- 第三节　成功的现金收支管理　◀110
- 第四节　做好应收账款的管理　◀112
- 第五节　呆账催收管理　◀118

第七章 中国资本市场的公司财务管理的资产管理方法

第一节　固定资产管理办法　　◀125

第二节　无形资产的管理　　◀134

第八章 市场经济下公司财务报告框架

第一节　公司财务分析报告的形成阶段　　◀138

第二节　中国经济环境及衍生的会计基本假设　　◀141

第三节　财务报告的目标与财务报告信息的质量特征　　◀144

第九章 上市公司财务报表分析

第一节　如何分析上市公司财务报表　　◀158

第二节　上市公司财务报表的分析方法探析　　◀165

第三节　上市公司财务报表分析案例　　◀166

第四节　上市公司对务报表的粉饰与识别　　◀168

第十章 中国资本市场的公司财务管理的股利分配政策分析

第一节　股利政策与企业价值　　◀174

第二节　上市公司股利分配影响因素及对策　　◀179

第三节　股利支付程序与形式　　◀182

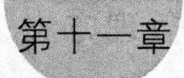

第十一章 市场经济下公司财务资本市场监管

第一节　监管目标　◀186

第二节　监管理念与基本原则　◀186

第三节　监管体制与监管模式　◀200

第四节　市场经济下公司财务资本市场监管具体方法　◀204

参考文献　◀214

后　记　◀219

第一章 导论

第一节
中国资本市场的公司财务管理研究的背景

一、财务管理学的贫瘠化与创新

西方财务管理学并非完美无瑕,贫瘠化是财务管理学面临的最大困境。财务管理学的贫瘠化在其内容上体现在严重偏离实际,也体现在其与相关学科的严重脱离和对金融环境变化的滞后反应上。走出其贫瘠化的重要途径,就是要改变财务管理学研究的视角,创新财务管理学涉及的内容,以及开发财务管理学研究的新领域。

财务管理学作为一门学科大约产生于 20 世纪 50 年代前后。经过近 70 年的发展,财务管理学已经发展成充满活力的方法体系,并成为商科学生的必修课程之一。财务管理人员正是运用这些基本理论来分析并解决企业的实际问题。财务管理学的基本理论随着理论研究的深化和实践的反馈,肯定还要被修正和更新,但绝对不会被完全否定或过时。但是,学科整体来看还未成熟,被公认合理有效的财务管理学体系还不能够解释和解决很多现实问题。

当人们讨论具体的财务管理热点问题时,却忽视了能够推进公司财务管理理论发展的至关重要的问题,这就是用整体思路来思考和审视财务管理学科的发展,发现新现象,从总体上把握财务管理学的特征,并重新审视和评估这个学科的发展状况。而我们一旦沿着整体思路研究,就会发现,这个学科目前仍处于贫瘠化状态。

二、财务管理学的框架结构及总体特征

关于财务管理学究竟是研究什么问题的表述有很多种,下面是几个典型的相关理论。

《商业周刊》1994 年评选的全美商学院 12 个顶级教授之一的 Aswath Damodaran 的表述是:公司财务的研究对象是公司所制定的所有具有财务意义的决策。这些决策可分为三大部分:与资源分配有关的决策——投资决策;与项目筹资有关的决策——资本结构决策;与制定再投资或退出经营现金额度有关的决策——股利决策。

Ross 等人认为:财务经理必须解决三类基本问题:第一个问题是企业的长期投资——资本预算;第二个问题是企业对支持其投资的长期筹资的获取和管理方式——资本结构;第三个问题是对收款和付款等日常财务管理——营运资本管理。

Brigham and Ehrhardt 提出:财务管理知识大部分围绕三个问题展开:第一个问题是公司股票的价值通过什么因素产生;第二个问题是管理者怎样选择增加公司价值的决策;第三个问题是管理者怎样才能保证公司执行计划时不出现资金匮乏。

西方学者对财务管理学框架的解释大同小异,即一个目标、四个模块的内容和一个

财务管理工具箱组成。其中,一个目标是指公司价值如何最大化;四个模块的内容是指投资决策、融资决策(或资本结构)、股利决策和营运资本管理;财务管理工具箱里的四把工具是指会计报表与比率、现值、风险收益模型和期权定价模型。

任何学科都构建在一系列的假设基础之上。Damodaran 教授将构建财务管理学的基础性假设归纳为四组,即经理与股东目标函数一致、债权人利益得到完全保护、市场有效性和社会成本为零。Damodaran 教授认为这些基本假设远离"现实世界",已受到来自多方的严厉批评,他试图寻找新的目标函数和理论体系来解决"现实世界"的财务冲突,如经理与股东的冲突、股东与债权人的冲突、公司与社会的冲突等,但迄今仍没有能够完全解决这些问题,这些假设目前仍是构建现代西方财务管理学基本理论与方法体系的前提。以这些基本假设为前提的西方财务管理学具有一系列总体特征,和它的基本假设一样地远离现实世界。这些总体特征包括如下几点。

(1)以资本市场为背景。财务学所要解决的三个基本问题,都以资本市场为背景,关注公司在资本市场中的投融资及其所派生出来的股利分配问题。因此,现代财务管理学实际上是以上市公司为研究对象的"资本市场财务学"。以上市公司为对象的财务管理学对非上市公司的适用性很差,而非上市公司通常要占到一国公司总数的90%以上。财务管理学的建构显然是关注了少数重点企业。以资本市场为背景的财务管理学具有一定的指导和应用价值,但这种财务管理学并不对所有企业具有普遍的使用性。财务管理学所关注的重点集中于资本市场中的投融资问题,而企业实际关注的内部财务运作和控制尤其是内部财务管理与控制的流程问题,很难融入财务管理学体系,或者占有重要位置。这就是人们学习了财务管理学却不会设计企业内部财务运作和控制体系的重要原因。

(2)以价值最大化为出发点展开。财务管理学在解决实际的投融资决策问题时选择的基本方法是成本与效益比较分析法,才能够体现价值最大化,如净现值或现值指数、资本成本、内部报酬率等。以价值标准作为投融资决策的惟一标准,与财务管理学体系在建构时所采用的工具方法论或分析方式有关。在国有企业的使命结构中,非价值性的社会责任类目标占有十分重要的位置,构成了国有企业决策(包括投融资决策)的重要出发点。在现实中,价值不是公司决策的惟一标准,尤其在国民经济主导的国有企业中。私营企业的非价值性的社会责任目标也是其使命结构中不可或缺的。即使将价值视为公司决策的惟一标准,所定义的"价值"概念也是不完全的。许多公司的决策对增进公司或股东价值有利,但却带来了巨大的社会成本。对公司或股东价值的过分注重必然会导致对社会价值和成本的忽视。在现实中的公司行为的外部性影响非常显著,如环境污染成本等,是公司决策时不可忽略的因素。如果过分强调以公司或股东价值作为决策的出发点或标准,势必会把那些对决策有实际影响的制度、人、文化等因素排斥在决策体系之外,也就是排除在财务管理学体系之外,本应活生生的财务管理学因此变成了"僵尸"。

(3)强调定量分析(数字财务)。把决策问题作为公司财务所要解决的基本问题,并把价值标准作为决策的惟一选择标准时,所有的财务问题都可以用数学模型来描述和解决。财务管理的教科书和学术杂志中大多是复杂的形式推理与经济计量技术,而与公司财务密切相关的制度、文化、意识形态等不可量化的因素,则被作为外生变量而统统忽略掉了。这虽然易于构建数学模型,但究竟是否能够开出可以解决财务问题的政策药方是很值得怀疑的。Shiller认为,过多地依赖这些原始的模型作为政策讨论的基础是十分冒险的,因为这些模型只适用于能够用精确的科学方法解决的问题,苛求精确就有可能出现离题的危险。

(4)以决策为重心展开。这种做法可能与西方学者对财务概念的理解有关。西方学者将公司财务狭隘地定义为与公司主管所做决策有关的一些内容。以决策为重心展开虽便于定量分析,并使框架结构前后逻辑一贯,但却无法反映公司财务管理的全貌。虽然不同财务事项的工作流程有很大不同,但财务管理的基本流程基本一致,这个基本流程至少包括财务战略与目标、财务预算、财务决策、财务评价与激励、财务分析、财务控制、财务预警等。以决策为重心的财务管理学不能涵盖整个财务管理流程,这也是财务管理理论偏离实际的重要原因。

三、财务管理学贫瘠化的表征

"贫瘠化"一词经常见于哲学、经济学、伦理学等的著作和学术杂志中,同样的概念也适用于公司财务学领域。虽然财务管理学已经取得了令人瞩目的发展,但公司财务管理学理论同样出现了严重的贫瘠化现象,这与财务管理学及相关学科和财务管理实践的发展相隔阂有关,并已经削弱了财务管理学的解释和预测能力。

1. 财务管理学的内容严重偏离实际

现有财务管理学努力解决的问题都是现实中需要解决的真实问题,但现有财务管理学究竟能够在多大程度上解决现实问题?现有教科书中提供的方法真的能解决现实问题吗?财务管理学在指向上(上市公司)和重心定位上(决策)对解释和解决非上市公司与非决策问题上的软弱能力,现有的财务管理学内容对于上市公司也可能不是大家期望的。即便是上市公司,筹资决策、投资决策和股利分配决策也不是它们每时每刻所发生和所关注的事项。这些事项总有一些"偶发"的性质。对于上市公司和非上市公司,它们经常关注的"经常性事项"主要可能是:如何控制好成本费用(成本费用管理);如何管好、用好资产(资产管理);如何确保经营和发展所需要的现金(现金流管理)。

财务管理学没有将这些经常性事项作为重点关注,而将重点定位在投融资决策及其所派生出来的股利决策等偶发性事项上,就意味着内容安排错位了。

2. 财务管理学与上下游学科严重脱节

任何一门学科都不是孤立存在的,财务管理学也存在于一个学科群或学科域中。其中数学、经济学、管理学、社会学等是其上游学科,统计学、财政学、金融学、会计学等及公司管理的相关功能学科,如生产管理、营销管理、技术管理、人力资源管理等都是其旁侧学科,财务管理学正是在这种学科的相互联系和相互效应中得以产生、发展的。财务管理学发生和发展深受其上游学科如数学和经济学的影响,但财务管理学的上游学科理论在近年发生了翻天覆地的变化,这种变化大部分没有在财务管理学理论中得到应有的响应,财务管理学对它的上游学科变化的反应过于迟钝,所以这种影响在近年开始弱化了。如经济学领域的外部性问题、"绿化"和"生态化"趋势,社会学中的冲突问题、社会成本问题,管理学中的战略导向、战略联盟问题,管理学、经济学和社会学中的网络结构问题等,这些问题都应该在财务管理学中得到反应,却均未在财务管理学得到实际的反应。相对于它的上游学科,财务管理学的发展已经严重滞后。诺贝尔经济学奖获得者阿马蒂亚·森曾将经济学与伦理学间出现的隔阂视为经济学贫瘠化的标志,而在财务管理学领域又出现了类似的特征。

3. 财务管理学对其环境变化影响反应滞后

公司财务管理的环境近年已经出现巨大变化。英国学者玛格丽特·梅将这些变化归纳为九个方面,即客户需求模式的改变;经济全球化;降低成本的压力;客户讨价还价能力的提高;战略联盟的出现;新基础的冲击;政府法规的增多;新市场的开拓;高度流动的资本市场。关注商业伦理和道德问题、重视环境和生态问题的趋势等,对财务职能提出新的要求。管理学、会计学都已经作出了积极的回应,然而财务管理工作改进有多大呢?玛格丽特·梅分析认为,进入新的世纪的事实是:用超过财务部门80%的资源和陈旧的计算机财务系统从事交易记录和控制工作,却不能使公司的价值显著增加。财务职能必须转型——"从传统的专家控制职能转变为着眼于未来的公司增值职能"。转变后的财务职能将在经营框架的构建和运营中发挥关键作用。这种经营框架将有效地把战略、经营、资源配置和绩效等内容连接起来,更好地适应市场的变化。显然,财务管理学还没有对这种财务职能转型有所反应。

本书所说的贫瘠化,意在指出财务管理学体系在相关理论发展和实务变革方面的局限性,不是否定西方财务管理学及其在中国的发展,也是意在说明财务管理学体系应在现有的基础上进一步创新。

四、再造和创新财务管理学框架的方法

改造和创新现有的财务管理学体系十分迫切,难度很大,又涉及对很多财务管理学基本问题的重新理解。国外的财务管理学都无法解决理论与实际的脱节问题及其在中国企业的适用性问题,我们应该做的是整合,以搭建结构完整、内外统一、视角合理的新型财务管理学体系。本书围绕财务管理学的创新问题,仅就研究视角、内容结构和研究领域三个方面作概略的说明。

1. 财务管理学内容的创新

"一个目标、四个模块、四把工具"的财务管理学架构,相对于内容极其丰富的财务管理实践而言,主要是"向外看"的财务管理学,属于"窄型"财务管理学,对公司内部财务管理问题的解决能力相当弱。创新财务管理学的内容,可供选择的路径至少有如下几种。

(1)功能创新路径。财务管理也称为财务报表管理。公司财务管理的基本功能是有效配置、培育和运用财务资源,以实现公司价值的创造与增值。需要财务管理的内容能够涵盖三张基本财务报表、四个板块的内容:权益管理(资产负债表右边的管理)、资产管

理(资产负债表左边的管理)、收益及其分配管理(利润表管理)和现金流量管理(现金流量表管理)。现有框架中的三类决策(投资决策、融资决策和股利决策)和营运资本管理,事实上存在于四个板块的管理体系中。

(2)主体创新路径。财务管理的主体是作为市场经济主体的企业,但现代经济的市场化、信息化、全球化和网络化特征,要求跳出企业主体。如研究海尔公司的财务管理问题时,绝不能只谈海尔公司,需要综合考虑海尔公司整个的价值网络和财务网络。财务管理学的内容可以向价值创造网络管理和财务支持网络管理两方面创新,站在价值链和价值网的范围上,思考和探索对企业主体的财务管理。

(3)行为主体创新路径。公司财务工作是分层次来展开的,不能局限于公司的财务部门。公司财务工作分为决策和执行两项权能,履行决策权能的行为主体是公司董事会和经理班子(合称"经营者"),履行执行权能的行为主体是包括财务部门在内的中层职能部门,甚至包括生产部门、营销部门、技术部门、人力资源管理部门等。新的商业环境需要把财务管理纳入战略和经营框架中,但财务与经营在公司组织体系中仍属于不同的层次,财务决策的组织层次要高些,从《中华人民共和国公司法》(以下简称《公司法》)对董事会职责和权限的规定中可以得到验证。如果不将财务管理局限于现金流管理,而是将重心界定为公司价值的创造或增值,则履行执行权能的部门就不能再局限于财务部门,公司财务也不能定义为"财务经理的财务"。财务决策实际上是融入治理框架中,而经营决策通常在经理层面就得到解决,则公司治理结构在构建财务管理学体系时是绕不开的。

(4)组织创新路径。公司财务的组织不能局限于财务部门、岗位的设置及职责界定,而应当从四个方面展开:①制定公司财务战略,战略决定组织架构;②设计财务管理的组织机构,进行职责界定;③设计财务管理流程,包括每一项具体的财务管理业务的流程;④搭建有效的财务管理信息平台,将财务与经营整合一体,如 ERP 系统平台等。财务管理学需要围绕财务组织管理、财务流程及其再造、财务战略管理、财务信息系统管理四个方面的内容进行创新。

(5)流程创新路径。财务管理工作需要按照一定的程序展开。不同的财务事项有不同的财务管理流程,但总体来看,基本的财务管理流程总是内含战略与目标、预算、根据信息反馈进行财务分析、执行中的控制、绩效评价与激励、财务预测尤其是财务危机预警等。在整个财务管理流程中,"风险"是贯彻始终的概念,如"风险容忍度""风险偏好""风险管理"等概念,整个财务管理体系流程体系无法回避。预算管理已经从单项预算管理转向以信息技术支持的全面预算管理阶段。如果预警公司出现危机的征兆或特征,公司还需要设计摆脱危机的战略和策略。因此,财务管理学的内容按照流程路径创新,就应当包括财务战略与目标管理、全面预算管理、财务分析、财务控制、绩效评价与财务激励、财务风险管理、财务危机及其预警、财务反超等。

(6)经营方式创新路径。财务管理战略深受市场结构形态转型的影响,短缺市场结构和过剩市场结构的选择总有差别。当前商品经营是"微利型"的,市场结构总体是过剩,企业需要选择新的经营方式来创新盈利空间,从价值创造和增值的角度,资本经营应运而生并倍受重视,越来越多的公司专业从事资本经营。相对于商品经营,资本经营的方式和结构更复杂,风险也更大。财务管理学的研究应关注资本经营及风险管理。

管理必备的"工具箱"加上以上创新路径,财务管理学创新后的体系由五大模块组成:(1)财务管理概览模块。该模块包括公司财务管理理论及其发展、财务的功能与目标结构、性质、财务管理环境及其演进、财务管理体系及其创新等内容。(2)财务管理功能模块。包括资产管理、收益及其分配管理、成本费用管理、资本或权益管理、现金流量管理、资本经营及其风险管理、价值及其创造管理、财务支持网络管理、财务风险管理等内容。(3)财务管理工具模块。该模块包括货币的时间价值、财务会计报表与比率、风险与报酬模型、期权定价模型等。(4)财务管理组织模块。该模块包括财务战略管理、财务治理与组织管理、财务流程及其再造、财务信息系统管理等内容。(5)财务管理流程模块。该模块包括财务决策管理、财务分析、财务控制、全面预算管理、绩效评价与财务激励、财务危机及其预警、财务反超等内容。

2. 财务管理学研究视角的创新

财务管理学的视角需要转换,新的观察和分析视角应该包括管理学、战略、本土化、利益相关者、跨学科整合等。

(1)管理学视角。这涉及财务管理学的学科归属。西方财务学的归属曾经为从会计学到应用经济学的转型。公司财务学是以资本市场为背景展开的,导致财务学与金融学的一体化状况。西方的学科划分传统不适用于中国。改革开放从前,中国的财务管理学更多借鉴前苏联的传统,将财务管理学确立为微观管理学的分支。中国继续沿用这个传统,有将金融学与财务学分而治之的学术传统,立足于从管理学的立场来研究和设计财务管理学。这有两点需要关注:①从价值创造和增值而不是风险最小化的目标出发,对财务管理、控制流程及方法体系的设计很有意义;②财务管理学的视野应该涵盖公司内外两个领域,从整体来看公司的财务业务,将公司财务业务与公司经营、战略、资源配置和绩效衡量等要素连接起来。从目前学界的研究和实践来看,对财务管理、控制流程及方法体系的选择从风险最小化的立场考虑,表现在控制程序的烦琐设计上。使风险性与效率性相统一,转换财务管理学的研究视角,需要将风险偏好和风险容忍度等概念纳入财务管理体系。

(2)战略视角。确立战略导向是20世纪管理学的重大变化之一,财务管理学也应对此有所体现,以实现财务管理从战术向战略、从具体事项到整体的管理转变。财务分析现有的四个板块(营运能力、偿债能力、盈利能力和发展能力)分析体系缺乏整体性、战略性和层次性。确立战略导向的财务分析体系需以财务报表为基本依据,将财务分析与战略、资源配置、经营和绩效考核联系在一起,整合经营资料,系统考察公司的价值、效率、质量、实力、风险、成长性或失败性以及基于现金流和价值创造的战略分析。

(3)本土化视角。会计是国际商业语言,会计标准也逐渐国际化,这使得会计学的研究可以选择普世或趋同的模式。财务管理有所不同。财务管理作为实体性的管理活动,深受文化的影响。在经济全球化时代,跨文化管理研究证实,管理方式会因文化不同表现出巨大的差异,也包括财务管理方式,如财权配置模式、运作方式,在中华文化背景下的特殊性非常明显。在中国,文化特质如集体主义、大权距、政府主导、儒家伦理等对财务管理实务影响非常深刻,研究财务管理问题时无法回避。因此,财务管理研究应考虑文化的影响,选择本土化的模式。财务管理学的构建应以文化为基石,考察并分析如集体主义、个人主义、风险意识、宗教、权力距离、语言等文化因素的实际影响。

本土化的财务管理研究,首先是民族的,需要研究人员关注中国财务管理背景及其对财务的影响,需要与中国的经济、文化、政治、法律等环境因素相适应,要将企业的财务问题嵌入中国的社会结构中,分析企业财务与社会结构间的互动关系,避免导致理论与实际的脱节;本土化的研究模式是制度内生性的,要求将制度作为公司财务行为的内生性因素而非外生变量来看待,关注正式和非正式的、内部和外部的制度结构对公司财务行为的实际影响。

(4)跨学科整合视角。综合化和细分化是科学发展的两种并存并交叉的趋势,这个趋势越来明显,要求关注其上游和旁侧学科(诸如社会学、经济学、管理学、政治学、伦理学、心理学和文化学、行为学、法学等)的冲击与影响,并借助跨学科相关理论和方法研究解决公司的财务问题,避免陷入"就财务论财务"的误区。

3. 财务研究领域的创新

在细分模式下,科学发展已显著多元化了。如经济学有数理经济学、信息经济学、行为经济学、制度经济学、经济伦理学、经济心理学,社会学有法律社会学、文化社会学、性别社会学、经济社会学,等等。财务学领域迄今仍沿用单一的发展路径——数理财务学,这也是财务管理学贫瘠化的表征。

财务管理学需要寻找别的发展路径吗?能够寻找到别的发展路径吗?因为公司财务行为属于最普遍、最典型的经济行为,明显具有社会性、伦理性等特征,且制度结构内生于其中。拓展财务管理学研究领域的必要性和可能性勿庸置疑的,既然以经济行为为研究对象的经济学可以沿多条路径发展,那财务管理学四种新的发展路径和研究领域,即行为财务学、制度财务学、财务社会学和财务伦理学,都是可以尝试和研究的新学科领域。

第二节
财务管理主要涉及的内容

上市公司是企业界中比较优秀的群体,他们在努力实现自己对投资者的承诺即"股东财富最大化"的同时,也在积极地肩负其社会责任。上市公司目标的实现是一个长期持续的努力过程,为所有的利益相关者创造价值,需要不断地为股东创造价值、为全社会创造价值。在上市公司价值创造的过程中,有为实现这些目标而努力工作的上市公司的财务管理人员。

在现代公司发展中,财务管理好的上市公司必定拥有好的财务管理。一个上市公司可利用的资金毕竟有限,如何实现有限资金的合理配置,是上市公司财务主管需要考虑的问题。上市公司的财务主管运用自己掌握的财务管理知识,做企业的财务"大管家",

既要防止资金滥用给公司带来浪费,又要避免因为资金供应不足而影响整体的规模效应。财务工作量非常大、难度高,财务人员辛勤工作和精细管理上市公司,为其创造最大价值保驾护航。

上市公司的财务主管和会计人员应在以下事项中成为重要的参与者:制定公司的战略,使公司在实现其宗旨的过程中,获得均衡开阔的视野;确定明确的目标,并使其具有具体含义;形成具有较高实现概率的稳健的假设,制定标准,考察所有的方案、计划和决策;以合适的、有意义的方式进行信息报告,再确认主要的相关问题。财务总监应该通过正确的财务决策来确保在公司的所有结构中都具有不断前进的动力。

财务管理主要涉及三个方面的内容:投资决策、融资决策和资产管理决策。投资决策是最为重要的。投资决策也称为资本预算,主要是指企业的长期投资和管理的过程。它的基本特点在于:公司的决策人员进行投资决策,需要综合考虑项目的金额、时间长短和未来现金流的风险等因素。公司投资只有在未来才能产生收益,而未来是具有不确定性。投资活动需要资金,好的融资决策能够带给企业更高的资金使用效率,确保股东价值最大化。只有这样,才能增加企业的价值。资产管理决策是财务管理的第三项重要内容。财务经理更关注营运资本的管理,目的在于保证企业生产经营资金的正常周转,保持生产经营的连续性。在资产已经购置、所需资金已经筹集后,公司需要对这些资产实施有效的管理。而固定资产的管理,是由使用这些资产的生产经理承担。

好的财务管理体制可以帮助企业降低和抵御经营风险,提高市场竞争力。好的财务管理体制可以帮助上市公司尽可能地实现决策最优化,提高生产要素的配置能力,进而优化公司资本结构。财务管理可以在市场竞争、经营规划、内部经营管理等方面进行预测、控制、反馈,改善企业的内部管理,降低资产负债比率,使上市公司经营决策达到最优化。没有股东的支持,就没有上市公司的成功。好的财务体制和财务管理方式可以帮助上市公司实现"股东财富最大化"的目标。如何使他们的财富最大化,是上市公司需要考虑的重要问题,充分体现了财务管理对股东的意义。上市公司的财务管理在企业中具有重要的监督作用。发挥财务会计的管理职能是企业管理层及广大员工应当履行的职责。企业财务人员要积极参与拟订生产经营计划、投资规模计划、资金运作计划,参与经济决策,对计划、决策的合理性、合法性实施事前监督;要考核、分析预算的执行情况,加强对经济活动的事后监督,要强化经济活动运行中的事中监督,使经济活动按照计划正常运转;使财务监督成为企业管理和控制重大经济问题的手段,更好地为提高企业经济效益服务。

近些年,财务管理的理论与实践主要呈现以下几种趋势。

(1)定量分析逐渐成为主流。现代财务管理要求对企业的经济活动给出明确的数量概念,以便于管理层进行决策。这就要求企业的财务管理人员不仅要懂得财务管理的知识内容,还要在统计学、经济数学等投资决策领域有所造诣。工艺技术方案、环境方案、工程方案、运用过程的优劣,都可以用建立数学模型的方法进行描述。数量方法是实证研究的基本技术。对风险的预测同样需要我们运用定量分析模型进行处理。现在企业风险分析必须要定量,运用数学模型,进行风险预测,然后出具分析报告,供管理人员进行决策。投资风险的研究是财务管理的定量特征的主要表现,这种投资既包括有形资产,也包括无形资产;既涉及实物资产,也包含有金融资产等诸多投资领域。

(2)无形资产将成为企业投资决策的重点。在经济发达国家,科学技术在经济增长中的贡献率高达60%~80%。无形资产所占资产比例的持续稳步增加。随着知识资本在企业资本结构中所占主导地位的形成,无形资产必然成为企业最主要的投资对象。科技创新将成为财务管理的重心,将科技创新成果引入生产领域,形成可行的投资项目,最后把经过详细论证的可行性投资项目提供给投资者,以其高额回报为条件来筹集资金。如微软公司2010年用于研发的费用为95亿美元。正是由于微软公司舍得如此投入,才保证了其在软件开发领域的全球霸主地位。

(3)网络财务是以互联网内部网及电子商务为背景的在线理财活动。网络的广泛利用能够提高企业的竞争力,能够全面整合企业的财务资源,从而提高工作效率。在网络财务环境中,电子单据和电子货物广泛使用,促进流程速度和财务效率的提高,节省了许多中间环节,进而加快资金周转速度,降低企业的资金成本。

(4)人力资本的所有者将参与到企业税后利润的分配。为了留住人才,现代企业往往会给知识型人才丰厚的回报。人力资本的所有者分担企业的风险,同时享有分享企业利润分配的权利。如高新技术企业给员工派送股票红利,给企业的一些高级经理人股票期权等。这些都是人力资本参与到企业税后利润分配的显著形式。

(5)财务管理工具从基本的金融工具(主要包括货币市场的货币、汇票、商业本票、银行可转让存单、国库券等,资本市场的债权证券、股权证券如基金受益凭证等)逐步走向衍生,具有代表性的是金融工具创新。衍生金融工具是全球金融市场创新浪潮中的高科技产品,20世纪70年代以来,通过预测股价、利率、汇率未来行情走势,采用支付少量保证金或权利金签订跨期合同或互换不同金融工具等不同形式的新兴金融工具。

目前,我国上市公司极大地增强了自身的竞争力,也不断地为社会创造价值,但仍面临着一些不可回避的问题。

第一,现有的产权理论和制度仍然忽视人力资本对公司发展的重大作用。传统产权制度加剧了利益冲突。知识经济是建立在知识和信息的生产、分配和使用上的经济,是以知识资本为主的资源配置结构。在现有的市场经济中,掌握知识的员工在企业中发挥着越来越重要的作用。因而,在传统工业经济向知识经济过渡时期,现代企业是财务资本与知识资本这两种资本及其所有权之间的"复合契约",是"利益相关者"的产权合作。传统工业经济时代的产权理论及制度只注重有形资产和投入资本的配置,忽视知识资本的有效配置,只注重出资者享有企业的剩余索取权,排斥智力劳动及其他相关利益者对企业的剩余分配权,从而加剧所有者(股东)、经营者和员工等利益相关者之间的冲突与矛盾。

第二,风险理财加剧了企业风险。随着知识经济的到来,企业会面临更多的风险。这主要有以下几个原因:一是知识积累和革新的速度加快;二是网络化、虚拟化;三是高新技术使产品寿命周期不断缩短,加大了存货风险、产品设计、开发风险;四是因"网上银行"和"电子货币"的运用,货币风险加剧。更好地追求创新与发展,有效防范、抵御各种风险及危机,是财务管理的重要问题。

第三,财务人员的素质严重妨碍着知识化理财。在知识经济时代,企业资产结构中以专利权、商标权、人才素质、计算机软件、产品创新等无形资产所占比重提高,无形资产将成为企业最主要的投资对象。随着知识经济的到来,财务经理要了解经营业务,了解企业环境、经济环境和竞争环境等,才能为业务部门提供更多的决策支持和信息分析。现今,财务管理的理论与内容对无形资产涉及较少,现实财务管理往往低估无形资产价值,不善于利用无形资产进行资本运营。

第四,受传统管理理念及新知识的局限性等影响,当前财务管理缺少网络化管理。互联网将为财务管理提供全新的模式,对外实现与工商、银行、税务、海关等部门的协同,对内使财务、采购、保管、销售协同一致。集成许多财务管理职能,实现数据的远程处理和及时传递,如网上收支结算、筹资融资、购销查账等,不同地域、类型的子公司可以通过网络实行统一管理。在市场经济社会中,宏观经济状况直接影响着企业的财务活动。实现财务网络化管理也是财务管理的客观要求。金融市场所提供的信息已成为企业经营和投资的重要依据。

第三节
资本市场公司财务管理研究国内外综述

公司财务是工商管理学科中最为重要研究领域之一,又称为公司金融(Corporate Finance)。公司财务始于1897年,早年称为"财务管理"(Financial Management),迄今已有100多年的历史,期间至少有11位相关的学者获得了诺贝尔经济学奖。公司财务或公司金融的研究重点从经典向现代的财务管理研究框架发展,研究始终与心理学、经济学、政治学等密切相关,是最具活力和挑战性的一项研究;从研究企业内部的财务管理转向研究企业内部财务管理与外部金融市场间的互动关系;从静态向动态的财务管理研究发展;从单学科、纯财务管理问题向多学科交融、复合式的财务管理问题的研究发展。

一、公司财务研究的历史

公司财务学科起源于会计,又独立于会计,不仅与会计学科密不可分,又与金融学科密切相关。从公司财务研究的发展来看,大致可分为如下四个阶段。

1. 形成阶段(1897—1930年)

此时公司财务不仅研究财务指标体系及分析方法,探讨财务指标的设计、计算及与证券市场的关系,还研究证券市场和期货市场的主要特征。研究的标志性成果是1897年纽约会计师格林撰写了第一部相关著作——《财务管理》作和1900年路易斯·巴奇利尔探讨期货市场的博士论文——《投机理论》。此时公司财务的研究与金融市场的研究尚未融合一体,主要研究如何根据公司财务报表信息对公司的成本-效益进行分析、计算与评价。

2. 传统研究阶段(1930—1950年)

此时的研究主要是探讨财务信息与企业价值之间的关系,探讨基于货币时间价值的各类估值模型。1938年威廉的《估值理论》以及后期以威廉-高登股利贴现模型为中心的一系列估值模型是标志性的成果。

3. 现代研究阶段(1950—1975年)

这一时期的研究开始尝试基于资本或金融市场来研究财务和经营信息与证券价格或企业价值间的互动关系,发生了巨大的变化,并在负债和分红、"资本成本理论"(Theory of Cost of Capital)等"财务政策理论"(Theory of Financial Policy)方面的研究取得原创性和突破性进展。这一时期的标志性研究成果有哈利·马克维斯于1950年提出的投资组合理论;1958年、1963年、1965年提出的MM的资本结构理论;威廉·夏普于1963年、1964年基于马克维斯投资组合理论和托宾的资金分离定理推导出的资本资产定价模型(CAPM);布莱克、舒尔茨和莫顿1972年及其后来提出的期权定价模型(OPM),尤金·法玛1965年、1970年、1976年提出的有效市场理论;罗斯1976年提出的套利定价模型(APT)。1985年MM理论中的莫迪格里安尼、1990年马克维斯、夏普和MM理论中的米勒、1997年舒尔茨和莫顿、2013年法玛都荣获了诺贝尔经济学奖。此时的公司财务研究不再把财务管理视为企业的内部"成本-效益"的管理,公司财务研究重心放在企业经营和财务信息及经营和财务管理决策与资本市场证券价格(值)间的互动关系问题,并形成了完整和系统的理论研究框架(见图1-1)。

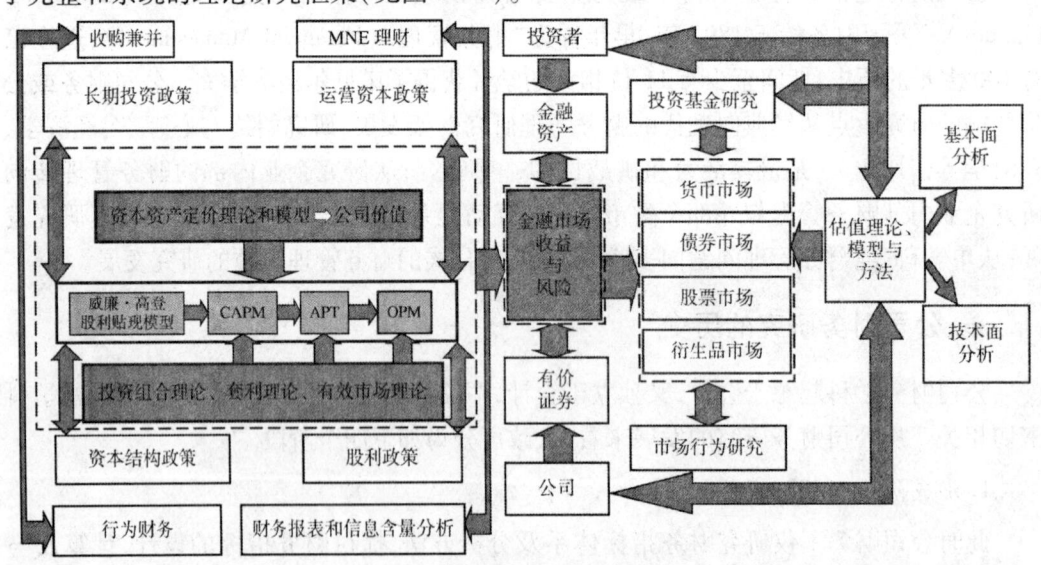

图1-1 公司财务的理论框架

围绕企业价值最大化目标,必须首先解决资本成本的核心问题,权益资本成本是一个难题。围绕权益资本研究,形成了系列资本资产的估值和定价理论与模型,如威廉—高登的股利贴现模型、CAPM和APT、OPM。但不同于传统的股利贴现模型,CAPM及其此后的定价模型是建立在有效市场理论、投资组合理论、套利定价理论的基础上。在解决了权益资本成本或资本资产定价后,即可探讨投资、分红(在理论上,股权融资可视为

"逆向分红")、负债、营运资本等财务政策与企业价值间互动关系。在此基础上，跨国公司理财、收购兼并、行为财务、财务报表及其信息含量分析等属于公司财务的研究专题。

当企业在市场上发行证券，投资者投资证券，就形成了金融市场，包括货币市场、股票市场、债券市场、外汇市场和衍生品市场等。现代意义上的公司财务研究不能离开资本市场，最受关注的问题是在金融市场上其收益和风险。

"公司财务"称为"公司金融"，在金融市场方面形成四个重要的研究专题：一是投资收益、风险和估值的研究；二是对基金形成的共同投资基金和分析师行为等的研究；三是对金融市场特征和行为的研究；四是公司财务经典的理论研究框架如何突破。公司财务的研究继续深化探索一些难题，包括资本资产定价模型的深化与完善，以及"资本结构之谜"(The Puzzle of Capital Structure)、"股利政策之谜"(The Puzzle of Dividend Policy)、"现金持有之谜"(The Puzzle of Cash Holdings)等。1976 年，罗斯提出"套利定价理论"(APT)。席勒和坎贝尔于 1988 年发表"股票价格、盈利和预期股利"，在应用美国股市综合数据研究后指出，企业实际盈利的长期历史均值是未来实际股利现值的优良估计。法玛和佛伦奇于 1993 年提出了著名的"三因素定价模型"等。这一时期研究的主流还有公司财务与其他学科交叉与融合。詹森和麦克林于 1976 年发表了著名的"企业理论：管理行为、代理成本和所有权结构"，阐述了代理及公司治理与财务问题的关系。20 世纪 80 年代后期开始探讨动态资本结构。德邦和塞勒于 1985 年发表的"股票市场过度反应了吗"，将心理偏差引入股票投资决策问题。SV 于 1997 年发表的"公司治理调查"，La Porta 等于 1998 年发表了"投资者保护和公司治理""法与金融"，阐述了金融市场与法律、投资者保护法律与公司价值间的关系。2000 年后的"迎合股利政策"，公司治理、心理偏差、代理理论、投资者法律保护等与公司财务间的关系成为研究热点。席勒(2013 年)、塞勒(2017 年)先后荣获诺贝尔经济学奖。2013 年，拉尔斯·汉森、法码和席勒三人获奖的理由主要还在于他们在资本和资产价格的实证研究和长期价格走势预测做出贡献，席勒的《非理性繁荣》一书使其扬名经济领域。公司财务交叉融合研究这一时期有三个形态：一是公司财务与审计、会计、资本市场及金融市场(投资)的融合，虽然研究的侧重点不尽相同，但研究范式和关注的问题趋同；二是公司财务与工商管理学科研究方向如技术创新、市场竞争、人力资源、商业模式、物流供应链、企业战略等间的交叉、互动研究，探讨公司财务与管理问题的关系；三是跨学科间的交叉和互动研究，探索公司财务与心理学、政治学、经济学、伦理及文化、法学、社会学、网络技术等间的关系。

我国学者立足本土，结合国情，紧跟国际学术的研究前沿，积极探索中国特色的公司财务管理规律。在现金持有、资本结构、行为金融和行为财务、技术创新与公司、分红政策、公司内外部治理与公司财务、业绩评价与高管薪酬、政治关联与公司财务、收购兼并、中小投资者法律保护、宏观经济与公司财务等方面取得了大量的研究成果，为中国本土的公司财务理论研究奠定了基础。

国际学术界也关注最近十多年来中国独特的制度背景及公司财务问题，如负债、政治关联与公司财务、现金持有、公司治理与公司财务等。我国公司财务的研究有两个典型特征：一是引入公司治理，探索中国治理环境下独特的公司财务问题；二是引入心理行为，探索心理和行为偏差对中国企业管理者和资本市场投资者的决策行为的影响。

第四节
公司财务研究的现状与问题

公司财务研究进入 21 世纪后，形成了内外交叉融合的新框架、新特征和新范式。

1. 公司财务与制度间的关系引起了学术界的重视，研究涉及法律法规、政治体制、金融制度等对公司资本成本和财务政策的影响。如拉夫·纳萨奈尔于 1964 年发表了"经济发展与官僚腐败"，在《美国行为科学家》探讨政治因素对经济的影响。20 世纪七八十年代，西方公有企业的私有化改革、政治因素或政治关联对公司财务影响的研究引起广泛注意。研究成果具有典型的"制度情景依赖特征"，公司财务的研究沿着其与代理关系、产权结构、法律制度、公司治理、政治体制等因素的关系拓展和进一步深化，但许多问题迄今仍有待深究。

2. 公司财务与行为偏差关系的研究仍在延续，从行为经济到行为金融再到行为财务的研究，人类的心理偏差对企业管理决策、宏观经济政策、金融市场走势的影响很多。但行为财务和行为金融不同。行为财务根据资本市场、金融市场的数据，研究企业管理者的决策和行为，如管理者的收购兼并决策中的过度乐观、自信，负债政策中的过度负债，股利政策中迎合行为，投资决策中的过度投资等。行为金融根据资本市场、金融市场的数据，侧重研究投资者在资本市场或金融市场的行为，如投资者的反应过度、不足等。

3. 公司财务与文化的关系研究成为热点。公司财务与文化的研究近年主要从宗教、道德、国家伦理、地域及习俗和社会资本等维度展开，且方兴未艾。顶尖财务学期刊 JFE 在 2015 年 7 月第 117 卷专门出版了一期财务与文化主题的特刊。芝加哥大学教授、美国前 AFA 主席、著名财务学家 Zingales 于 2015 年指出："文化这一创新性的元素开始走进财务学的研究视野，为财务学的研究提供了绝佳的研究机会。"财务与文化交叉研究是近年来财务学研究的新趋势和热点。

4. 互联网、大数据与公司财务间关系的研究需要拓展。互联网技术不仅改变了企业商业模式，也改变了企业信息的传播途径、传播速度、披露方式、影响范围和影响力度，改变了管理者、投资者和监管者的决策行为；大数据的复杂性对公司财务和金融市场的影响更复杂，作用更多元。这一方面推动了企业和金融市场的技术创新和管理变革，另一方面对传统的财务、金融、审计、会计理论提出新的挑战。这方面学术研究仍是"相对的空白"。Nature 和 Science 分别在 2008 年和 2011 年专刊探讨大数据的应用前景、特征、面临的机遇和挑战。2014 年，拉泽等提出了可能导致大数据偏差的两个原因：一个是"蓝队偏差"（Blue Team Dynamics），是指服务提供商为了商业利益，改变数据算法而导致的偏差，也称"数据算法偏差"。如百度搜索竞价服务导致的"魏则西就医事件"均属于典型的算法偏差；谷歌的"搜索推荐"就导致某个关键词搜索量的提高。另外一个是"红队偏差"（Red Team Dynamics），是指为了特定目的，生产数据的用户（即大数据研究者的被试)而尝试操纵数据的生成,也称"数据生成偏差"。已有国内外研究证实,大数据通过影响投资者的情绪,影响股票投资的收益。拉泽等指出,类似的手段也可能在推特和脸书等社交媒体传播股市谣言,从而获取经济利益,但目前这一推测还没有检验。许多国内学者开始对大数据的精确性、非抽样误差、循环使用等问题进行探讨,并已经关注社交媒体的大数据偏差性及其对股票的影响。

5.公司财务的研究中,理论脱离实际。公司财务管理的目标是企业价值最大化,但在研究影响因素时,比较多的是研究两个财务政策联动对企业价值的影响,总是在其他条件不变的假设前提下,去探讨六大财务政策(资本结构、营运资本、股权融资、利润分配、资产配置和投资、现金管理)对企业价值的影响,很少研究多个财务政策的联动对企业价值的影响。这与现实中的企业财务管理场景和决策存在很大差异。实际的企业财务管理决策过程中,负债和分红会影响股权融资,从而影响投资扩张和营运资本增减,负债会影响分红,分红会影响负债;负债会影响投资,投资会影响负债;而投资扩张和增减营运资本又会反过来会影响负债和分红,从而影响企业增资扩股等。这是研究公司财务理论的致命缺陷。

第五节
中国独特情景及公司财务研究展望

目前,中国在管理科学领域研究已经取得了可喜的进展,尤其是会计、审计和公司财务领域方面。工商管理学科是近年来进步最迅猛的学科之一,1995—2016 年,中国学者发表于会计、审计和公司财务领域顶级期刊的论文共有 40 篇发表于 TOP 6 的期刊,有 68 篇发表于 TOP 9 的期刊,且近 10 年来发表论文的数量增长较快。从管理科学领域来看,2013 年中国管理科学 WOS 论文数量为 5288 篇,2004 年仅为 682 篇,增长了 6.8 倍。从国际排名来看,2013 年中国管理科学的世界排名第 3 位,仅次于美国和英国,2004 年为第 11 位,进步了 8 个位次。论文的被引程度是衡量研究质量的一个重要因素。2009—2013 年,在管理科学领域,中国的论文以 7.4% 的数量份额获得了全球 8.5% 的引文份额和 11% 的高被引论文份额,以相对较少的论文获得了相对较多的被引频次和高被引论文。2009—2013 年,工商管理的论文、引文、高被引论文国际排名分别比 2004—2008 年进步了 10、8、6 个位次。

管理学顶级期刊(Academy of Management Journal)论文来源数据的统计表明,有些亚洲问题研究仅是简单套用西方管理理论,并未提出独特亚洲管理情境下的新理论。目前工商管理学科仍由西方国家主导,特别是会计、审计和公司财务的学术研究。在各国历史演进过程中,哲学理念与文化价值观逐渐形成了相对稳定的群体性思想观念,否则,难以解释近年来亚洲尤其中国经济的快速增长。在 2015 年,著名学者 Barkema 等人呼吁研究者们应提出更多基于独特东方管理情境、能够解决社会重大需求的创新学术架构。

第一，中国具有独特经济、制度、人口和文化等情景。基于亚洲乃至中国独特情境的创新性理论，首先要了解亚洲与西方国家的区别。亚洲有其特有的哲学理念、制度环境与文化价值观。截至2016年12月底，全国有各类市场主体8705.4万户，其中，个体工商户5930万户，企业2596.1万户，农民专业合作社179.4万户。企业类型多导致财务管理问题多元且复杂。

第二，中国的资本市场虽只走过了20多年的发展历程，已成为全球最大的资本市场之一，表现在我国上市公司数量、公司市值或股票交易额。自2004年6月25日中小板市场创立，上市公司超过822家，市值超过98万亿元。截至2016年年底，沪、深两市上市公司总计3047家，股票年成交金额约127.77万亿元，股票总市值达50.77万亿元。在新三板挂牌交易的公司超过10163家。自2009年10月30日成立创业板市场，上市公司已超过570家，市值超过5万亿元。从债券市场来看，截至2016年年底，公司信用类债券发行额超过6万亿元，国债发行额超过5万亿元。

第三，我国上市公司数量和资本市场规模快速增长的同时，上市公司的"内幕交易""会计造假"和"操纵股价"等丑闻不断出现。2010—2015年，根据中国证监会资料，我国上市公司各类违规违法案件高达3631件。其中，虚假陈述、虚构资产、披露不实、虚构利润、内幕交易、违规买卖股票、操纵股价、欺诈上市等严重和较严重事件共计1387起。1994年1月至2017年7月，我国政府处罚会计处理不当、市场交易违规、会计造假、信息披露违规等事件4780次，涉及1759家公司。其中，会计造假906件；市场违规8657件；违规披露2194起，会计处理不当112件；其他711起。

第四，我国互联网技术和应用迅猛发展，对经济、社会和文化等方面发展的影响极其深远。中国成为名副其实的互联网用户大国。截至2016年6月，我国互联网普及率为53.2%，网民用户数达7.31亿，近10年来，互联网普及率增长了4倍，网民规模增长了4.3倍。其中，手机网民用户数近7亿，占总网民人数的95.1%。

第五，我国宏观政策的调整，国家发展战略、宏观体制和治理机制、金融及税收体制改革。在经历多年的经济高增长后，国有企业的混合所有制改革不断推进，经济进入新常态，对公司财务提出许多新的挑战。

对于公司财务的研究，中国情景多样性、复杂性、动态性和制度依赖性等特征，不仅是困难与挑战，更是难得的机遇和创新机会，也使研究公司财务不仅具有科学理论探索意义，还具有现实重要意义。

本着探索前沿课题的思路，面向世界，立足国情，作者在分析文献基础上，提炼出16个我国公司财务领域重要研究方向：企业商业模式、财务特征和财务政策的研究；互联网时代的资本市场行为的研究；互联网时代的公司财务行为和决策的研究；风险投资、公司财务与资本市场互动关系的研究；制度和文化与公司财务行为的研究；收购兼并、公司治理和绩效评价的研究；资本市场行为与公司财务决策交互关系的研究；国企混合所有制改革及财务理论关系的研究；高新技术企业的公司治理、财务特征和财务政策的研究；股利政策及其影响因素的研究；动态资本结构及其关键问题的研究；债券市场与公司财务行为的研究；现金持有和超额现金持有的一般影响因素和结构性影响因素的研究；行为偏差与行为财务的研究;公司财务绩效、公司治理与高管薪酬激励的研究;宏观经济与公司财务关系的研究。开展这些课题研究,对构建具有中国特色的公司财务理论具有重大的理论和现实意义。

第六节
中国资本市场的公司财务管理研究的意义和方法

一、研究的意义

在对我国资本市场功能的研究中,现有文献多从资本市场结构、资本市场制度绩效和制度设计等方面进行,有关研究成果也多集中在资本市场制度功能的完善上,为数不少的研究仅仅局限于就制度论制度和财务管理,就功能论功能,而运用系统分析方法探讨由资本成本和财务管理这一微观制度变量的缺位导致的资本市场功能和财务管理存在缺陷的研究很少,从而资本市场的财务管理功能完善措施的再设计往往缺乏深层次的制度依托。

本书借鉴前人研究成果,突破资本市场和现代公司财务理论相互割裂的局部研究思路,把国内的金融学与财务管理学两大学科视为一个整体理论体系,对资本市场功能缺陷的制度性根源进行了深入探讨,论证了资本成本缺位是造成中国资本市场功能缺陷的原因,为我国资本市场建设提供了全新的视角。本书的应用价值在于为证券管理部门进行资本市场功能理论建设提供依据,特别是为多层次资本市场的目标提供参考意见,并从根本上有助于恢复我国资本市场的投资价值。

本书并不赞同完善资本市场必须进行产权清晰的解决办法。国内主流学者和官方所使用的产权清晰一词是对产权的一种误用,实际上是指所有权清晰。企业所有权清晰并不是使资本市场发挥功能的必要条件,如英美以外的资本市场均可为证。本书强调的则是投资者的资本成本产权对资本市场功能的必要性。按照产权理论,投资者的产权也是一组权利束,包括收益权、投票权、转让权、普通分红权等,本书认为还应该包括必要报酬权(即资本成本产权)。因此,本书提出的明晰资本成本产权的制度安排是新思路,并不涉及所有制,具有较强的应用价值。明确资本成本产权可以避开对国有股东"所有者缺位""产权不清"的争论,对国资改革具有借鉴意义。在不涉及所有权的情况下,可以通过放松产权的条件性,通过强化国有股东的资本成本来解决产权模糊等问题,并建立管理层激励约束机制,实现国有资产的保值增值。

当前,有的学者认为财务管理是企业管理的一个组成部分,它是根据财经法规制度,按照财务管理的原则,组织企业财务活动,处理财务关系的一项经济管理工作。有的学者认为财务管理(Financial Management)是在一定的整体目标下,关于资产的购置(投资)、资本的融通(筹资)和经营中现金流量(营运资金)以及利润分配的管理。还有的学者认为,财务管理是组织企业财务活动、处理财务关系的经济管理工作。企业财务管理在现代企业中的职能和作用也越来越引起重视,财务管理是综合性的管理工作,与企业各方面具有广泛联系,综合反映企业经营状况。财务管理也经历了萌芽时期、法规财务管理时期、筹资财务管理时期、投资财务管理时期、资产财务管理时期、战略财务管理时期不同的阶段。财务管理的目标也经历了利润最大化、企业财富最大化、每股盈余最大化、相关利益最大化的不同时期。

关于财务管理能力的论述并没有统一的标准,实践界对财务管理能力所包含的内容也是仁者见仁,理论界并没有权威地界定什么是资本市场财务管理能力。虽然市场对财务管理的职能越来越重视,但是财务管理并没有发挥出应有的作用,甚至与发达国家还有很大差距。一方面是因为我国企业财务管理的起步晚,财务人员的素质还有待提高;另一方面是企业对财务管理能力所包含的内容、什么是财务管理能力、通过财务管理能力提升财务管理水平的认识还不到位。

如何提升和加强企业财务管理,提升企业财务管理能力作为财政部重要职能已经列入财政部"十二五"规划纲要,因此,深入研究企业财务管理能力所包含的内容,提升企业财务管理能力就显得十分必要。我国财政部门担负着对企业财务和会计管理的相关职能,财政部已将建立企业财务管理能力认证实施机制的研究,促进企业财务管理能力提升列为重点课题。

二、研究方法

1. 系统分析法

运用系统分析方法是本书的一个突出特点。所谓系统分析方法,就是借用当代管理科学发展的最新成果——系统科学,对经济学命题进行分析的一种方法。在本书中,在总体上用系统方法对资本市场进行了分析,并以资本成本为基础建立了一个新的分析框架,将现代财务思想与资本市场视为一个有机结合的整体,认为离开了现代公司财务"灵魂"的我国资本市场必然是功能残缺的市场。

2. 学科交叉法

本书的研究涉及投资学、公司财务学、数理经济学、信息经济学和新制度经济学等主要学科。本书将借鉴"现代金融学"的基本原理如资本资产定价模型、效率市场假说和新制度经济学的制度变迁和产权理论以及信息经济学的委托—代理理论,来分析资本成本特别是资本成本产权对我国资本市场发挥健全功能的必要性。

3. 规范与实证相结合的方法

实证分析包括理论实证和经验实证或经验检验两种。前者是从对经济现象的分析归纳中概括出一些基本的理论前提假设,运用多种手段,并以此为起点,如数理统计,进行进一步的逻辑分析并得出结论。然后逐步修改假设,使结论更接近事实。本书对资本成本的约束性所产生的企业融资偏好研究就运用了这种方法。后者是对一些现象、假说或理论实证的研究结论进行经验检验。规范分析研究判断经济现象和理论的"好"

"坏",是价值判断,它并评价经济现象和理论"应该"如何。本书对资本市场功能缺陷的研究就属于这种方法。

4. 比较制度分析法

本书通过对发达市场上的资本成本和我国资本市场的资金成本的比较研究,发现了我国资本市场功能缺陷的深层次制度根源。

5. 宏观研究与微观研究相结合的方法

资本成本作为资本市场发挥正常功能必要条件的分析就属于宏观与微观相结合的研究。将作为现代财务理论基础的资本成本和本土理论界所实用的资金成本进行比较就属于微观研究。

6. 历史与逻辑相结合法

任何事物的发展都具有路径依赖特征,外在表现总可追寻到内在原因。任何分析现状与提出建议都必须以此为起点,而不能以假设的理想状态为前提。本书分析了资本成本在我国缺位的初始动因及其制度变迁,以此探讨资本市场运行机制扭曲和资本市场低效的根本原因,力求将资本市场运行机制的分析建立在历史与逻辑的一致上。

7. 采用演绎法、归纳法、综合法和因素分析法等研究方法

通过对中西方资本市场和财务理论的比较研究发现,作为投资者必要报酬率的资本成本也是投资者的一项产权;如果投资者缺乏资本成本意识,就必然会导致资本市场的各种功能缺陷。我国资本市场上出现的诸多功能缺陷实际上就是这种"排异性反应"的结果,以致借鉴美国资本市场的我国资本市场仅仅是"形似"而"神不似"。我国出于为国企解困的目的引进了现代资本市场架构,但却把与之配套的现代财务理念拒之门外,使得简单"移植"过来的资本市场"水土不服"。由于忽略了历史发展本来规律的"拿来主义"式借鉴,作为强制性制度变迁结果的我国资本市场自然显得有些尴尬。

我国资本市场的再一次制度创新离不开强政府的制度供给。在经济转轨的背景下,政府需要克服既得利益阶层的压力,具体的做法就是培育资本成本的产权约束,重新回归到资本市场作为投资市场的制度安排上来。而低端信用的一级市场和私募资本市场是培育资本成本产权意识的关键场所。

本书主要以规范研究为主,辅以企业财务管理,在借鉴国际认证体系的基础上,从实践应用角度建立了衡量我国企业财务管理能力的核心。对企业财务管理能力相关的财务管理、企业能力、财务能力和财务管理能力等文献进行归纳,总结出国内外对企业财务管理能力研究的现状以及存在的问题,指出财务管理能力不同于财务能力,开启了研究的序曲;通过逻辑演绎的方法,阐述我国财务管理的内容,归纳了当前我国企业财务管理特别是国有大中型企业财务管理能力不足的表现,引申出加强我国企业财务管理能力建设的必要性,提出实施财务管理能力认证的必要性和理论依据。

第二章
资本市场功能与发展研究

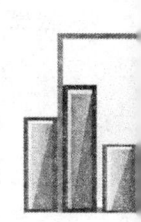

第一节 资本市场概论

资本市场是市场经济体系中的重要组成部分。在市场经济体系中,商品市场与融资市场是两个相对应的要素市场。融资市场有时被称为一种特殊的商品市场即"货币商品市场"。按照货币商品的可流通或持有的时间划分,将货币商品市场分为货币市场(短期市场)和资本市场(长期市场)。货币市场是指交易1年以内的短期金融,资本市场是指专门进行1年以上的长期金融工具交易的市场。资本市场相对于货币市场而言具有更为重要的财务意义,即筹资、投资等财务功能往往是通过资本市场的长期稳定性来维持的。

一、资本市场的构成要素

资本市场主要由发行人、投资者、金融工具、交易场所、中介机构以及监管机构和自律组织这些要素所构成。

1. 发行人

发行人是资本市场上的资金需求者和证券供给者,它们通过发行股票、债券等各类证券,在市场募集资金。证券发行人包括企业、金融机构、政府部门和其他经济组织。

(1)企业。企业通过发行股票可以补充公司的资本金,改善公司的资本结构。与申请短期银行贷款相比,发行股票所募集的资金成为企业的资产,可以用来支持固定资产投资等规模较大的长期投资,所以,作为企业负债的银行贷款可以补充企业流动资金的不足,而补充企业长期资金的不足,发行股票是一条重要的途径。

(2)金融机构。金融机构主要是资本市场资金的中间需求者,而不是资金的最终需求者,它们筹资的目的主要是为了向其他资金需求者提供资金。金融机构通过发行金融债券等证券筹集资金,然后通过贷款、投资等形式,把这部分资金运用出去,以获取收益。

(3)政府部门。政府部门也是主要的资金需求者和证券发行者。为了弥补财政赤字,投资大型工程项目,实施宏观调控,政府会在资本市场上发行政府债券。政府债券有中央政府债券和地方政府债券之分。中央政府所发行的债券又被称为国债。按照我国《预算法》规定,除法律和国务院另有规定外,地方政府不能发行地方政府债券。国债发行以国家信誉和国家征税能力作保证,通常不存在信用风险,具有很高的投资安全性,所以被人们称为"金边债券"。

2. 投资者

证券投资者是资本市场的资金供给者,也是金融工具的需求者和购买者。众多投资者的存在和参与,构成了证券发行和交易的市场基础。按照证券投资主体的性质,可以把投资者分为个人投资者和机构投资者。

(1)个人投资者。个人投资者是指从事证券买卖的居民。居民个人买卖证券是对其剩余、闲置的货币资金加以运用的一种方式,个人投资者除了注重证券的收益性之外,还对证券流动性有较高的要求,希望证券投资可以随时变现以备急需。

在发达资本市场下,个人投资者多数不直接参与资本市场的买卖,他们有的通过证券经纪人买卖证券,有的通过购买投资基金的方法来间接地参与资本市场。我国的绝大部分个人投资占直接参与证券买卖。

在国外,个人投资者还可以通过融资债券,从证券公司、商业银行得到贷款,用于证券投资。由于利用借贷资金进行投资具有很大的投机性和风险性,所以,我国目前禁止利用信贷资金买卖股票,禁止透支行为。

(2)机构投资者。机构投资者是指从事证券买卖的法人单位,主要有非金融企业、金融机构和政府部门等。与个人投资者相比,机构投资者一般具有以下几个特点:资金实力雄厚;收集和分析信息的能力强;能够分散投资于多种证券来建立投资组合以降低风险,影响市场能力较大。

非金融企业不仅是证券发行者,也是证券投资者。它们投资的目的,有的是为了资金的保值、增值;有的是想通过股票投资对其他公司进行参股、控股,参与这些公司的经营管理,从而建立起企业集团。

参加证券投资的金融机构可以分为三大类。

一是商业银行和保险公司。商业银行投资证券的目的主要是为保持银行资产的流动性和分散风险,所以,多投资于期限短、信用等级高的证券,通常,各国对商业银行的证券投资活动有所限制,规定它们只能投资于中央政府债券、地方政府债券和风险小的企业债券,而不允许购买普通股票和风险大的企业债券。保险公司的证券投资对流动性要求不高,主要考虑本金的安全和收益率,所以往往投资于期限长、收益率较高的证券。传统上,保险公司主要投资于中长期国债和公司债市场。20世纪80年代中期以来,保险公司日益成为股票市场的重要投资者之一。

二是证券经营机构。这主要是指证券公司、基金管理公司等,一般从事证券承销、证券经纪、资本管理等中介业务。

三是投资基金。在成熟的资本市场上,共同基金和单位信托等投资基金是最主要的机构投资者之一,投资基金将个人投资者的资金汇聚在一起,由职业基金经理人在事先约定的投资范围内作出投资决定,将资金分散投资于众多证券品种。

此外,养老基金等社会基金也参与证券投资,以实现资产的保道增值。过去它们主要投资于债券,近年来日益成为股票市场和共同基金市场上的重要投资者。

3. 金融工具

金融工具是指资本市场上的融资工具和交易品种,资本市场的活动实质上就是发行和买卖有关金融工具。在资本市场上流通的金融工具主要有股票、债券和基金等。

(1)股票。股票是股份公司发给股东,以证明其投资份额并对公司拥有相应的财产所有权的证书,对发行者而言,通过发行股票,可以进入资本市场直接融资,扩大公司的资本和规模;对中小投资者而言,持有股票除了可获取红利之外,还能在股票市场的波动中选择高卖低买,获取差价收入。对有实力的个人和机构投资者而言,他们还可以运用股票所赋予的投票选举权,参与公司的重大决策,对公司进行管理控制,但是,股票市场投资者买卖股票也要承担较大的风险。

(2)债券。债券是政府、企业、金融机构等组织发行的、保证按约定时间向持有人偿还本金和支付利息的债务凭证。与股票不同,债券反映的不是利益共享、风险共担的股权关系,而是债权债务关系。

对于投资者而言,债券是一种风险较小、投资收益相对稳定的投资工具。债券在发行之际,就对偿还期限和支付利率作出约定。如果不采用浮动利率(即债券的利率随市场利率而波动),投资者一旦持有债券,其投资收益可以事先确定,所以,债券被认为是一种固定收益证券,如果公司破产清算,其债券持有者也属于优先偿付对象。

(3)基金。基金是由基金发起人向不特定投资者公开发行的、表示持有人按其所持份额享有资产所有权、收益分配权和剩余资产分配权的一种凭证。基金证券的产生离不开投资基金,投资基金是一种集合投资方式。即由基金发起人向投资者发行基金证券,认购基金单位的投资者具有相同的投资目的,汇集起来的巨额资金委托基金管理公司进行分散化的组合投资。投资者按出资的比例分享投资利益,并共同承担相应的风险。可见,投资基金体现的权利义务关系既不同于股票所体现的股权关系,也不同于债券所体现的债权债务关系,而是一种委托投资关系。

(4)衍生产品。除股票、债券和基金之外,在资本市场上,还存在着另外一类金融工具,这些金融工具是在传统的金融工具如股票、债券等基础上衍生出来的。它们的市场价格与这些传统金融工具息息相关,这类金融工具被通称为证券衍生产品,或证券派生产品。例如,以股票为基础,衍生出股票期货、股票期权、股票指数期货、股票指数期权、认股权证、备兑认股证等;以债券为基础,可以衍生出债券期货与债券期权等。期货期权等衍生产品在动荡的金融市场中可为投资者减少未来的不确定性,提供避险的工具,但是,从事衍生产品交易的风险很大,很多交易者,包括一些著名的金融机构,都曾因经营衍生产品而蒙受巨大损失,甚至由此而破产。

4. 交易场所

证券交易场所有集中交易市场和分散的场外交易市场两种形式。在前者进行的证券买卖活动,称为场内交易;在后者进行的证券买卖活动,称为场外交易。

5. 中介机构

证券中介机构主要是证券经营机构,另外还包括会计师事务所、资产评估机构、律师事务所、证券评级机构、投资咨询公司、证券信息传播机构等。

证券经营机构是把发行人和投资人沟通起来的桥梁,是把证券市场各个方面联结和组织起来的纽带,其业务非常广泛。其主要包括代理证券发行、代理证券买卖或自营证券买卖,为兼并收购活动提供策划和咨询等。

6. 监管机构和自律组织

监管机构和自律组织是资本市场的特殊要素,其职责是根据证券法规和行业规定,对证券发行交易活动及市场参与者行为实施监督和管理,以保护投资者的利益,促进资本市场和社会经济的健康发展。

根据资本市场监管形式的不同,政府监管机构在各个国家有着不同的形式。例如,有些国家通过立法成立专门的独立机构,负责资本市场监管,如美国的证券交易委员会;也有些国家以财政部为主体行使监管职能。我国对资本市场进行监管的机构,主要是中国证券监督管理委员会,各省、市、自治区成立的设券管理办公室也可在一定范围内行使监管职能。1997年11月,由中国证监会统一负责对全国证券期货业的监管,建立全国统一的证券期货监管体系。

自律组织一般包括证券交易所、证券商协会等各种行业性组织,这些组织根据行业规定,实施自我监管,以确保市场公平,确保成员遵纪守法。我国证券行业的自律性组织主要有上海证券交易所、深圳证券交易所和中国证券业协会。

二、资本市场的待征

1. 一般商品市场的交易对象是各种实物商品,人们购买商品的目的是获得其使用价值。资本市场的交易对象则是股票、债券等金融商品,人们购买的主要目的是为了获得股息、利息和买卖证券的差价收入。

2. 资本市场的流动性通常比商品市场要高得多,证券持有者可以随时转让证券,一般而言,资本市场越发达,交易规模越大,投资者越多,其流动性也越好。

3. 一般商品市场的商品价格,是商品价值的货币表现,商品的价值量取决于生产该商品的社会必要劳动时间,资本市场上的证券价格决定机制则比较复杂,证券价格不但受到发行人的资产、盈利能力的影响,还受到政治、经济甚至投资者心理等方面因素的影响,资本市场上的供求关系变动频繁,因此,证券的市场价格也随之不断上下波动,由此而产生资本市场的风险。

4. 与企业用于购买厂房、机器和原材料等的实物资本不同,证券是一种虚拟形式的资本,不在生产中发挥直接作用。因此,从经济运行的本质来看,一般商品市场的活动体现了经济流程中"实质经济"的运转,而资本市场的活动则体现了经济流程中"金融经济"的运转,其最终作用是实现实物资源的有效配置和使用,从而实现社会实物财富的增长。但是,资本市场的虚拟性也容易使证券价格脱离实质经济而上涨,过大的偏离会产生"泡沫经济",从而给实质经济带来巨大的负面影响。例如,日本20世纪90年代泡沫经济崩溃之后,日本的资本市场和社会经济长期低迷不振。

三、资本市场的分类

1. 按照市场的职能,资本市场可以分为发行市场和流通市场

发行市场又称一级市场或初级市场,是证券发行者为扩充经营,按照一定的法律规定和发行程序,向投资者出售新证券所形成的市场。它与流通市场不同,并没有特定的市场场所,有时证券的出售是在发行者和投资者之间直接进行的,但更多的则是通过证券经营机构来进行的。

流通市场又称二级市场或次级市场,它是已发行证券交易的场所,证券经过发行市场后,拥有证券的投资者向其他投资者转让,并不断地在投资者之间进行买卖,于是产生证券的流通市场。通过证券流通市场,各类证券得以顺利流通,并形成公开、合理的价格,以实现货币资本和证券资本的相互转化。

证券的发行市场和流通市场存在着密切的联系。发行市场是流通市场存在的基础和前提,发行市场的规模决定了流通市场的规模,影响着流通市场的成交价格,而流通市场的交易规模和成交价格,又决定或影响着发行市场的规模、发行价格和时机等。因此,发行市场和流通市场是相互依存、互为补充的整体。

2. 按照交易的对象,资本市场可以分为股票市场、债券市场和基金市场

股票市场是发行和买卖股票的市场,属于长期资本市场。股票市场可分为发行市场(一级市场)和流通市场(二级市场)。现阶段,我国的公司发行股票必须得到证券管理机构批准。新设的股份公司发行股票既可直接到发行市场销售,也可委托有资格的证券经营机构发行,如果是公司增资发行股票,一般先向原股东招股,其次才向市场销售。

债券市场是发行和买卖债券的市场,债券市场也分为一级市场和二级市场。债券一级市场是新债券的发行市场,政府、银行以及工商企业等为筹集资金,向社会发行债券,发行对象一般为企业、团体和个人;债券二级市场的交易活动并不增加社会投资额,但可增强债券的流动性取现能力,可以推动各类新债券的发行,活跃债券市场。

基金市场是基金证券发行和流通的市场。封闭式基金在证券交易所挂牌交易,开放式基金只能卖回给基金管理公司。

3. 按照资本市场的组织形式,资本市场可以分为交易所市场和场外交易市场

交易所市场是由证券交易所组织集中交易的市场,是证券流通市场的核心;交易所市场的特点表现为:(1)具有集中、固定的交易场所和严格的交易时间,证券交易以公开的方式进行;(2)交易对象限定为符合特定标准在交易所上市的证券;(3)交易者为具备一定资格的会员证券公司及特定的经纪人和证券商,一般投资者不能互相在交易所买卖证券,而只能委托经纪商间接地进行买卖;(4)证券交易所应有严密的组织、严格的管理,坚持"公开、公正、公平"的原则。

场外交易市场是交易所市场的补充,相对于交易所市场而言,场外交易市场具有以下特点:(1)场外交易市场往往是一种分散的、无形的市场,没有集中的、有组织的交易场所,而是通过遍布各地的电话、传真、电脑网络等联接起来,交易时也比较灵活;交易对象众多,既包括大量未上市证券,也包括一部分上市证券。(2)证券投资者可委托证券经纪商进行买卖,也可直接同经纪商进行交易。

四、当代资本市场的发展特点

1. 融资方式证券化

20世纪70年代以前,各国金融市场中的金融工具只局限于存款、债券、股票和商业票据,其中债券和股票的种类很少,80年代以来,商业银行业务的增长速度明显放缓,而

公司债券和股票的发行量却大量增加,一些传统的长期贷款项目,如住宅抵押贷款、汽车分期付款等都出现证券化的趋势;另一方面,在国际资本市场下,自80年代中期国际证券发行量首次超过国际信贷量以来,国际筹资者的资金来源由原来以银行信贷为主,转向以发行各类有价证券为主。根据国际清算银行的统计,1996年国际证券净发行总额达到5400亿美元,而国际银行贷款净额为4070亿美元。

融资方式的证券化,一方面使得一些新证券品种,如可转换债券、浮动利率债券等应运而生;另一方面又拓宽居民的投资渠道,使得证券成为居民金融资产的重要组成部分。

2. 投资主体机构化

从广义上讲,机构投资者是指个人以外的各种组织,它主要包括共同基金、信托基金、养老基金、保险公司、金融机构、工商企业和各类公益基金等。20世纪80年代以来,随着各国居民金融资产的增加,福利及养老制度的日益完善,证券投资品种和范围的创新,资本市场投资主体发生结构性变化,以投资基金、养老基金和保险公司为代表的机构投资者获得了长足的发展,并已成为证券市场上的主导力量。自1980年以来,美国、英国、德国、日本和加拿大这5个主要工业国家的机构投资者所管理的资产增长4倍,与国内生产总值的比率翻了一番以上。机构投资者实力的壮大,使其在资本市场上的影响力日益增强,在美国,机构投资者持有的股票量已超过30%,纽约证券交易所80%的交易量和纳斯达克市场60%的交易量是机构投资者所为。投资主体的机构化已成为当今资本市场一个不可逆的发展趋势。

3. 证券市场国际化

全球经济一体化引导了资本市场的国际化,随着电脑和卫星通讯网络将遍步世界各地的资本市场和证券机构联系起来,世界资本市场已逐渐融为一体,其表现为:一是跨国上市,即主要发达国家的证券交易所都有大量的外国公司股票上市,伦敦证券交易所是最具国际化特点的,在它的上市股票中,约有17%是外国公司的股票。二是跨国交易,在1990年到1996年的7年间,美国跨国证券交易额占国内生产总值的比率从89%增加到164%;德国从57%增加到200%;其他主要工业国家也均有较大幅度的增长。三是筹资的国际化,越来越多的发行人通过发行国际证券来筹集资金。

4. 交易品种衍生化

金融衍生工具的出现,一方面有利于克服国际资本市场上的突发性价格波动,有套期保值、规避风险的作用;另一方面又对资本市场的稳定性构成了严重的挑战,对衍生工具的功过是非尚没有明确的定论,衍生工具在世界各大资本市场上的迅速发展却是一个不争的事实。在过去10年里,国际证券市场上金融衍生工具的交易量呈爆炸性增长的态势,银行、证券公司、保险公司、基金管理公司以及工商企业的财务部门都同衍生工具的交易有着密切的联系。国际清算银行的统计数据表明,截至1996年末,在交易所交易的衍生工具面值余额达到98446亿美元,以场外交易形式进行交易的衍生工具的面值余额则达到惊人的242920亿美元。

5. 交易方式电子化

进入 20 世纪 80 年代后,以电脑、通讯、光导纤维和激光技术的运用为特征的高技术革命,成为资本市场飞速发展的物质基础,加速了证券市场的变革历程。电子指令自动交易系统逐渐取代了原有的报价成交方式,使得传统的场内市场向场外市场发展,有形交易为无形交易所取代。美国的纳斯达克市场就是一个场外行情自动报价系统,它在 1971 年建立之后,短短的 20 多年时间,对世界最大的股票市场纽约证券交易所构成巨大的挑战。1996 年,纳斯达克的交易金额达到 3.3 万亿美元,仅次于纽约证券交易所,全球排名第三。近年来,随着资本市场的全球化和交易所相互之间的竞争日益激烈,越来越多的交易所竞相进入互联网,利用这条联结全球千家万户的通信渠道来传播证券行情,接受买卖委托,传递成交回报,进行清算交割。

6. 市场体系统一化

信息技术的进步、资本流动速度的加快以及机构投资者实力的增强,使得各国内部分散的交易市场体系出现了统一化的趋势,市场监管体系也朝着集中统一的方面发展。法国 20 世纪 90 年代以前有 7 家交易所,巴黎交易所为主要交易所,分散的交易所阻碍了资本市场的发展,加重了证券商的成本负担。80 年代末,法国实施了合并交易所的措施,即先建立电脑化联网的交易系统,从技术上统一全国的交易活动,再取消地区性交易所,合并为巴黎交易所。巴黎交易所已成为欧洲最现代化的交易所。德国、澳大利亚、瑞士等其他国家在 90 年代也将原有分散的多个交易所合并为一个统一的交易所。

第二节 资本市场的功能

一、筹集资金

筹集资金是资本市场的重要功能之一,企业通过在资本市场上发行股票和债券,能够迅速地把分散在社会上的闲置货币资金集中起来,形成巨额的、可供长期使用的资本,用于支持社会化大生产和大规模经营,开辟了直接融资的途径。企业为了实现正常运作和规模扩张,依靠自身积累和内部集资方式满足资金需要时,从外部筹资填补资金缺口就是必然的选择。外部筹资有两条途径,一是向银行贷款,即间接融资,银行在企业和投资者之间扮演了中介的角色,它把投资者的闲置资金转化为银行存款,然后再进一步转化为贷款发放给企业。二是企业在资本市场筹资,这是直接融资,企业直接面向广大投资者发行股票和债券来筹集资金。直接融资对企业主要有以下好处:第一,所筹资金具有高度稳定性和长期性。股东一旦入股,就不能要求退股。在企业经营状况不佳时,企业可以减少分红或不分红,从而不增加企业的负担。第二,筹资成本低,而且可以连续筹资。各国上市公司所发红利下股价的比重低于银行储蓄利率,业绩优良、信誉卓著的公司可以经常在资本市场上配股或发行新的证券筹集新的资金。第三,积少成多,面对众多的个人投资者和机构投资者,发行人可以筹集到巨额资金。

二、转换机制

资本市场除了提供筹资功能外,它还具有促进公司转换经营机制的功能。这是因为,公司要成为上市公司,首先,必须改制成为股份有限公司,按照股份公司的机制来运作,形成二级授权关系;股东组成股东大会,通过股东大会选举董事会,董事会决定经理人选,经理具体负责企业日常运转。股份公司这种企业组织形式适当分离了所有权和经营权,使公司的组织体制走上科学化、民主化、制度化和规范化的轨道。其次,由于上市公司的资本来自诸多股东,股票又具有流通性和风险性,这就使企业时时处在各方面的监督和影响之中,其中包括:①来自股东的监督。股东作为投资者必然关心企业的经营和前途,并通过授权关系来实施他们的权力;②来自股市价格涨跌的压力。企业经营的好坏直接影响股价,股价也牵动着企业,经营不善产生的价格下滑能导致企业在资本市场上被第三者收购。③来自社会的监督,特别是会计师事务所、律师事务所、证券交易所的监督和制约。所有这些制约,促使上市公司形成健全的内部运作机制。

与非上市公司相比,上市公司在机制上可以产生几个重要的变化:第一,有利于形成产权清晰、责权明确、政企分开、管理科学的公司治理结构;第二,有利于在企业运行、财务状况等方面建立规范、透明、及时的信息披露制度;第三,有利于健全企业的经营管理和激励机制,促进形成相对独立的企业家阶层;第四,由于社会监督较强,有利于企业形成良好的风险控制机制;第五,由于资金来源相对分散,有利于企业建立合理的财务结构,形成适应能力较强的投融资机制。

不少家族企业通过股份制改造,成为上市公司后,由于经营机制的成功转变,突破了私人企业的限制而获得巨大成功。例如,福特公司、三菱重工等,通过上市,突破单一资本限制,形成健全的公司治理结构,充分利用企业家队伍的专业化管理,成为位列世界五百强的大型跨国集团。

在加速资本积聚集中和转换机制的过程中,资本市场培育出了一批在各国经济发展中发挥中流砥柱作用的大型上市公司。20世纪90年代初期,美国6300多家上市公司的销售收入占美国国内生产总值的比重超过80%,在美国的大公司中,位居前列的基本上都是上市公司。在美国,2000家上市公司的销售收入占英国国内生产总值的57%。日本200多万家企业中有97万家是股份公司,将近一半,其中上市公司1978家,这些大公司占公司制企业的1%,销售收入占总额的40%。1997年,美国商业周刊对全球1000名最大的上市公司进行排名,最大的美国通用电气公司的股票市值达到1981亿美元;位居第100名的柯达公司市值为273亿美元;上榜的最后一位,市值也达到34.3亿美元。

三、配置资源

资本市场的资金会自发地向优秀企业和朝阳产业集结,从而发挥出优化资源配置的功能,投资者通过各种证券在证券市场上表现出来的收益差别以及发行者所公布的财务信息,可以了解资金使用者的经济效益、技术水平和管理经验,从而选择和改换投资对象,把资金投到经济效益好的地方去。投资者往往抛弃收益率低缺乏增长潜力的证券,购买收益率高和具有增长性的证券。这种趋利行为,使效益好、有发展前景的企业能够获得充裕的发展资金,而业绩差、前景黯淡的企业难以维系,逐渐衰落、消亡或被前者兼并收购。处于朝阳产业的上市公司业绩和前景普遍好于夕阳产业,所以,市场上的资金也自发地从夕阳产业涌向朝阳产业,推动产业结构调整,使经济发展形成新的增长点。当一个朝阳产业的概念为多数投资者所认同时,更多的投资者会积极投资于这个产业的上市公司,从而为朝阳产业大批新公司的上市和成长创造条件。

四、分散风险

资本市场给投资者和融资者提供的不仅是丰富的投融资渠道,也提供了分散风险的渠道。

首先,资金需求者通过发行证券筹集资金,实际上将其经营风险部分地转移和分散给投资者,上市公司的股东越多,单个股东所承担的经营风险就越小。例如,美国电话电报公司股东多达300万,该公司经营收入由300万股东共同分享,经营风险也由他们来共同承担。

其次,投资者可以通过买卖证券与建立投资组合来转移和降低风险。上市公司经营不善,投资者可能得不到相应的收益,甚至可能亏本。但是,投资者可以迅速买卖证券,将高风险的证券出售给其他愿意通过承担高风险来获取高收益的投资者。同时,证券市场上存在着各种不同性质、不同期限、不同风险与收益的证券可供投资者选择,投资者建立投资组合,将资金分散在不同种类、期限和风险的证券上,可以降低风险。

再者,资本市场创造的流动性解决了投资者难以变现的后顾之忧。资本市场的出现,为各种长短期资金相互转化和横向资金融通提供了媒介和场所。人们可以用现金购买有价证券,使流通手段转化为长、短期投资,把消费资金转化为生产资金;人们也可以把有价证券卖掉,形成现实购买力,以解决即期支付的需要。证券市场的这种转化功能,使人们放心地把剩余资金投入生产过程,既促进了社会经济的发展,又增加了个人的财富。

第三节
我国资本市场的发展状况

一、我国资本市场发展的基本情况

我国资本市场的存在可以上溯到北洋政府时期,而证券的发行则更早,可以追溯到19世纪。20世纪30年代,我国资本市场一度繁荣。新中国成立之后,因为推行计划经济体制,取消了资本市场。80年代以来,伴随着改革开放的深入和经济发展,我国资本市场逐步成长起来。1981年,恢复国库券发行;1984年,上海、北京、深圳等地的少数企业开始发行股票和企业债券,证券发行市场重新启动;1988年,国债流通市场的建立和80年代中后期股票柜台交易的起步,标志着证券流通市场开始形成;1990年年底,经国务院同意,上海和深圳成立了证券交易所,两个交易所的建立极大地推进了资本市场的发展。经过20多年的艰苦努力,特别是经过两个交易所成立以来的积极探索,资本市场从无到有、从小到大、从分散到集中、从地区性市场到全国性市场、从手工操作到使用现代技术,市场的广度和深度有了很大的拓展,资本市场已经从试点阶段进入了发展的初极阶段。

二、我国资本市场发展的主要表现

1. 发展较快,初具规模

资本市场从上海和深圳两地的区域性市场,逐步发展成为全国性的资本市场。1991年年底,沪、深两地上市公司仅14家,市价总值有109.19亿元,成交金额为43.37亿元。经过几年的发展,到1999年6月,上市公司达到900家,遍布全国各个省、自治区和直辖市,品种逐步多元化,包括国债、企业债、金融债等,特别是国债发行开始引入市场机制,向国际靠拢。资本市场已成为我国社会主义市场经济的重要组成部分。

2. 中介机构和投资者队伍迅速壮大

证券中介机构最早出现在20世纪80年代中期,进入90年代之后,证券中介机构数量迅速增加。截至1997年年底,我国有证券公司90家,获准从事证券经纪业务的信托投资公司237家,证券营业部2420个,从事证券业务的会计师事务所105家,律师事务所322家,资产评估机构116家,证券评级机构2家。

3. 逐步建立了技术比较先进的资本市场基础设施

资本市场从柜台交易转入集中竞价交易,两个证券交易所采用现代化的电子通讯技术,不断改进与完善市场设施,建立了各项业务规则。全国股票、基金全部实现了无纸化发行和交易无纸化。国债的规模逐步扩大,全国统一的国债中央登记托管系统开始运转。资本市场在技术手段上大部分已达到世界同行业先进水平。

4. 初步形成了全国统一的资本市场法规制度

证券法规从无到有,逐步形成了全国统一的法规。《中华人民共和国证券法》《中华人民共和国公司法》《股票发行与交易管理暂行条例》《股份有限公司境内上市外资股的规定》《证券交易所管理暂行办法》(防止证券欺诈行为暂行办法)和《证券投资基金管理暂行办法》等一系列法律、法规、规章相继颁布,使资本市场发展走上了法制化建设的轨道。

5. 全国性的证券监管体系初步形成

1992年成立了国务院证券委员会(简称国务院证券委)和其监督执行机构——中国证券监督管理委员会(简称中国证监会),行使全面监管资本市场的职责,此后,各地设立了相应的证券监管部门,并由中国证监会授权一定的监管职责。后又撤销国务院证券委,工作改由中国证监会承担,并决定中国证监会对地方证管部门实行垂直领导,从而形成了集中统一的监管体系。

6. 市场功能逐渐发挥,在国民经济中的地位逐步提高

资本市场发展一方面支持了一大批发展前景良好的企业,改善了基础产业和高新技术产业等产业溃乏资金的局面;另一方面,证券市场推进了上市公司运行机制的转变。随着市场规模的扩大,国有企业上市的增多,上市公司在国民经济中的重要性逐步提高。1997年年底,我国股票市场市价总值与我国国内生产总值的比率达到23.4%,资本市场对整体经济的影响能力逐步提高。

第三章 上市公司财务管理环境的研究

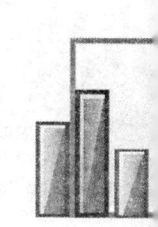

第一节 上市公司财务管理存在的问题

一、财务监管不力

很多上市公司忽视财务管理的作用,没有将财务管理当作企业管理的核心来对待,这不仅会直接导致企业经营风险增大,也会影响企业财务监督制度的建立与健全,如有些上市公司的业务超出财务监管范围,出现了资金体外循环的现象;公司财务部门没有发挥财务管理的职能参与到公司的决策过程,公司没有赋予财务部门监管权力。

二、公司情况的掌握和绩效考核不够准确

我国上市公司通常整理、分析投资企业报送的相关数据资料和各部门的汇报,以求掌握投资企业经营状况和各部门绩效情况,来了解整个上市公司的经营水平。但由于受国家宏观政策、优惠政策及其他因素影响,企业会对法定报表进行部分利润的调节,就大大降低了报表的准确性,也降低了报表的利用价值。由于部门绩效考核建立在公司经营情况的基础上,降低报表的准确性,使绩效考核的结果会受到一定的影响,最终导致上市公司不能够准确地掌握整个集团的经营情况。

三、内部制约和控制机制不够建全

企业控制活动是指管理层为保证其制定的政策能够落实、执行,采取的各种策略与程序。我国上市公司的股权结构分为流通股与非流通股两种,非流通股常占有非常大的份额。上市公司管理制度在制定、落实等方面都存在松散现象,内部制约与控制机制很不完善。目前虽然我国大部分上市公司都建立了内部控制制度,但多数企业还不清楚内部控制制度的实质,对内部控制制度缺乏重视,制度不健全、缺失制定流程、执行不到位的现象常常发生,如会计身兼数职、岗位不清、业务交叉、责任不明、人员配置不当等;内部审计在某些企业内部没有得到足够的重视,没有内审机构,制度大多流于形式,或者有内审机构但独立性不高,不能正常工作,不具备权威性与严肃性。

第二节
上市公司财务管理中的对策

一、加强集中核算与控制

财务集中核算与控制已成为现代企业财务管理的重要基础。上市公司在内部实施集中核算与控制,能够防止财务信息失真,同时也能加强会计监管作用。集中核算与控制的主要目的是在网络信息化的背景下,对公司财务集中核算的方式、流程、内容、措施以及结构进行合理优化,使财务信息价值能充分发挥出来,实现财务信息实时、畅通地传递,并在企业内部共享,也能保证财务信息的完整性、真实性及有效性,最终达到加强子公司及分支机构的管理与控制的目的。

上市公司的集中核算与控制在方案设计上应该具备针对性、灵活性,保证上述设计都符合上市公司的实际情况。不同的公司在内部组织结构、业务流程及控制点上都要有所区别。集中信息与控制设置包括如下几个方面:各环节的控制点设置、集权与分权设置、财务管理一体化模板设置及业务流程设置等,当公司的管理模式、经营环境、控制方法发生变化时,在不使用新软件情况下,可以对上述设置重新进行设计,以实现对动态资源的再配置。

二、着重进行资金风险管理

资金之于企业如同血液之于身体。随着全球经济一体化趋势的加强,上市公司的竞争环境越来越复杂,不确定因素增加,上市公司不但面临着国内的市场竞争,同时也要面对国外的挑战,随之而来的资金控制风险也加大,加强资金风险管理势在必行。具体方法如下。

1. 设置风险专门控制机构,加强识别与控制风险的能力

上市公司可以由总经理和财务总监负责,以财务部为中心,联合审计部、证券部及相关部门组成财务风险控制委员会,其工作的展开应该具有独立性,直接对董事会负责。财务风险控制委员会主要负责组织与领导上市公司的全部风险管理与控制工作,其日常管理工作由财务部承担,可以对整个集团公司的财务风险进行评估与识别,形成的评估报告直接向董事会汇报,不应该受其他组织、机构、个人的干扰。

2. 建立健全风险预警系统

风险预警系统主要是指在财务风险将要发生前,公司的预警系统能够捕捉到一些变动迹象,进而预测风险可能带来的损失,并为预防风险及制定相应的策略争取一定的时间。建立健全公司风险预警系统,可以从定量指标与定性指标两方面进行。定量指标能够反应出公司财务风险,如公司经营的净现金比率、净资产收益率、流动比率、资产负债

率及应收账款周转率等。定性指标能够预测出公司财务风险,如宏观政策调整、信用等级降低、产品与原料的成本提高及管理者、财务人员离职等。

三、以企业价值最大化作为必然选择

企业管理界与经济学界已经达成的共识是企业价值最大化成为企业发展的必然选择。现代企业的所有资源不是全部由股东提供的,同样也不是股东承担着公司的所有风险。公司的所有权维持在相互储存的状态,公司内部员工、债权人及投资者都承担着公司的风险,同时享受分配收益的权益。公司的财务管理目标从收益与风险对等这一原则出发,绝不能只关注股东利益而忽略其他利益相关者。上市公司能够正常运转,需要具备四类资源,即财务资源、人力资源、市场资源及原料资源。股东是公司财务资源的主要提供者,不是惟一的提供者,所以片面强调股东权力,而忽视其他利益相关者权益的思想方式非常片面,现代企业必须追求共同治理模式下的公司价值最大化。

企业价值最大化的最终目标是能够让伴随企业成长的股东价值、管理者价值、员工价值及政府税收价值共同增长,同时也能为消费者创造更多的附加价值,为社区创造环境价值。改革开放以来,我国实行社会主义市场经济制度,企业经营目标在不断转移,尤其在现阶段,企业经营目标不仅仅局限于追求股东权益最大化。现代企业本质上是一个多边契约关系总和,这个契约本身包括独立性与平等性,这就要求企业在治理过程中应该保持独立性与平等性。这些主体主要有股东、债权人、员工、顾客、供货商、政府、社区及其他利益相关人。在共同治理思想逻辑下,上市公司财务管理目的是从财务角度出发,把握好每个利益相关者的关系,从而实现企业总价值的最大化。与企业利益最大化、股东权益最大化相比,企业价值最大化这个经营目标更有利于企业的可持续发展,避免企业为追求短期效益,而损害长远利益。

四、编制内部财务报表,制定相关的会计政策

财务报表通常可分为对内财务报表与对外财务报表两种:对内报表是为了管理层能够掌握企业的经营状况编制的,它根据企业的实际情况自主设计;对外报表是向社会公众公开的法定报表,其格式固定化、正规化。公司编制内部财务报表与制定相关会计政策后,管理层就能对公司的经营情况进行全方位了解,也能将业绩考核与各部门的状况进行挂钩,以提高各部门的工作效率。如对应收账款做好坏账准备,按照业务类型的不同对部门的报告进行编制等。作为集团总部了解整个集团公司的重要手段,为了保证对外财务报表与对内财务报表的一致,对内财务报表编制过程中必须依据对外财务报表。

综上所述,财务管理作为现代企业管理的核心作用不容忽视。加强上市公司的财务管理,不但能够保证会计信息的真实,合理分配资金,还能够提高企业管理水平,目前虽然我国上市公司还普遍存在投资决策失误、财务监管不力、产权制度缺位、公司经营情况的掌握和部门绩效的考核不够准确、内部制约与控制机制不健全等问题,但是相信通过广大财务工作者的不懈努力,必然会实现上市公司健康、平稳发展的目标。

第三节
上市公司目标

一、上市公司财务目标

任何经济活动都有其目标,财务管理也一样。财务目标是财务管理的目的,是财务管理希望实现的结果,制约着财务运行发展的方向。关于财务目标的理论研究历经企业利润最大化、企业价值最大化、股东财富最大化、相关利益者利益最大化(均衡)和企业价值网络资源最大化等多个阶段,总的趋势是社会性在增强。

财务目标有其自身的特征:利益相关性、相对稳定性、可操作性和层次性。站在不同的角度,财务管理目标就有不同的答案。本节从企业利润最大化、企业价值最大化、股东财富最大化、相关利益者利益最大化等多个方面,分析不同财务目标的优势与劣势。

1. 企业利润最大化

企业具有盈利性质,时刻都把利益放在首位。企业利润越大,财富也就越多,企业财富是企业资本利用的条件。利润最大化是传统经济理论的观点,其合理性表现在:符合企业以营利为目的的根本要求;能够反映当期的经营业绩,便于衡量和考核财务管理的绩效;对股东和企业都有利。其缺点是:没有考虑投入与产出之间的关系;无法反映企业的财务状况;利润被人为操纵的可能性大;过于通用,不能有针对性地反映财务管理工作的业绩;没有考虑风险和货币的时间价值因素,企业为追求利润只顾眼前利益而不考虑长远发展。

2. 每股收益最大化

每股收益最大化观点认为,应把企业利润和股东投入的资本联系起来考察。20世纪60年代后,随着资本市场的日渐完善,股份制企业迅速发展,资本每股收益最大化成了西方企业财务的目标。这种观点反映了所得利润与投入资本间的投入与产出的关系,部分避免了利润最大化目标的缺点。其优势在于:便于在资本规模不同的企业间进行对比;能够衡量股东资本不同时期的运用效率;在一定程度上考虑了股东与投资者的利益。但是,每股资本收益最大化没有考虑资金的时间成本;可能受到会计核算的影响;没有考虑债权人作为投资者的利益要求;不能体现作为价值综合管理的财务管理的特点;只考虑了股份制企业,没有考虑非股份制企业,不能反映企业的财务状况;没有考虑股东投入资本及获取利润的时间性和持续性和风险。

3. 股东权益最大化

美国是这种观点的代表,股东权益应该由股票的市价来反映,股东权益最大化需要通过股票市价最大化来实现,股东权益最大化就是追求股票市价最大化。而事实上,影响股价变动的因素不仅包括企业经营业绩,还包括国家经济政策、投资者心理预期及政治形势等外部环境,具有很大的波动性,这就使股东权益最大化失去了公正的标准和统一衡量的客观尺度。股东权益最大化没有考虑人力资本所有者的权益,对统一员工认识、规范企业行为缺乏应有的号召力。

4. 股东财富最大化

企业盈利情况与股东有直接关系,企业发展必然带来股东利益的增长,因此,有人认为股东财富最大化应该作为企业的财务目标。这种观点可以在一定程度上帮助企业避免追求短期利润行为,提供很好的警示,克服利润最大化的部分缺点,可以充分发挥企业股东作用,能够通过资本市场把资本获利能力与社会资本进行比较;反映了企业未来获取资本报酬的风险;通过市场来评价财务管理的业绩,具有客观性;能够克服企业追求利润上的短期行为。但股东财富最大化作为财务目标又有其缺点:由于股东财富用公司发行股票的市场价格与股票数量来计算,非上市公司由于股票不上市交易,所以股票市价存在计量问题;只强调股东利益,未能考虑其他利益主体利益,易引起利益相关者之间的矛盾冲突;影响股票价格的因素中有些因素并非公司所能控制,股票价格不能真正反映股票价值;把不可控因素加入理财目标是不合理的。

5. 公司价值最大化

公司价值最大化扩大了考虑范围,注重各方利益关系,克服了利润最大化和股东财富最大化的缺点。企业的业绩是这些利益方相互作用的结果,各个利益集团的目标都需要共同为了实现公司长期稳定发展和公司价值的不断增长。大多数学者推崇与肯定这种观点,是因为它充分考虑货币的时间价值和风险与报酬的关系;反映了投资者对企业的未来预期;不仅考虑了股东的利益要求,也考虑了债权人作为资本投资者的利益要求;以资产价值作为判断企业价值的依据;以资产市场价值而非账面价值作为判断标准。但是这种观点面临最大的局限性:如果缺乏公平合理的有效市场,企业资产的市场价值就难以获取。

6. 相关者利益最大化

相关者利益最大化是指企业的财务管理必须兼顾和均衡各个利益相关者的利益,使其利益尽可能最大化。利益相关者一般包括股东、员工、管理者、债权人、供应商、顾客甚至企业所在社区、社会公众在内的、所有与企业经营管理和业绩有利害关系的群体。相关者利益最大化目标具有一定的合理性:相关者利益最大化的前提和基础是企业价值最大化;有利于股东长期利益;有利于公司长远发展,使未来现金流量增大。其缺点在于:相关者利益最大化要企业去兼顾多方利益,不符合目标明确性和惟一性要求;会导致决策目标的分散和模糊;目标可操作性不强。

企业财务目标应该与企业的总体目标一致。企业的生存、获利、发展是首要问题,选择财务目标不能违背这一前提,需要综合考虑各种影响财务目标的因素,如企业所有者、经营者、员工、关联企业、债权人、外部行政单位等。企业财务目标对于指导企业发展有重要作用,企业目标在制定时首先就要制定完善的企业财务目标。

二、上市公司财务目标的选择

在特定的理财环境中,企业财务目标是通过组织财务活动和处理财务关系要达到的根本目的。财务目标是财务运行的驱动力,制约着财务运行的基本特征和发展方向。本节以海尔集团为例,探讨财务目标的选择及选择的因素、利益相关者的处理等内容。

(一)上市公司财务目标概述

1. 企业财务目标概述

企业财务目标决定了财务管理的基本方向,是评价企业财务管理工作是否合理的标准。财务目标是财务行为的依据、财务决策的准绳、理财绩效的考核标准,明确企业的目标对提高企业经济效益、加强企业管理有极其重要的意义。

2. 海尔集团的财务目标

海尔集团作为上市公司,在现代市场经济条件下的财务目标是企业价值最大化。企业价值是企业资产的市场价值,取决于企业潜在和未来的获利能力,企业股份制改革日趋完善,股东财富很大程度可以代表企业价值。企业价值最大化充分考虑了资金的风险价值、时间价值和通货膨胀价值对企业资产的影响,避免了企业追求短期利润的行为。

3. 海尔集团财务目标分析

(1)资本预算决策。资本预算是综合反映建设资金来源与运用的预算,是为获取更大报酬而作出的资本支出计划。海尔集团的资产总体质量较好,流动性和安全性较高。通过举借长期借款来筹措长期占用的资金,通过长期借款方式筹资的力度,对公司意味着更多的利益;货币资金比重小幅上升说明了公司应付市场变化的能力得到增强。

(2)财务目标的最优分析。海尔集团自1993年上市以来,实现了公司近年来的跨越式发展,保持了健康和持续发展的良好态势,通过综合实力和影响力的扩大,确立企业价值最大化的财务目标后,逐步确立了在家电产业的竞争优势,海尔品牌价值连续多年蝉联中国最有价值品牌榜首,是世界白色家电第一品牌、中国最具价值品牌。

公司有着明确的长期发展战略,加大了扩大生产规模的力度,扩张了生产能力;公司调整了集资结构,筹资成本随之降低,但风险增加;公司自身资金周转已进入良性循环阶段,公司债务负担减轻。

货币资金充裕、可用水平高、流动快、资金控制水平高。短期偿债能力增强,产品的销售非常好,处于同行业领先水平,公司总体盈利能力上升。资产盈利能力增强,管理效率及盈利能力得到增强;费用控制能力强,经营管理水平优。

(3)制定财务目标考虑的因素分析。确定财务目标要考虑外部环境与企业经营管理决策两方面的影响。企业的外部环境企业无法控制,属于不可控的因素;企业经营管理决策属于可控因素,企业可以通过正确的筹资决策、投资决策、经营决策和分配决策来促进财务管理目标的实现。以下三个因素是影响企业价值和财务目标的因素。①投资报酬率。投资报酬率是单位投资额所获得的报酬水平。投资报酬率与管理当局的经营理念、投资决策、管理战略直接相关。②风险。企业的任何决策都会有或多或少的风险。

确定财务目标时需要权衡风险和报酬，才能获得好的结果。当所冒风险与期望得到的额外报酬相称时，才是可取的；不能只考虑每股盈余的高低，而不考虑风险。③资本结构。资本结构是所有者权益和负债的比例关系，影响企业的投资报酬率和风险。企业确定财务目标时，要充分考虑资本结构，当债务的利息率低于投资预期报酬率时，可以通过借债提高预期每股盈余，但同时也会增加的风险。

三、上市公司财务目标的其他思考

(一)股东利益最大化运作的利弊

只强调股东的利益而对企业其他利益关系主体不够重视，不利于处理好现代企业财务活动中的各种关系。股票价格受多种因素影响，并非公司能全部控制，把不可控因素引入财务目标不合理。

(二)其他利益相关者的处理

企业的财务关系具体包括以下几个方面：企业与投资者之间、企业与政府之间、企业与受资者、企业与债权人之间、企业与债务人之间、企业内部各单位之间、企业与职工之间。当前，企业的财务管理环境和财务关系都发生了重大变化，转变为政府、投资者、债权人、经营者、职工、社会管理者、供应商和顾客等多元财务主体共同作用的新型财务关系。企业的财务管理环境和财务关系的变化实质上是利益相关者及其利益关系的变化。注重协调企业多边财务关系主体的利益是确立财务目标的重要依据，企业财务管理的实质就是对各财务主体间的关系进行不断地协调、优化的过程。财务目标只有充分考虑了相关主体的利益才是合理的。

(三)国有企业财务管理目标的探索

企业财务管理目标的选择应该适应我国国情的财务管理目标。现阶段，国有企业的行为主要受国家利益与公司社会责任双重制约，我国国有企业财务目标应是企业价值最大化并均衡利益相关者利益，即均衡状态的出资者权益与其他利益相关者权益的共同发展，从而使企业或企业财务管理在经济目标和社会目标上平衡。这样既充分体现了所有者权益，又有利于保障经营者、债权人和职工等的利益。

四、设定财务目标的上市公司可能存在高风险

上市公司设定财务目标可能带来结构和行为扭曲，还会使目标权责利不对等，设定财务目标成为风险最高的策略投资计划。财务目标是随处可见的现象，如营业收入或者净利润等财务目标。投资者通常喜见上市公司高管设定目标，却不知道背后存在的巨大风险。

负责任的上市公司不会轻言某个特定的财务目标，无论是业务的营收利润，还是研发开拓计划。如果上市公司高管意欲套现股票离场，那么只要可以推升公司市值的事情，那他就完全不会在乎说什么。但是，管理严谨的上市公司会强调公司发展面临的各种风险，更会避免过度的承诺而有损公司在资本市场的声誉，从而折损了公司的市场影

响力。

大股东费用腾挪的诱因值得投资者警惕。A股常见的一个现象是企业将上市公司应当承担的部分费用核算至大股东集团来美化上市公司的业绩。很多时候上市公司的股价会一路大涨。为了达成上市公司财务目标,提高每股盈利推升市值,或为了回馈大股东,大股东占用上市公司资金或者其他资源已屡见不鲜。

美国曾经有一家知名车企,将市场占有率视为最重要的财务目标,甚至日日督促、时时提醒,将市场占有率的数字印在衣服的胸章上,但数年后公司却破产了。除了行业景气度的因素,公司因一味重视市场占有率而轻视现金储备、成本结构等重要问题。另一个案例是该车企因面临性价比更高的节能小车挑战,执行总裁要求工程师限期设计价格低于2000美元的小车。结果是车型设计存在一些明显缺陷,其中一个是容易撞击起火,但公司高管并不修改此设计瑕疵。

上市公司高管一旦设定特定财务目标,在达成目标的诱惑和压力下,很容易采用各种不当手段,如操纵盈余、财务粉饰或舞弊、代价昂贵的外延并购。上市公司与并购公司并表后,很多并购承诺高的业绩,带来极高估值水平,从而大幅推升了上市公司并表后的市值水平和每股盈利。

除上述设定财务目标带来的结构和行为扭曲外,目标的权责利是不对等的。有的上市公司高管宣布多少亿元市场前景的消息告诉外部投资者,让投资者可能沉迷于目标带来的美好预期中。即便是公告里提到的计划前景,如上市公司下一年年报的展望,也有很大风险,因为做不到可以用各种因素来解释,不需要承担任何成本。少数上市公司有特殊背景,公开承诺的态度让人心寒。监管部门曾经查处了一大批大股东未尽的承诺,尽量让市场公正。

第四节
上市公司的社会责任

截至2017年08月11日,已经有797家上市公司发布了社会责任报告,化工、房地产、电力设备企业数量居前三位。近年来,上市公司通过慈善公益行为,根据目标人群的需求,多角度履行社会责任,积极发展社会保障、教育和医疗卫生事业,并通过成立公益基金等方式。比如2017年九寨沟地震后,多家上市公司纷纷出手救援。上市公司获得了相应的荣誉,在履行社会责任的同时,得到了社会肯定。

一、参与抗震救灾

2017年九寨沟地震发生后,多家航空公司承诺飞九寨航班正常飞行。中国平安、新希望、国金证券、中国石油等上市公司纷纷出手救援。截至2017年8月9日零时2点,国航、川航、东航、祥鹏、藏航等7家运营九寨航线的航空公司均承诺:飞九寨航班将正常飞行,无论去程有无旅客,以接回滞留当地的旅客。

中兴通讯与三大运营商及铁塔进行沟通,建立了抗震通讯保障指挥部,联合前方开展应急保障工作。地震影响区域的专业人员已经就位,应对可能出现的问题。中兴保障分队连夜到达现场,协助运营商开展故障修复保障工作。中兴建立了关键产品保障支持组,技术专家24小时支持震区业务恢复工作。

国金证券则针对当地灾情,紧急启动应急预案,为客户提供金融服务方案,24小时客服热线开通寻人平台,客户可拨打热线,由国金证券帮助客户通过各寻亲平台寻找亲人。

2017年8月9日,万达集团向九寨沟县地震灾区捐款1000万元。新希望集团也紧急加入救援。灾情发生后,新希望六和股份公司旗下美好食品准备好5000盒自热小火锅、3000件火腿肠及肉制品和其他救灾物资,随时前往救灾。公司通知当地经销商将库存食品全部征用于捐赠灾区,满足当地被困群众的需求。

京东物流西南分公司在地震后启动应急机制,积极救灾,8日晚宣布捐赠照明设备、应急医疗包、帐篷等物资,并在四川省联合成都市慈善总会,组成物流运输车队,将物资送往前线。

中国平安在地震发生后,开通绿色理赔通道,旗下产险、寿险、养老险以及健康险等专业公司启动重大事故处理应急预案。

二、热心慈善活动

2017年入伏以来,上海地区频繁刷新高温极值,7月28日,国海证券发起"高温送上清凉,关爱环卫人员"公益活动,向环卫人员们送上一份爱心。国海证券资管分公司相关活动负责人表示在公司的上海办公楼附近,常常看到环卫人员顶着烈日默默工作。国海证券向党员发起了"高温送上清凉,关爱环卫人员"活动,公司党员积极捐款筹集活动资金。

完美世界一直致力于慈善公益事业,通过公益项目向社会需要帮助的人士奉献爱心,通过慈善捐助等方式为灾区捐款捐物,贡献力量。2013年4月,雅安发生特大地震。完美世界公司向雅安地震灾区捐款300万元,用于灾难救助。完美世界CEO萧泓说:"要敢于心怀梦想。每一个梦想,不论大小,大到改变世界,小到得到一顶漂亮的帽子,都是值得尊重。伟大的梦想,都是一个个不断实现的小梦想一步步地积累而成。"完美世界还发起了多项公益活动,包括完美世界"音乐之声,我要上学"公益活动、赴麻栗坡南令小学开展捐赠、携金羽翼举办自闭症儿童绘画活动等。

不少上市公司积极鼓励旗下员工投身公益活动。三七互娱发布了《企业志愿者管理制度》,规定每人每年享有8小时带薪志愿工作时间,激发了员工参与公益活动的积极性,让更多员工参与公益活动,播种爱心。截至2016年年底,三七互娱累计筹划完成25次公益活动,员工累计454人次参与公益活动,累计志愿时长2340小时。

三、设立公益基金

通过设立公益基金成为推进公益活动重要的途径。

巨人慈善基金会是由巨人投资发起,经国务院与民政部批准成立的全国性非公募基金会,其法定代表人和理事长为巨人网络实际控制人史玉柱。巨人网络和巨人慈善基金会于2017年5月19日分别与浙大教育基金会签订了《捐赠协议书》,共同向该会捐赠5000万元。资金将主要用于浙大数学科学学院新大楼的建设,促进学科发展和学术研究。其中,公司以自有资金捐赠2000万元,巨人慈善基金会捐赠3000万元。该基金会没有对外募集计划,只接受巨人系公司的捐赠。

巨人网络与合作伙伴共同出资5000万元,将孵化平台下沉至大学校园,设立杭州巨人新进创业投资中心,扶持大学生创业。

完美世界员工公益基金成立于2013年10月,由完美世界大股东完美世界(北京)数字科技有限公司董事刘永基担任理事长,完美世界高级副总裁兼官方发言人王雨蕴担任主席。完美世界员工公益基金业务活动范围主要包括四个方面:救孤助残、赈灾救援、济困、抗击疫情等社会公益活动;完美世界员工及员工直系家属公益项目;青少年教育发展及其他社会教育发展项目;完美世界用户公益项目。

三七互娱在2014年6月成立了广东省游心公益基金会。游心基金会在抗战老兵、高中生助学开展工作。截至2016年12月底,三七互娱向游心基金会捐赠资金累计超过450万元,全部用于游心基金会开展公益项目;三七互娱通过游心基金会,已资助累计超过250位贫困抗战老兵,以改善他们的晚年生活,资助466位高中生,以求减轻经济负担,让他们全身心投入学习。

四、高管员工都热衷于慈善事业

上市公司的创始人、高管同样热衷于慈善事业,在履行社会责任的同时,不少上市公司获得了荣誉,得到了社会的肯定。

美的集团创始人何享健曾经宣布总额60亿元的捐赠计划,包含股权和现金捐赠两个部分。何享健捐出其持有的1亿股美的集团股票,美的控股有限公司作为委托人,设立一个永续的慈善信托。该慈善信托由信托公司担任受托人,在民政部门备案,慈善信托财产及收益全部用于支持公益慈善事业。

三七互娱公司总经理李逸飞热爱运动、热爱公益。李逸飞将公益与运动相结合,提出"每跑一公里,捐出十元钱",为关注游戏行业人的身心健康,鼓励和带动运动文化,让企业员工在身心锻炼的同时,参与到公益事业中。

巨人网络董事长史玉柱表示,过去公司处在发展期,更多的精力是花在了业务方面。其实做公益要真正选对项目并落实好,未来将在巨人慈善基金会上花费更多的精力。

2016年,完美世界在"中国上市公司口碑榜"的评选中获得最具社会责任奖;获得教育部"最佳合作伙伴奖";完美世界引擎中心团队获得中华全国总工会授予的2016年"全国工人先锋号"称号;完美世界高级副总裁兼官方发言人王雨蕴获得教育部"个人杰出贡献奖"。

2016年,三七互娱获得广州青年志愿者协会授予的"志愿合作伙伴"、广州团市委授予的"广州市青年社会组织孵化基地公益支持伙伴"、中国社会工作联合会企业公民委员会授予的"2016中国企业公民优秀志愿服务团队奖"等荣誉称号。

第五节
相关利益者之间的利益冲突

在公司经营中,利益相关者可以是相互补充、和平共处的,但也常存在不相容的甚至是极端冲突的。而且这种冲突经常表现在会计信息的不对称,以及处在强势的利益相关者利用会计信息不对称侵害其他利益相关者的利益方面。为了消除会计信息不对称对企业利益相关者利益的侵害,必须从企业内部和外部两方面构建治理机制。

近年来,会计及会计信息的重要性从上市公司或非上市公司中围绕着股东知情权、利润分配权等一系列公司内部运作事务发生的纠纷中进一步显现出来。各种利益纷争都无法离开公司的财务报表,公司法领域出现的最新观念是"现代公司治理结构的语言是会计"。在现代公司中,完善的公司治理结构无法脱离内部控制与会计信息系统加以构造。公司治理广义地讲是指有关公司控制权和剩余索取权分配的一整套法律、文化和制度性安排,这些决定公司的目标,如何实施控制,风险和收益如何在不同成员间分配等问题。会计信息是实现"风险和收益分配"的基础,是企业收益分配的重要且惟一的依据。

利益相关者理论已成为现代企业理论的主流观点,在会计领域其反映就是会计的服务对象在不断地扩大。即由单纯地向企业的所有者报告反映财务状况、经营成果及其变动的财务会计信息,转而向投资者以外的,包括政府部门、债权人、企业职工以及社会公众等企业利益的相关者报告。财务会计信息既是解决两权分离条件下建立的委托—代理关系中,委托方和受托方信息不对称的重要手段,又是信息不对称产生的重要源头之一。因为,作为受托方的经营者,在取得企业的实际控制权时,就充当了会计信息生产、发布和传播者的角色。这样,会计信息的提供者与会计信息的使用者间的信息不对称就不言自明了。在本书中,笔者试图在现代企业理论指导下,构建治理信息不对称、缓解利益相关者间冲突的新机制。

一、企业利益相关者间的利益冲突及会计信息不对称

现代企业将一群利益相关者组合到一起,以谋求各自利益最大化。尽管现代利益相关者理论描述了一幅企业为所有关联者带来利益的美好图景,但现实常将"梦想"击得粉碎。现实中,公司经营中的利益相关者可以是相互补充、和平共处的,但他们也常是不相容的甚至是极端冲突的。例如,所有者想使回报最大化;消费者想以低价购买高质量商品;雇员想使收入最大化;媒体想要有内容的故事;财经分析者希望公司提高其股票价值;环境活动人员想终止污染或要求工厂关门;社区想得到工作岗位并让公司融合到社区生活中;各个政府部门要求遵守规则、缴税和良好社会关系等。这些利益要求有的与公司经营目标一致,有的却相左。

上市公司的股份被广泛分散持有时,股东和上市公司管理层间存在严重的信息不对称。第一,前者不知道上市公司发生什么事,不知道上市公司披露的信息(主要是财务会计信息)是否属实,也不知道是否隐瞒重大信息;第二,股东不敢肯定管理层和控股大股东是否会"掏空"上市公司。

为保障市场的公正运行,现行制度安排了三种中介机构的服务。一是注册会计师审计作为信誉中介机构,为股东对上市公司财务作独立审计。他们的存在之所以重要,是因为单个股东的持股量较少,股东通常远离公司,也不便于亲自到公司查账,也没有动力去自己去做审查,或者根本就无足够的财会知识去审计。二是证券承销商(证券公司)作为另一类信誉中介机构,他们应该确保所推荐的上市公司是"货真价实",在上市公司与股东间起股票交易和分红服务的中间商作用。三是律师事务所,他们应该保证上市公司招股书的合法性,保证上市公司承诺的真实性。

上述三类中介服务环节是为保证上市公司给众多股东提供足够的相关信息,而且是为了确保信息的准确性。但中介后又带来新的"委托—代理"关系,由此产生新的信息不对称:股东怎么可以相信审计师?怎么知道后者讲出了实情?如果这一中介机构不能保证信誉,整个这一环节的存在可能不仅没有减轻上市公司与股东间的信息不对称,反而使其变得更加严重。

二、构建消除会计信息不对称的治理机制

为消除会计信息不对称对企业利益相关者利益的侵害,必须构建好企业会计信息不对称治理机制。

在企业利益相关者中,实施了直接投入的有股东、债权人和职工,他们是企业利益最直接的受益者、受害者,可以称其为"直接利益相关者"。其他企业利益相关者则与企业不存在直接利益关系,他们在企业经营成功或发生经营失败时间接地受益、受害,是间接利益相关者。在研究有关企业利益相关者参与治理架构时,既不能按传统的"股东中心主义"只考虑股东利益来设计,也不能不分主次地将各利益相关者的要求全部考虑进去。利益相关者理论只能是对委托—代理理论的进行部分修正和补充,而不应该对它全面否定。利益相关者参与约束的主体典型为职工和债权人,在实践中表现为银行董事制度、职工董事或监事制度以及债权的治理安排。可以在如下方面构建利益相关者参与会计信息不对称的约束治理机制。

在公司董事会和监事会中明确职工董事和监事法定人数。职工作为重要的利益相关者,既是知识经济日益强调人力资本价值的时代背景要求,也是传统与现代的结合。职工对公司治理的参与比较典型的是德国的共同参与制对职工监事的强制性规定,其他欧洲国家,如荷兰、瑞典、法国、丹麦等,也要求设立职工董事或监事。职工董事或监事制度是通过公司法规定职工代表在董事会、监事会的地位、数量和职责,通过代表职工利益的董事或监事对公司治理决策过程的参与。

第六节
金融环境

金融环境是指一个国家在一定的金融体制和制度下,影响经济主体活动的各种要素集合。

一、金融环境问题的体现

1. 从外部环境看,主要体现在社会信用、政策支持、司法执行三个方面

(1)诚信意识差,社会信用程度低。一个地区的诚信意识越差,信用程度越低,银行的不良资产就越高,经济发展速度就越慢,反之则相反。

(2)对金融支持小。对金融的支持包括:采取措施制裁不守信用者;不干预银行放贷和收贷;逃废银行债务;给银行优惠政策处置抵债资产组织;司法纪检监察等相关部门帮助银行清收不良资产等。

(3)法制环境差,司法难度大。银行在清收不良资产过程中,大部分依法清欠,但效果不佳,往往是打赢了官司却输了钱,付出了很大代价。由于司法部门的威慑力不强,客观上助长了失信行为的蔓延。

2. 从内部环境看,主要体现在内部管理机制不健全、贷款"三查"不到位、金融服务水平有待提高三个方面

(1)内部管理机制不健全,责任落实不到位,个别人有失职、渎职行为。

(2)贷前调查不细,贷时审查不严,贷后检查不到位。

(3)工作主动性差,金融服务水平有待提高。

改善金融生态环境的有效途径是尽快解决上述问题。商业银行的贷款权上收,主要是由于上述问题的存在,解决了问题,贷款权就会下放,地方经济发展就有充足的资金。

二、构建和谐金融环境的意义

构建和谐金融环境是加强金融宏观调控,维护社会稳定,促进我国经济持续发展的重要举措,有着十分深远的意义。

1. 建设和谐社会的需要

建设良好的生态环境是人类发展的要条件,构建和谐金融环境是我国建设社会主义和谐社会最重要的经济基础。

2. 经济发展的需要

改革开放以来的实践表明,没有良好的金融环境,我国经济建设就难以协调发展。

3. 金融体制改革的需要

构建和谐金融环境须以科学发展和正确的政绩观为指导,充分发挥银行、政府、企业

及社会各层面的作用,打造诚实守信的社会体系,建立健全激励约束机制,做强金融产业,促进经济发展。

三、构建良好金融环境的途径

1. 巩固经济基础

良好的经济环境是充分发挥金融体系功能、实现与金融良性发展的基础条件。金融是现代经济的核心。我国银行业是金融业的主体,是企业融资的主要渠道。银行业对整个经济的可持续发展和社会全面进步至关重要。银行业的健康发展亦离不开整个经济社会的全面协调发展。经济的高速增长使银行业积累了巨额资产,但经济的转轨、金融环境的恶化,也使银行业承担了大量改革成本,2003—2005年我国银行业不良资产形成原因中,银行内部管理造成的占20%多,外部金融环境的占近80%,金融生态环境最差和最好地区不良资产比率相差达10倍多。金融是经济的晴雨表和助推器。资金流动取决于金融环境,金融环境好,有更多的信贷资金向这里流动,形成资金聚集"洼地效应";反之,会引发资金外流,削弱经济的竞争力。因此,为促进经济和谐与健康发展,需要以习近平新时代中国特色社会主义思想统领全局,改善金融生态环境,更好地发挥金融融通资金、优化资源的配置功能,才能构建和谐社会的物质基础。

2. 打造诚信环境

良好的社会信用环境是建设良好金融环境的基础。营造良好的社会信用氛围,提高社会的诚信意识,需要社会各方共同努力,更需要舆论部门大力宣传;让失信可耻、守信光荣成为公众的共识;不仅应该对守信者进行大力宣传,金融部门还应该简化守信人的贷款手续,适当增加授信额度,实行优惠利率,并保证贷款等金融服务到位。对失信者和逃废银行债务的企业或个人,要列入黑名单,向社会公开曝光。各家银行对列入黑名单者不给开户,不给贷款,不给结算。此办法可以促使失信者主动守信,守信后可享受守信者待遇。

3. 构建良好的法制环境保证

要不断完善金融法律法规,制定保护银行业合法权益的法律法规。司法部门要依法办案、行政,加大威慑力度。对失信者严厉制裁,让失信者付出沉重代价,减少银行损失。如果失信者尝到了失信的苦头,才能成为信者。

4. 强化管理

推动建立现代企业制度,完善公司治理结构,是银行改革的目标,也是改善金融生态环境的要求。目前,我国银行业金融机构考核机制不完善、内控机制不健全、制度执行不严格等较为普遍,中小银行业金融机构金融创新能力不足,风险突出,对地方小企业支持力度不够,农村金融服务单一等,严重地制约了银行业发挥经济核心作用。因此,必须明晰产权关系,建立科学完善的公司治理结构,加快银行业的市场化改革步伐,构建有效的内控机制,使银行成为独立的市场主体;落实依法经营理念,审慎经营,合法经营,使银行成为贯彻国家产业政策、信贷政策的受益者;合理进行银行业金融机构改革,积极进行金融创新,促进对中小企业的支持和三农经济的扶持;利用有关政策,特别是国家支持东北老工业基地优惠政策,积极活化不良资产,争取地方政府支持。

要落实各项规章制度,责任明确,健全内部管理机制,任务落实,按贷款额度和贷款质量实施奖惩机制;加强对员工职业道德教育,对失职、渎职人员要严厉处罚;不断提高贷款质量,坚持贷款"三查"制度;不断增强服务功能,积极拓展信贷市场,提高金融服务水平力度,做好风险防范和预警工作。

四、解决措施

面对我国目前落后的融资模式,我国必须积极解决这一问题。

1. 建立良好的企业外部环境

金融是发展生产力不可分割的组成部分。金融的融资功能,通过严格的信用权责约束机制,高效率地优化资源配置,对整个社会经济的健康发展起着重要的作用。现代经济的竞争是金融、金融制度的竞争。建设一个高效、强大、稳健的金融体系,关系到我国金融和经济的安全,关系到经济的国际竞争力。

当前我国办好金融的关键,是要提高对金融的认知,认清信用缺损的危害,遵循三种融资规律,按照国际标准,明确金融目标。现阶段,要完善信贷融资和证券融资,在发挥财政融资作用和推进资本市场发展的同时,建立新的融资基础与框架,持续支持经济发展。我国的金融业得到了一定的发展,已经建立了股票市场、债券市场等一些基本的金融机构。但必须清醒地看到,金融业不良资产比例仍然较高,还存在很多不稳定因素,防范金融风险的长效机制还未形成,金融业在竞争与服务效率水平上都较低。因此,建立比较完善的股票、证券等金融市场迫在眉睫。

其具体可以采取如下几点措施:

(1)加强和改善宏观调控,健全宏观调控体系。综合运用多种货币政策工具,适时调控基础货币,充分发挥公开市场操作在日常流动性管理和引导市场利率中的作用。

(2)深化金融业改革,促进金融业健康发展。推进国有商业银行的股份制改造,通过建立考核机制、明确目标责任、上市等手段,促进其完善公司治理结构,转换经营机制。深化政策性银行改革,使政策性银行转变为财务上可持续、符合市场需要的、有竞争力的开发性金融机构。

(3)鼓励金融创新,建立多层次市场体系。加强基础性制度建设,完善市场功能,协调发展各个层次的金融市场,提高直接融资比例,完善金融资产结构。

(4)完善金融监管体制,防范金融风险。建立以资本充足率监管为核心的监管体系,防范金融机构资产的过度扩张,及时校正金融风险。

(5)加强金融法制建设,改善金融生态环境。改善金融业运行的外部环境,如信用环境、法制环境、市场环境和制度环境。

(6)为了增强股权约束功能,应大力发展机构投资者。为改变持股主体分散状况,应做好以下几点:一是扩大机构投资者的投资规模;二是培育现有的机构投资者,体现机构投资者的投资特点,引导机构投资者的行为,在发展机构投资者的同时,优化资源配置,真正起到提高市场效率、改善公司治理的作用;三是大力开发金融衍生产品,增强机构投资者的风险控制。

(7)强化银行的债权约束。要建立强有力的偿债保障机制。随着银行不良债权的增加,银行强化了债务期限、抵押与担保和债务资金的用途等事前保障机制,这对增强债务的安全起到了较好的作用。建立有效的事后保障机制,重视清算的作用,加强破产清算与重组的组织工作,对于企业控制者通过担保、虚假债务合同、价格、虚假业务合同、关联交易等方式欺诈性地转移企业财产的行为,要追索企业责任人和当事者财产。

2. 建立良好的企业内部环境

改变企业的融资模式,仅仅调整法人治理结构的内容,很难提高公司治理效率。因此,提高公司治理结构要以改善企业融资结构作为突破点。

(1)完善债券市场,增加企业债券融资的比例,增加企业债券的流动性。我国企业债券市场目前主要是"政府管制型",要转变这种局面,推动我国企业债券市场由"政府管制型"向"市场取向型"演进,一方面需要理顺股票、国债与企业债券之间的关系,明确企业债券的主体地位;另一方面要修订并完善相应法律法规,借鉴债券市场发达国家的成熟经验,减少政府对企业债券市场的过多管制,把本该由市场决定和完成的事情交还给市场。

(2)优化股权结构。首先,降低国有股比例。国际资本市场上的上市公司主要发起人的企业通常可以用20%~30%的资本调动、支配70%~80%的其他资本,而我国目前作为上市公司第一大股东的国家或国有法人股处于控股地位达54%。国家用62%的国有资本仅调动38%的社会资本,这是很大的资源浪费。其次,应该对企业的经营者实施股权激励。上市公司公布的年报资料显示,上市公司董事约40%零持股,总经理约20%零持股,即使有的董事、经理持股,平均持股量也很低。我国上市公司的经营者(为数不少是董事长兼总经理)对公司负有重大的责任,但经营者与众多股东利益不一致以及决策行为的短期化现象需要认真研究。学术界认为股权激励的办法能使经营者处于类似股东的地位,可以促使他们考虑负债带来的风险和各种费用。最佳资本结构的确定要在负债带来的利益和成本间权衡。而在融资方式上,有内部融资、债券、普通股。对融资次序选择的考虑是在融资偏好次序理论下,基于财务信号和信息不对称,根据实际情况选择最佳的资本结构。

第四章 市场经济下公司财务筹资战略管理研究

第一节 财务战略概述

一、财务战略的定义

财务战略是指企业在服从和服务于企业战略的前提下,以及分析理财环境的基础上,进行对企业资源筹集和配置活动全局的长远谋划,是战略理论在财务管理领域的应用、延伸。为实现企业战略目标和加强企业竞争优势,确认企业的竞争地位,财务战略运用管理的分析工具,对财务战略的实施与控制、决策与选择、计量与评价等活动进行长期性、全局性和创造性的谋划过程。财务战略应基于企业内外环境对资金流动的影响是财务战略环境分析的特征。企业资金流动是财务战略关注的焦点,这是财务战略不同于其他各种战略的质的规定性;财务战略的目标是确保企业资金均衡有效流动而最终实现总体战略。财务战略既是企业战略管理的不可或缺的组成部分,也是企业财务管理的十分重要的方面,既要体现企业战略管理的原则要求,又要遵循企业财务的基本规律。

二、财务战略的内容

财务战略规划的内容包括投资战略规划、财务发展规划、筹资战略规划、资本结构规划、研究与开发规划等。其中,最核心的是投资战略规划和筹资战略规划。

(一)投资战略规划

企业投资战略包括直接投资战略和间接投资战略两方面,投资战略规划需要做好这两个方面的工作。

1. 直接投资战略规划

直接投资是指企业为直接进行生产或其他经营活动而在固定资产、土地等方面进行的投资。它通常与实物投资相联系。

直接投资战略规划需要以企业的生产经营规划和资产需要量预测为基础,继而确定企业需要直接投资的规模、时间、类别以及相关资产的产出量、盈利能力等,以满足企业财务战略管理的需要。

2. 间接投资战略规划

间接投资是指企业通过融出资金、购买证券或发放贷款等方式将资本投入到其他企业,其他企业进而再将资本投入生产经营中的投资。间接投资通常为证券投资,主要目的是为了获取股利或利息,实现资本增值和股东价值最大化。间接投资战略规划的核心是如何在风险可控的情况下确定投资的金额、时机、期限等,尤其是投资策略的选择与投资组合规划。按照现代投资理论,组合投资是企业降低风险、科学投资的最佳选择,即企业并不只投资一种证券(或者一种金融资产),而是寻求最优多种证券(或者金融资产)组合的投资策略,以寻求在风险既定情况下投资收益最高,或在投资收益一定情况下风险最小的投资策略。

间接投资组合战略规划通常主要包括股票投资组合战略规划、债券投资组合战略规划和混合投资组合战略规划等。

(1)股票投资组合战略规划。在任何股票市场上,通常股票都可以分为四类:一是高价值型;二是低价值型;三是高增长型;四是低增长型。

作为价值管理型企业,在进行股票投资时,无疑将追逐高价值型和高增长型股票或者是两者的组合。

①高价值——一般是市盈率和市净率比较低的股票——价值型投资。

价值型股票投资有以下三种。第一,低市盈率型。对于低市盈率型股票投资,企业通常集中关注每股收益指标并投资于市盈率相对较低的股票。第二,收益型。对于收益型股票投资,企业通常关注周期性公司股票,投资当前收益很小甚至亏损但未来投资收益前景看好的股票,以谋求获取股票投资的差额回报。第三,反向型。对于反向型股票投资,企业通常关注企业账面净资产价值并投资于市净率相对较低的股票。

②高增长——一般是以市盈率比较高的股票——增长型投资。

增长型股票投资有如下两种。第一,持续增长型。对于持续增长型股票投资,企业集中关注并购买收益具有稳定持续增长特点的公司股票,但业绩不一定有爆发性增长的公司股票。第二,收益加速增长型。对于收益加速增长型股票投资,企业集中关注购买具有收益加速增长预期的公司股票。

(2)债券投资组合战略规划。债券投资组合战略规划主要取决于投资者对债券市场效率的看法和投资者对风险的偏好程度两个因素。债券投资组合战略规划可以分为积极和消极两类。

①积极投资组合策略。当投资者认为市场是无效的或效率较低,就会选择积极的投资组合策略,以获取无效率或低效率市场带来的额外收益。积极策略的重点在于预期影响资产表现的因素。

②消极投资组合策略。当投资者认为市场是有效的,会选择消极的投资组合策略,较少用到预期。

(3)混合投资组合战略规划。混合投资组合战略规划是企业根据风险偏好情况和可供选择的投资品种,将债券和股票品种组合在一起进行投资的战略规划。

第二节
筹资战略规划

筹资战略规划主要解决筹集资金怎样满足生产经营和投资项目的需要及债务筹资和权益筹资方式的选择及其结构比率的确定等问题规划。在企业进行筹资战略规划时，根据最优资本结构要求，要合理权衡负债筹资比率和权益筹资比率。

在风险可控情况下，企业为获取财务杠杆利益，将会选择采用负债融资，但如果企业负债资本成本较高，财务风险较大，企业常选择增发股票等权益融资较合适。

企业在具体进行筹资战略规划并选择筹资方式时，应综合考虑维持财务灵活性和筹资决策对股票价格及企业价值的影响。企业筹资战略规划可分为以下两种。

1. 快速增长和保守筹资战略规划

对于快速增长型企业，创造价值最好的方法是新增投资，而不是伴随着负债筹资的税收减免带来的杠杆效应。最恰当的筹资策略是最能促进增长的策略。在选择筹资工具时，可以采用以下方法。

（1）维持保守的财务杠杆比率，具有能够保证企业进入持续金融市场的充足借贷能力。

（2）采取恰当的、能够让企业从内部为绝大部分增长提供资金的股利支付比率。

（3）必须用外部筹资的话，可以选择举债的方式，除非由此导致的财务杠杆比率威胁到财务灵活性和稳健性。

（4）把短期投资、现金和未使用的借贷能力用作暂时的流动性缓冲品，以便于在投资需要超过内部资金年份里能够提供资金。

（5）当上述方法都行不通时，采用增发股票筹资或者减缓增长。

2. 低增长和积极筹资战略规划

对于低增长型企业，经常没有足够好的投资机会，企业出于利用负债筹资为股东创造价值的动机，可以利用良好的经营现金多借入资金，进而利用这些资金回购自己的股票，从而实现股东权益的最大化。这一筹资战略规划为股东创造价值的方法常包括如下几类。

（1）通过负债筹资增加利息支出，获取所得税利益，从而增加股东财富。

（2）通过股票回购向市场传递积极信号，从而推高股价，提高负债程度。

（3）在财务风险可控情况下，高财务杠杆比率能够提高管理人员的激励动机，促进创造足够的利润以支付高额利息。

3. 如何进行财务战略规划管理

进行财务战略规划管理需要做好以下几个方面。

（1）确定组织当前的目标、宗旨和战略。

（2）明确公司宗旨旨在促使管理层确定公司的产品和服务范围。

（3）分析环境。环境分析是战略管理过程的关键环节和要素，在很大程度上组织环境规定了管理当局可能的选择。成功战略大多是与环境相适应的战略。

（4）识别优势和劣势。其优势是组织为实现组织目标可开发利用的积极内部特征，是组织具有的与众不同的能力，即决定作为组织竞争武器的特殊技能和资源；其劣势则是抑制或约束组织目标实现的内部特征。

（5）发现机会和威胁。管理当局需要评估环境中可以利用的机会，以及组织可能面临的威胁。

（6）重新评价组织的目标和宗旨。按照SWOT(Strengths – weaknesses – opportunities – threats)分析、识别组织机会要求，管理当局应重新评价公司的宗旨和目标。

（7）制定战略。战略在公司层、事业层和职能层需要分别设立。在这一环节组织将寻求恰当的组织定位，以获得领先于竞争对手的相对优势。

（8）实施战略。无论战略制定得多么有效，如果不能恰当实施，仍不可能保证组织成功。

（9）评价结果。战略业绩计量与评价是战略成本管理的重要组成部分。业绩计量与评价常包括业绩指标的设置、评价、控制、反馈、调整、考核、激励等。传统的业绩是指标缺少与战略方向和目标的相关性，主要是面向作业的，有些被企业鼓励的行为与企业战略不具有一致性。要将战略思想贯穿于整个战略成本管理的业绩评价中，以竞争地位变化带来的报酬取代传统的投资报酬指标。

第三节
企业内部控制背景下的融资战略管理研究

一、研究内部控制与融资战略的意义

资金是企业生存和发展的血液，融资是企业经营活动的起点。融资战略是企业整体战略的重要组成部分，其制定的科学性、合理性对于企业的生存和发展具有极为重要的影响。企业日常经营活动中所需的营运资金以及固定资产投资等资本性支出所需的资金都需要融资战略作为保证。此外，经过多年的发展，我国经济结构发生了巨大的变化，全社会产能由改革开放初期的相对不足发展到近年来的产能过剩，在这样的背景下，企业的发展模式受到了深刻的影响，以并购为代表的外延式增长发展战略中的地位更为重要。在并购交易中，支付并购对价的资金来源是重点考虑的问题。因此，无论是企业内生增长，还是通过并购实现外延式增长，均需要考虑融资战略。

成本合理的融资是生存和发展的基础，决定着企业的竞争能力和可持续发展能力。

企业融资活动中可能存在的风险都是重要风险,如果转变为现实,危害重大。

在制定和选择融资战略的过程中,我国企业更多的是考虑融资渠道、融资成本等外部问题,对于融资战略选择与内部控制和风险管理存在很大的盲区。只关注融资本身而忽视内部控制体系对融资活动的支持性,容易导致筹资决策不当,引发资本结构不合理或无效融资,导致企业筹资成本过高或债务危机,会危及公司声誉,在某些情况下甚至影响企业生存与发展。

对内部控制与融资战略的关系,企业界缺乏足够的认识,因此研究具有重要的现实意义。企业很多管理人员认为内部控制的重点是"控制",是一种束缚,一旦受到"控制"就缺乏灵活性,因此不愿意搞内控。

为此,本书将融资战略研究的重点从融资成本、融资渠道等外部性因素转向企业内部,探讨了融资战略选择与企业内部控制和风险管理间的关系,并从内部控制和风险管理角度阐述企业在选择和实施融资战略过程中需要关注的问题。

二、研究方法

本书采用实证研究方法,通过案例分析阐述内部控制与融资战略的关系,主要考虑案例对企业界的影响及学术界的关注,因此选择了"德隆系"失败的案例,从内部控制的角度分析"德隆系"失败的原因。

从"德隆系"案例对资本市场的影响、所涉及的金额及其本身的传奇色彩方面,本书认为其具有研究价值。学术界也对德隆系失败的原因进行了深入研究,如黄蔚、蔡珞珈将其失败的原因归结为内部、外部原因,内部原因主要包括企业总体战略不明确、财务战略失败、公司内部治理缺位、多元化经营策略失当、企业文化整合不足、集团整体交易成本过高、激励模式不合理、缺乏危机的应急理念和处理机制、内部关联交易等。

从学术界研究的成果看,德隆系失败的关键在于战略不清晰,这其中融资战略与内外部环境不适应、内部组织架构混乱、期限错配、融资来源选择在合规性方面存在缺陷等都是导致德隆系走向毁灭的重要原因。

三、内部控制在我国的发展情况

20 世纪 90 年代,美国 COSO 报告第一次在概念框架上提出了内部控制的模型并迅速被全世界采纳,后将内部控制模型创新为全面风险管理模型。2008 年,我国由财政部、证监会等五部委联合发布了《企业内部控制基本规范》,要求沪深主板上市公司和中央企业从 2009 年开始执行,后又发布了 18 个应用指引。我国至此在法律法规层面有了内部控制建设的标准和要求。

我国内部控制基本规范及应用指引对与融资相关的内部有专门的阐述,主要体现在发展战略(第二号应用指引)及资金活动(第六号应用指引)。由此可见,内部控制与融资战略间的联系十分重要。

四、内部控制与融资战略的关系

内部控制与融资产略的关系可以从两个方面理解:一方面内部控制是保证融资战略

实现的重要手段;另一方面融资战略一旦确定,内部控制体系就需要根据既定的融资战略进行调整,即内部控制必须符合战略发展的需要。

(一)内部控制是保证融资战略实现的重要手段

融资战略目标和规划是企业根据经营和发展战略的资金需要制定的,融资活动是执行融资战略并使融资战略目标得以实现的过程。在融资活动中应该关注其中的风险,未来保证融资战略目标得以实现,并通过合理有效的内部控制体系进行控制,这些风险通常包括因缺乏完整的筹资战略规划、缺乏对企业资金现状的全面认识、无法保证支付筹资成本、缺乏完善的授权审批制度、对筹资条款缺乏认真的审核、缺乏严密的跟踪管理制度等原因导致的风险。由于筹资活动的流程很长,需要根据筹资业务流程找出其中的关键风险控制点进行风险控制,这就要求企业建立与筹资活动相关的内部控制。

(二)与融资活动相关的内部控制应适应融资战略要求

战略是企业在对现实状况和未来趋势进行综合分析和科学预测的基础上制定并实施的目标与规划。战略是企业执行层的行动指南,为内部控制设定了最高目标。在企业内部控制的一系列目标中,促进战略实现是内部控制最高层次的目标。一方面,企业内部控制最终所追求的是如何通过强化风险管理和控制促进企业实现战略目标;另一方面,实现战略目标必须通过建立和健全内部控制体系提供保证。战略为企业内部控制指明了方向,在既定的战略目标和战略规划下建立的符合企业发展战略的内部控制体系,为战略的实现提供了保障。

与融资战略相适应的相关内部控制是实现融资战略目标的保障,与融资相关的内部控制必须适应融资战略规划。例如,以通过资本市场公开发行股票筹集资金的公众公司,需要建立良好的公司治理结构来保证公众投资者的利益不受损害,必须建立符合监管要求的内部控制体系来保证信息披露不存在误导性陈述或重大遗漏,需要更加注重经营管理的合规性等。主要通过债务融资来筹集资金的企业,则更为注重建立预防、识别、处理财务危机的内部控制体系。如通过规划现金流全面预算预测,通过严格的合同管理制度识别筹资合同风险,保证债务资本的使用符合贷款合同及法律法规的要求等。

(三)与筹资活动相关的内部控制与融资战略是相辅相成的关系

融资战略为筹资活动相关的内部控制设定了行动指南,而与筹资活动相关的内部控制则在既定的规划和目标框架下保证了融资战略的实现,而这是相辅相成、缺一不可的。

五、保证融资战略实现的关键是内部控制

企业融资战略是为了有效地支持投资所采取的融资组合,融资战略选择直接影响企业的获利能力、偿债能力和财务风险。与融资战略相关的内部控制分为两个层次:一是与制定融资战略相关的内部控制;二是为保证融资战略实施建立的与融资活动的内部控制。这两个层次的内部控制涉及内控体系的内控要素的不同方面。

(一)与制定和实施融资战略相关的风险及内部控制

融资战略是企业发展战略的重要组成部分,企业发展战略牵一发而动全身。在制定

融资战略的层面的主要风险是因融资组合不合理对企业偿债能力、获利能力造成不利影响,甚至在极端情况下形成严重的财务危机。"德隆系"的财务危机是战略不清晰、脱离企业内外部环境的例子。

德隆的总体战略是通过产业整合改善产业结构,以"产业整合,创造中国传统产业新价值"为己任,增强产业竞争力以获取长期的利益回报和可持续发展。在实际运作中,德隆围绕着"融资→并购新的强大融资平台(增发、抵押、质押、担保、信用)→再融资进行更大的并购(产业整合)"的模式螺旋式进行。在融资战略方面,德隆主要通过集团内关联企业之间的相互担保、上市公司股权质押甚至通过挪用其控制的金融机构客户的保证金来融资,融资战略与业务发展在现金流的期限严重错配,以致当资金链断裂时,德隆完全无法挽回,最终由中国华融资产管理影响公司托管。

制定和实施融资战略的内部控制主要包括以下几方面。

1. 建立良好的公司治理结构

良好的公司治理结构划分了企业股东、管理层和治理层间的权利、义务关系。公司总体战略通常由董事会下设的战略委员会制定,股东大会批准,并报董事会,管理层负责具体实施企业战略,将总体战略细化,编制年度工作计划及年度预算,并将年度预算分解为月度、季度预算。融资战略应该根据公司内外部条件逐步分解、落实,保证融资战略为公司总体战略服务。

此外,董事会下设的监事会、审计委员会对战略的执行进行监督。这是保证战略目标能够实现的重要途径。

在公司治理的角度,我国公司法对融资战略产生了重要影响。如公司董事会负责制定年度财务预算方案及利润分配方案、决算方案和弥补亏损方案、增加或者减少注册资本、发行公司债券等与融资战略密切相关的方案,其审批决定权在股东(大)会,经营管理层负责实施这些方案。

建立良好的公司治理结构有利于防范集中决策导致的融资战略风险。"德隆系"公司治理缺位是其失败的重要原因。"德隆系"的核心决策权来自德隆国际。德隆董事局虽然下设了德隆国际执委和友联执委,分管实业资产和金融资产,但整个德隆只有唐万新一人完全清楚实业和金融的运营状况。许多重大决策都由董事长一个人说了算,即使内部进行研讨,也只是在董事长的决策上进行补充和修正,其他的董事职位形同虚设。这种一人独断的局面,使得董事会难以真正监管企业的经营决策,难以维护其他股东和集团整体的利益。公司治理的不健全造成了控制环境的不完善,德隆董事局中没有设立审计委员会,致使内部控制流于形式,对控制的监管无从谈起。

2. 重视资本运作方面人力资源的管理

融资战略的制定及实施是一项专业性很强的工作,涉及政治、金融、经济、行业等多方面的外部环境因素,并且要能够分析企业内部环境。当今金融创新加快,各种新型融资工具不断涌现,既精通金融市场又具有管理经验复合型人才对企业的投融资战略显得更为重要。因此,资本运作方面的人才储备、培养和激励就显得十分重要,企业应该注重这方面人力资源的管理。

3.建立执行有效的、设计合理内部控制体系,保证融资战略的实施

融资战略的制定和实施需要企业的内部控制作为支持,这主要表现在以下几个方面。

(1)建立良好的信息沟通渠道。其主要表现在制定融资战略的过程中,相关部门需要全面了解公司的生产经营、投资情况及未来发展计划,需要良好的沟通渠道以制定融资战略。在融资战略执行和实施的过程中,如果发生不利于公司利益的情况,或出现财务危机,公司应当建立顺畅的沟通路线,及时报告不利情况或危机以便及时处理。

(2)建立全面预算管理体系,为融资战略保驾护航。融资战略经分解后通过全面预算的形式落到实处。全面预算管理是保证融资战略得以实施的重要手段。从公司战略规划的一般流程看,投资战略、业务战略及其支持性战略(如人力资源战略等)编制完成后,在分析企业内部资源的基础上再编制融资战略,融资战略是基于其他战略的,其他战略的实际执行结果如果与目标产生重大偏差,融资战略极有可能失败,给企业带来损失甚至引发财务危机。如因业务战略制定不合理导致计划中的投资未能落地,而投资准备的资本已经筹集完成,这种情况下业务战略的失误导致财务成本上升。

科学、合理的全面预算能够避免结果严重偏离目标,从而保证融资战略目标的实现。

(3)注重融资战略制定和实施过程中的合规性。内部控制的目标之一是保证经营活动的合规性。融资活动常涉及大额资金,出现合规性问题将对企业造成十分严重的影响。这里的合规性应该从两方面考虑。一是在制定融资战略时应考虑法律法规的要求,企业以公开发行股票作为融资手段,应该评估是否符合证券法及相关法律法规关于公开发行股票、上市的条件;在融资活动中应该遵守法律法规的规定,如上市公司应该严格遵守信息披露的法律法规。二是融资活动因符合融资合同或协议的要求,应注意在签订合同时条款是否公允,是否符合法律法规的要求,如融资合同要求公司保持一定的流动比率,公司应该关注到这是十分重要的要求,必须时刻保持关注。

(二)融资活动中的关键内部控制

融资活动是融资战略实施和执行的过程与融资活动中相关的内部控制,主要体现在以下几个方面。

1.职责分工与授权批准

职责分工与授权批准是所有控制活动的原则。在融资活动中要保证融资方案的拟订与决策、与融资相关的各种款项偿付的审批与执行、合同或协议的审批与订立、融资业务的执行与相关会计记录等不相容岗位的分离,并对融资业务建立严格的授权批准制度,明确授权批准程序、方式和相关控制措施,规定审批人的责任、权限以及经办人的职责范围和工作要求。如上市公司要求增发股票需要股东大会批准。

2.融资风险控制

融资风险是因融资活动而引起的收益不确定性,以及到期不能偿付债务本息和投资人报酬的风险。融资风险主要通过筹资结构来合理分散。例如,通过控制经营风险来减

少筹资风险,充分利用财务杠杆原理来控制投资风险,使企业按市场需要组织生产经营,不断提高企业的盈利水平,及时调整产品结构,避免由于决策失误造成财务危机,把风险降低到最低限度。随时监控企业的融资风险,建立财务预警机制,把风险水平降到最低点。

在拟定融资决策方案从以下三个方面考虑:第一,保持合理的负债比率,确定适度的负债数额,合理利用财务杠杆,避免财务风险过度;第二,因地制宜地确定资本结构,合理安排主权资本与借入资本比例,降低资本成本;第三,在选择负债融资的方式时,如果选择银行借款的融资方式应作出分析,对银行作出选择。选择那些愿意承担风险、肯为企业分析潜在的财务问题、有着良好的服务、勇于开拓、乐于为具有发展潜力的企业发放贷款、在企业有困难时帮助其度过难关的银行。同时,要关注银行的专业化程度,选择那些拥有专业化贷款经验的银行进行合作;保证所选银行的稳定性,使企业的借款不至于中途有变故。

3. 融资执行的控制

在融资决策执行环节,需对筹资协议的订立与审核进行严格控制。

对融资合同或协议的控制包括所有融资事项都应订立融资合同或协议。企业相关部门或人员应当对融资合同或协议的合理性、合法性、完整性进行审核,审核情况和意见应有完整的书面记录,融资需经过有关授权人员批准。重大融资合同或协议的订立应该征询法律顾问或专家的意见。

如果通过证券经营机构承销或包销企业债券、股票,应选择具备规定资质和资信好的证券经营机构,并签订正式的承销或包销合同或协议。

融资合同或协议变更时应当按照原审批程序进行。

4. 融资费用的相关控制

融资费用的控制主要是加强对融资费用的核对、计算工作,确保筹资费用符合筹资合同或协议的规定。此外,还应结合资金结构、偿债能力等,在保持合理的现金流量的基础上,及时足额偿还到期本金、利息或已发放的现金股利等。

5. 对融资获取资金的使用控制

融资取得的资金需改变资金用途的应当履行审批手续,按照融资方案所规定的用途使用,并对审批过程进行完整的书面记录。擅自改变资金用途可能导致违约或合规风险。

6. 偿还融资取得的资金

一般情况下,企业应当要求财会部门严格按照筹资合同或协议规定的利率、本金、期限及币种计算利息和租金,经与债权人进行核对,有关人员审核确认。本金与应付利息必须和债权人定期对账。如有不符,应查明原因,按规定及时处理。企业支付股息、筹资利息、租金等,应当履行审批手续,经授权人员批准后方可支付。企业通过向银行等金融机构举借债务筹资,其利息的支付方式也可按照双方在合同协议、协议中约定的方式办理。

内部控制在我国还是一个相对较新的话题,这与我国经济发展阶段及商业文化有关,很多领导者认为内控是一种束缚,不愿意搞内控。在全社会都不重视内部控制的背景下,企业战略重要组成部分的融资战略受内部控制的影响就更小了,融资战略及其执行和实施有利于企业内部控制的监督管理之外。

因此,企业应该正确认识内部控制的作用,转变思路,按照内部控制规范框架的要求建立和完善内部控制体系,为融资战略乃至企业整体战略目标的实现提供内部保障。

第四节 融资战略风险

失败的融资战略选择与内部控制和风险管理导致企业走向财务危机的案例层出不穷,以"德隆系"的坍塌为例,"德隆系"的案例具有标志性的意义,这主要体现在其涉及的金额巨大、对资本市场深远的影响以及"德隆系"本身的传奇色彩等方面。

"德隆系"从1986年以400元在乌鲁木齐注册的一个小型彩色照片扩印店,到2004年成为一个跨行业、跨所有制、跨区域和跨国经营的大型产业控股与金融控股集团仅用了18年。至2004年,其控股、参股的实业企业达262家,涉及水泥、汽车零配件、农业及相关产业、重型汽车、旅游业等,其中控股的上市公司一度达到6家;此外,"德隆系"先后控股、参股了20家金融机构,包括证券公司、信托公司、租赁公司、商业银行等。鼎盛时期其产业共跨越14个,控制资产达1200亿元。2004年8月"德隆系"因资金链断裂,被中国人民银行指派的中国华融资产管理有限公司托管,创始人唐万新锒铛入狱,"德隆系"至此退出了历史舞台。

研究人员分析指出"德隆系"失败的内部原因无一不与内部控制缺陷和风险管理失败密切相关。总结"德隆系"的案例,结合其他研究成果,可以认为与融资战略相关的风险主要体现在以下几个方面。

(1)违反国家法律法规,可能遭受外部处罚、经济损失和信誉损失。
(2)决策失误,可能造成企业资金不足、冗余或债务结构不合理。
(3)债务过高和资金调度不当,可能导致企业不能按期偿付债务。
(4)未经适当审批或超越授权审批,可能因重大差错、舞弊、欺诈而导致损失。
(5)筹资记录错误或会计处理不正确,可能造成债务和筹资成本信息不真实。

其中第(2)类风险涉及融资战略的制定,其他类风险主要在于实施和执行融资战略的具体融资活动中。与融资活动相关的内部控制的目标之一是要防范融资战略制定和实施过程中出现上述事件而造成损失的情况。

第五节
筹资渠道与方式的战略选择

在现代企业体制下，企业持续经营与拓展首先必须以筹资活动作为先决条件，而筹资活动也是企业经营活动的重要组成部分。本书针对企业多种筹资方式进行分析。企业筹资方式的选择多元化已经成为企业资金筹措的重要问题。企业在筹资过程中，必须充分考虑筹资成本的高低、筹资数量的多少、筹资结构的优劣、筹资风险的大小，比较、分析、选择最合理的、最适合本公司发展的筹资渠道来筹措资金，同时现阶段还存在着许多诸如政策对企业发债支持力的加大、宏观环境的改善、股票市场的风险加大等发展筹资的有利因素，从而更好地帮助企业实现开源，实现外界资金助内使用目标。

一、概述

我国企业随着经济体制改革的深化，可选择的筹资方式逐渐增多。但目前我国企业筹资方式的选择，在很大程度上依然以银行贷款为核心的银行间接融资。我国现行的以间接融资为主的融资模式是我国社会历史文化习惯、经济制度环境、经济发展阶段和经济发展目标、经济增长方式及所有制结构等诸多因素共同作用的结果。由于我国现阶段主要依靠国内储蓄来发展经济，我国企业筹资的近期过渡模式，可以采取银行筹资为主的筹资模式，同时适度发展完善直接筹资，将逐渐过渡到多元化筹资模式。在市场经济体制下，需要建立多种筹资方式并存的筹资体系和筹资结构，形成全方位、多层次的筹资新体系。

企业筹资的意义主要有以下几个方面：(1)解决企业的生存问题。在金融危机的强烈冲击下，相当一部分企业的生产经营难以正常进行，甚至面临破产的境地。实时的融资，既解决了企业的燃眉之急，有利于企业的重新崛起，也避免了大量员工的失业，有利于国家的稳定。(2)解决企业的发展问题。企业特别是科技型企业完成起步后，就到了扩大规模高速发展的阶段，资金就成了发展的最大瓶颈。实时的融资，无疑就是给企业腾飞的翅膀，不仅有利于企业自身的发展壮大，更是实现创新型国家之必需。(3)解决企业债务、调整融资结构问题。企业资金来源有两个方面：借入资金和自有资金。借入资金有一定的期限，到期必须归还，但企业现有的支付能力必需筹资还债，不足以偿还到期债务，或者企业有一定的偿还能力，但是为了调整介入资金和现有资金的比率，仍需举债或筹集自有资金，促使结构更加合理。

国际筹资大环境的萎靡不振使得我国国内企业的筹资活动受到一定影响。近年来，我国企业筹资一直存在着很多问题：(1)日益完善的市场经济体制下，国家财政拨款不再是有效的筹资渠道，多数国有大中型企业基本上已完成了由国家统筹管理向自主经营、自负盈亏的转型，企业迫切需要走向市场开辟寻求新的高效的筹资渠道以满足生产经营的需要。(2)我国金融市场欠发达,与经济发达国家相比,金融体系与金融政策不够完善与规范。在货币市场方面,短期企业债券市场都很小,同业拆借交易量,品种也比较单一。在资本市场方面,对企业长期债券发行数量少,其发行国家控制很严,可上市流通的部分更少,我国的股票市场也跟不上经济发展的脚步。我国股市多为国企筹资,有较大的局限性,使得中小企业上市融资阻碍重重。中小企业筹资倍加艰难,在对广东2000多家中小企业的一份问卷调查中显示,竟然有77.99%的中小企业将资金短缺列为制约企业发展的首要因素,在深圳85%以上的中小企业都面临着融资难的问题。

中国中小企业上市融资的可行性仍旧较小,中小企业利用股市筹资仍不失为一种较好的筹资渠道。摩根斯坦力亚洲有限公司总裁在谈及中国企业融资问题时曾指出:"我们应该使用股票市场来资助这些企业(中小企业),这是非常好的方式。"我国股市随着在竞争作用下的日益完善与规范,以及优惠政策的出台,同时我国对于维护中小企业的法律规范,股票市场将为中小私营企业带来风险更小、资金成本不高的资金来源。

高科技企业由于存在高潜在利润、高风险的特点,因而在创业阶段可以通过社会上的创业风险基金实行筹资。20世纪70年代,由风险投资家马克库拉进行创业风险投资而发展起来的美国著名的苹果电脑公司,十几年后便拥有了苹果公司1.54亿美元的股票。这种高回报、高风险的创业风险投资也正是我国一些有眼光的投资企业正大力开展的事业。

二、企业筹资渠道与方式

1. 企业筹资必须符合筹资要求

(1)合理确定筹资数额,企业从外部筹集资金,应在数量上有一个合理的界限,筹资过多,会增加筹资费用,影响资金的利用效果;筹资过少,又会影响资金供应。因此,企业在筹资之前,必须根据生产经营的合理需要即自有资金的利用状况,正确确定筹集资金的数额。

(2)正确选择筹资渠道与资金成本,随着经济体制改革的深入,企业筹资的渠道越来越广泛,筹资方式也日益多样化。而不同的筹资渠道和方式往往要求付出不同的代价,即具有不同的资金成本。因此,企业在筹集资金时,一方面要全面遵守国家的有关方针、政策和财政、财务制度,选择合理的筹资渠道;另一方面,又必须注意筹资成本,要选择投资收益高于资金成本的筹资方案。

(3)努力创造良好的投资环境,企业必须不断改善生产经营管理,努力创造良好的投资环境,即在企业的生产经营方向、盈利水平和生产管理素质等方面,都取得资金提供者的信任,不断增强企业筹集资金的吸引力。

2. 企业筹资渠道的具体阐述

(1)国家投入企业的资本金,仍是大中型企业的重要资金来源。国家财政资金具有广泛的来源和稳固的基础。

(2)企业内部资金。它是指企业在税后利润中提取的盈余公积金。至于在成本费用中提取的折旧费,虽然也属于企业的资金来源,但它不过是企业投资的一种转化形态,并不增加企业资金总量。

(3)金融机构资金,包括各种专业银行和各种非银行金融机构的贷款。金融机构的资金有个人储蓄、单位存款等较稳定的来源,财力雄厚,贷款方式灵活,能适应企业的各种需要,并且有利于国家宏观调控,它是资金的重要来源渠道。

(4)其他单位资金。各企业在其生产经营过程中,往往有部分暂时闲置的资金互相调剂使用。这种资金联合和融通,有利于促进企业之间的经济联系,开拓企业的经营业务。

(5)职工和民间资金。它是指本企业职工和城乡居民手中暂时闲置未用的资金。这种个人投资渠道在动员闲置的消费基金方面具有重要作用,已逐渐成为企业筹资的重要渠道。

(6)国外资金。企业吸收外资,不仅可以满足生产经营的需要,而且能够引进外资,不仅可以满足生产经营的需要,而且能够引进国外先进技术和管理经验,促进企业技术进步和产品水平提高。因此,国外资金已成为企业加速生产发展、扩大经营规模的重要筹资渠道。

3. 企业筹资的方式

企业筹资方式是指企业用何种形式取得资金,即企业取得资金的具体形式。企业对不同渠道可以用不同方式筹集,即使是同一渠道的资金也可选择不同的筹资方式。企业筹资方式的选择直接影响到企业的资本结构,影响企业经营模式以及重大经营决策的选择,因而要求企业必须结合实际情况选择适当的筹资方式。按我国现行法律规定,企业筹资可以采用国家投资、单位集资或发行股票等方式。

其具体方式分述如下:

(1)股权筹资。通过股本扩张融来的资金是企业的资本金,企业与出资者之间体现的是所有权关系,不体现为企业的债务,降低资产负债率,能改善企业的财务结构状况,使企业财务状况好转,对企业今后负债融资提供更好的基础。但股权融资由于增加了企业的股份,新老股东对企业有同等的决策参与权、收益分配权及净资产所有权等,因此,在作出此决策前老股东都会慎重考虑这样做是否对其长远发展有利,特别是企业股本扩张后的经营规模、利润能否同步增长。若不能,新股份将摊薄今后的利润及其他权益,老股东便可能反对这样做。同时,股权筹资方式在公司控制权与收益分享方面打破了传统的内源、外源性筹资界限。从资本来源及是否需要还本付息来看,股权筹资属于内源性筹资范畴;从控制权本质来看,出资人已成为公司股东,对企业没有实质性的控制权,只是外部出资人,所以它又是一种外源性的筹资。

(2)借款筹资。借款筹资是指企业向银行或非银行金融机构借入资金,形式有长期借款和短期借款。借款筹资是企业负债经营时的主要筹资方式之一。借款筹资与其他负债筹资相比,优点是筹资速度快,程序简单。但常有附加条件,风险加剧。

(3)债券筹资。普通金融债券作为一种重要的筹资手段和金融工具,具有如下特征:偿还性、安全性、流通性、收益性。可转换公司债券是一种可以按特定条件、在特定时间转换成普通股股票的特殊企业债券。可转换债券兼具有债券和股票的特性。这一特性决定了股票及债券的双重特征及优点于一体,而回避了股票及债券的某些缺点。

(4)商业信用。商业信用是指在商品交易中,以延期付款或预收款进行的购销活动而形成的借贷关系,是企业之间相互提供的信用,利用延期付款方式购入企业所需的产品,或利用预先收入贷款,延后交付产品的方式,得到一笔短期的资金来源。商业信用运用广泛,与其他方式相比,其最大优点在于容易取得,它是一种持续性的信贷形式,且无须办理手续;其局限性在于期限短,在放弃现金折扣时所付出的成本较高。

(5)国家投资。国家投资是国有企业筹集资金的主要渠道。其特点如下:①产权属国家所有,所有者是国有资产代表机构或部门或其他代理人;②资金不具有借款性质,不存在还本付息问题;③资本金数额一般较大。

(6)租赁筹资。租赁是出租人在契约或合同的规定期限内,以收取租金为条件,将资产租让给承担人使用的业务活动。租赁有经营性租赁和融资性租赁两种。经营性租赁是指采用经营性质,以租赁形式代办租赁业务;融资性租赁是由租赁公司按承租单位要求筹措设备,然后出租给承租人使用,在租赁期内,出租人以现金的形式取得利润,收回租赁设备的全部投资,承租人以支付租金的形式租用资产进行生活经营活动。除上述各种筹资形式外,内部积累也是各企业长期且常常采用的一种筹资方式。内部积累是指企业在税后利润中按规定的比例提取的公益金、盈余公积金、资本公积金等。企业通过内部方式筹资既有利于扩大生产经营规模,又可减少企业财务风险。

第六节
筹资方式的比较与选择

一、筹资方式基本特征的比较

(一)股权筹资

1. 新发

前提条件:

(1)持续经营3年以上;注册资本足额缴纳。

(2)近3年现金流净额累计超5000万元,净利润为正且累计超3000万元,营业收入累计超3亿元。

(3)发行前股本总额超3000万。

(4)近1年无形资产比净资产不高于20%。

(5)近1期末没有弥补亏损。

适用范围:

(1)不需要归还本金没有固定股利的筹资方式。

(2)适用于公司资本结构中债务比例较大、风险高的公司。

(3)公司盈利水平较低、财务风险较大时,为避免财务杠杆的副作用的筹资方式(配股和增发都适用)。

优点:

永久性,不需归还,无到期日,筹资风险小,为债权提供保障,有助于增强企业的借债能力;筹资数量大,限制较少,风险小,资本大众化,没有固定股利负担,分散风险;提高股票变现能力;提高公司知名度;便于确认公司价值(配股和增发都适用)。

缺点:

(1)资金成本较高。

(2)容易分散控制权。

(3)影响股东的每股净收益和股票价格。

2. 配股

前提条件:

(1)前一次发行(包括配股等方式)的股份已经募足,间隔1年以上。

(2)公司在近3年内连续盈利;净资产收益率近3年均在10%以上,上述指标计算期内任何一年的净资产收益率不得低于6%;近3年内财务会计文件无虚假记载或重大遗漏。

(3)预期利润率达到同期存款利率水平(银行个人定期存款利率)。

(4)配售限于普通股,对象为股东大会决议规定日期在册的本公司全体普通股股东。

(5)一次配售股发行股份的总数,不得超过该公司前一次发行并募足股份后其普通股股份总数的30%。

适用范围:

(1)与首发相同,没有特定的发行对象。

(2)非公开增发对象针对机构投资者与大股东及关联方。

(3)适用于公司资本结构中债务比例较大,风险高但需要筹资资金的公司。

优点:

(1)没有特定的发行对象,股票市场上的投资者均可认购。

(2)非公开增发对象针对机构投资者与大股东及关联方,满足财务投资者获利目的,满足战略投资者与公司合作的需求。

(3)非公开增发的形式向控股股东认购资产,有助于上市公司与控股股东进行股份与资产置换,进行股权和业务的整合。

缺点:

采用股东配股,股东没有认购的义务,在新股溢价过多时,股东放弃认购权,股份公司就有增资任务不能实现的风险。

3. 增发

前提条件:

(1)组织机构健全,运行良好。

(2)盈利能力应具有可持续性,上市公司最近3个会计年度连续盈利。

(3)财务状况良好,严格遵循国家统 会计制度的规定,近3年以现金或股票方式累计分配的利润不少于最近3年实现的年均可分配利润的30%。

(4)财务会计文件无虚假记载。

(5)募集资金的数额和使用符合规定。

适用范围:

(1)适用于需要再次筹资资金的公司,并且不需要归还本金,没有固定股利支付义务,降低经营风险的公司。

(2)适用于公司资本结构中债务比例较大,风险高的公司。

(3)公司财务风险较大,盈利水平较低时,为避免财务杠杆的副作用。

优点:

(1)为了增加公司资本而决定增加发行新的股票,原普通股股东享有按其持股比例以低于市价的价格优先认购。

(2)不改变老股东对公司的控制权和享有的各种权利。

(3)鼓励老股东认购新股,增加发行量。

缺点:

(1)普通股投资风险很大,筹资公司的资金成本高。

(2)公司不能享受减税款的好处。

(3)普通股票的发行手续复杂,发行费用一般比其他筹资方式高。

(4)容易分散控制权。

(5)可能会降低普通股的净收益,可能引起股票价格的下跌。

(二)债务筹资

1.认证股权

前提条件:

(1)公司最近一期末经审计的净资产不低于人民币15亿元。

(2)最近3个会计年度实现的年均可分配利润不少于公司债券1年的利息。

(3)最近3个会计年度经营活动产生的现金流量净额平均不少于公司债券一年的利息,符合本办法(《上市公司证券发行管理办法》)第十四条第(一)项规定的公司除外。

(4)本次发行后累计公司债券余额不超过最近一期末净资产额的40%,预计所附认股权全部行权后募集的资金总量不超过拟发行公司债券金额。

适用范围:

(1)在公司发行新股时,为避免原有每股收益和股价被稀释,给原有股东配发一定数量的认证股权,弥补损失。

(2)作为奖励发给本公司的管理人员。

(3)作为筹资工具,与公司债券同时发行时,用来吸引投资者购买票面利率低于市要求的长期债券。

优点：

可以降低相应债券的利率,潜在的股权稀释为代价换取较低的利息。

缺点：

灵活性较少,有较高的风险；股票价格超过执行价格,原股东蒙受较大损失；承销费用高于债务筹资。

2. 发行债券

前提条件：

(1)发行人:股份有限公司；国有独资公司；两个以上国有企业或国有投资主体投资设立的有限责任公司。

(2)股份有限公司的净资产额不低于人民币3000万元,有限责任公司的净资产额不低于6000万元。

(3)累计债券总额不超过净资产额的40%。

(4)最近3年平均可分配利润足以支付公司债券1年的利息。

(5)筹集资金的投向符合国家产业政策。

(6)债券的利率不得超过国务院规定的利率水平。

适用范围：

(1)在公司经营状况好的情况下,可以及时偿债,采用债券融资方式,可以有效地发挥财务杠杆作用。

(2)当公司有足够的盈利能力及偿债能力且投资收益率高于债券资金成本时,应选择发行债券筹资,同时要考虑公司所能承担的财务风险程度确定负债比率的上限,从而控制发行债券的数量。

(3)当公司投资收益率低于债券资金成本时,应避免采用债券筹资以避免产生财务杠杆负面作用。

优点：

资金成本低,保证控制权,可以发挥财务杠杆作用,可以优化资本结构,提高公司治理的作用。

缺点：

筹资风险高,限制条件多,筹资额有限。

(三)借款筹资

1. 银行长期借款

前提条件：

(1)独立核算、自负盈亏、有法人资格。

(2)经营方向和业务范围符合国家产业政策,借款用途属于银行贷款办法规定的范围。

(3)借款企业有一定的物资和财产保证,担保单位具有相应的经济实力。

(4)具有偿还贷款的能力。

(5)财务管理和经济核算制度健全,资金使用效益以及企业经济效益良好。

(6)在银行设有账户,办理核算。

适用范围:

(1)具备产品有市场、生产经营有效益、不挤占挪用信贷资金、恪守信用的企业。

(2)公司经营状况较好,及时偿债能力较强,资本结构中债务比例较小。

优点:

筹资速度快、筹资成本低、程序简单、借款弹性好、不必公开企业经营情况、有杠杆效应。

缺点:

财务风险较大、限制条款较多、筹资数额有限。

(四)商业信用

前提条件:

(1)具备一定商业信用基础。

(2)必须让合作方也能收益。

(3)务必谨慎使用商业信用。

适用范围:

(1)以商品形态提供的信用。

(2)商业信用的债权人和债务人都是企业。

(3)商业信用的盛衰和经济周期的变化相一致。

(4)适用于在短期负债筹资中占很大比重的企业。

优点:

容易取得,是一种持续性的信贷形式,且无须办理手续;筹资成本低,如果没有现金折扣,或企业不放弃现金折扣,则企业采用商业信用筹资没有实际成本;限制条件少,选择余地大。

缺点:

期限短,在放弃现金折扣时所付出的成本较高。

(五)租赁筹资

前提条件:

(1)出租人根据承租人对出卖人、租赁物的选择订立的买卖合同,出卖人应当按照约定向承租人交付标的物,承租人享有与受领标的物有关的买受人的权利。

(2)出租人、出卖人、承租人可以约定,出卖人不履行买卖合同义务的,由承租人行使索赔的权利。承租人行使索赔权利的,出租人应当协助。

(3)出租人根据承租人对出卖人、租赁物的选择订立的买卖合同,未经承租人同意,出租人不得变更与承租人有关的合同内容。

(4)融资租赁合同的租金,除当事人另有约定的以外,应当根据购买租赁物的大部分或者全部成本以及出租人的合理利润确定。

适用范围：

融资租赁适用于各种企业；同时对于需要购置新设备但是又没有足够的资金或是与购买设备的企业，通过融资租赁方式，能给企业带来更多的收益。

优点：

(1)出于节税的目的：双方的实际税率不同，通过租赁可以减税。

(2)降低交易成本：交易成本的差别是短期租赁存在的主要原因。

(3)减少不确定性：短期租赁的承租人不承担租赁资产的主要风险，比自行购置资产的风险小；长期租赁的出租人，在收回租金前保留资产所以权，比直接放贷风险小。

(4)筹资速度快，有利于保存企业举债能力；设备淘汰风险小，可以获得减税利益。

缺点：

(1)租赁成本高、有利率变动风险。

(2)承租企业在财务困难时期，支付固定的租金是一项沉重负担。

(3)如果不能享有设备残值，是承租企业的机会损失。

二、如何选择筹资方式

现代企业筹资方式的选择很复杂，不同的比较标准，必然作出不同的评价。而且由于不同的筹资方式其特点各不相同，因而企业在选择某种筹资方式时，应根据生产经营的需要来合理地进行选择，在选择时应结合下列因素。

(一) 筹资成本最低

筹资成本是选择资金来源的重要依据。筹资成本包括资金筹集费用和资金占用费用两部分，企业筹资应努力寻求筹资成本最低的筹资方案。一般情况下，银行借款的资金筹集费用很少，表示资金占用费用的银行利率也较低，因此，银行借款的资金成本通常是最低的。发行债券要发生一定的筹资费用，利率也比银行借款稍高一些，企业债券的资金成本较银行借款稍高。发行股票不仅要发生很大的筹资费用，如宣传费、资产评估费、广告费、发行手续费、印刷费等，而且投资者还要求支付的股利应高于或相当于银行存款的收益，所以股票筹资成本最高。

可见不同的筹资方式的资金成本是不一样的，如果在实际中，企业筹措资金时可以在贷款、债券和股票等筹资方式中作出选择，应将各种方式的筹资成本进行比较，以确定筹资成本哪一种最低。

如果企业筹措资金时是由多种筹资方式组成的，应以各种筹资方式在整个筹资额中所占比重为权重，分析计算不同筹资比例结构下的综合平均资金成本，以确定哪种方案筹资成本最低、筹资方案最佳。企业筹资时必须注意以下几点。

(1)税收制度对筹资成本的影响。由于银行借款和发行企业债券而支付的利息按照企业所得税法的规定，在计算纳税所得额时已作为净利润的扣除项目，可以在税前收益中支付，从而少交一部分所得税。而企业通过股票支付的股利则必须在税后的净利润中支付，不能抵免税负。企业同样数量的筹资额，选择以债务形式而非股权形式就可以使企业税负得到一定程度的减轻。

(2) 企业筹资决策时,应注意选择合理的筹资期限,克服保守倾向。利息的高低与资金占用时间的长短成正比例关系。对于短期资金的需要,筹集为期较长的长期债务会造成资金成本的提高;相反,企业若能够使资金占用与资金来源在期限搭配上很科学、合理,不断地通过借款利用多期资金满足长期资金使用的需要,无疑可以大大降低利息支出,降低筹资成本。

(3) 企业通过合理的利息控制,灵活调整利率也是降低筹资成本可行的方法。在利率趋于上升时期,可采用固定利率介入款项或发行企业债券,以避免支付较高的利息;在利率下降时,可采用浮动利率、灵活筹资,以减少利息支付。

(二) 筹资结构趋于合理

在筹集资金时,企业应在财务杠杆利益和财务风险之间作出权衡。根据企业具体情况,正确安排权益资金和负债资金的比例。

当企业销售水平较高并稳步上升时,资金利润率超过借款利率时,资本降低,借入资金增加,每股的收益提高。从盈利率的观点出发,股东喜欢较高的债务—权益比例。由于随着负债额的增加,一旦生产经营不好,财务风险也随之增大,不能及时还本付息就会出现财务困难,甚至倒闭。

债务与权益比例增大,负债筹资中难度加大,结果会使企业综合资本成本率提高,应当找出一个最适当的债务—权益结构,企业综合的平均资金成本最低。

(三) 避免或降低筹资风险

筹资方式不同,其偿债压力也不同,权益资本不存在还本付息压力,属于企业长期占用的资金,没有债务负担。而债务资金到期则必须还本付息,它与企业经营好坏、有无支付能力无关。不同筹资方式其风险是不相同的。

降低企业财务风险应从以下几个方面考虑。

(1) 严格把负债融资的比例控制在一定幅度内,实行谨慎的财务政策。国际上债务资金与权益资本的比例为3:1,一些大中型项目倾向于采用理想比例为1:1。企业在筹资时,还应根据自身的资产结构情况、投资项目的风险程度而定。由于到期债务本息必须用现金支付,而现今的支付能力不仅取决于企业的盈利能力,更取决于企业的资产变现能力和现金流量,因此,易变现资产比重较大的企业,举债比例也可较大;相反,如果企业不易变现的如固定资产等比重较大,举债比例不宜过高;同等条件下,如果投资项目经营风险较大,盈利不够稳定,则举债比例就不宜过高。

(2) 按资产运用期限的长短安排和使用相应期限的债务资金。如设备预计使用期限为5年,则应以5年期的长期债务提供资金;商品存货预计在1个月内变现,则筹措为期1个月的短期负债满足其需要。这样企业就可偿还到期的债务本息。相反,对于设备款的需求,用为期1年的借款来满足,则设备运营年后的现金流量(利润—折旧)不足以在款项到期日偿还到期债务,企业会面临较大的支付风险。

(3) 适时调整筹资结构,降低财务风险。财务风险大,通常是由于筹资结构安排不当造成的,如在资金理论率较低时,资产利润率甚至低于其资金成本,安排较高的负债结构,经营亏损时,而仍在扩大经营规模等。在这种情况下,就会使企业不能支付正常的债务利息,从而到期也不能还本,企业应自动调节其债务结构,根据需要或负债的可能,在资金利润率下降时,自动降低负债比例,增加企业权益资本的比重,降低偿债风险;而在资金利润率上升时,自动调高负债比例,以提高股本盈利率。

企业在筹集资金时要注重企业的筹资效益。筹资方式选择的程序,可以总结为以下几点:①明确投资需要,制定筹资计划;②分析寻找筹资渠道,明确可筹资金的来源;③计算各个筹资渠道的筹资成本费用,即计算筹资费用率——每1万元资金所需筹资成本;④分析企业未来现金收入流量,明确未来不同时期的还债能力;⑤分析企业现有负债结构,明确还债风险时期;⑥对照计算还债风险时期,在优化负债机构的基础上,选择安排新负债;⑦权衡还债风险和筹资成本,拟定筹资方案;⑧选择筹资方案,在还债风险可承担的限度内,尽可能选择筹资成本低的筹资渠道以取得资金。

企业应该充分利用有利的筹资条件,综合考虑筹资成本、筹资结构、筹资风险、资本市场状况等,从企业的资本来源和资本结构出发,在不同阶段选择不同的筹资方式,以满足其健康发展的需要。同时,随着企业对筹资方式的选择必将日益趋于理性化,各种法规制度的不断完善,筹资结构也将朝着低风险、高稳定性的市场化方向不断发展。企业要谋生存求发展,就必须拓宽思路,加强管理,更新观念,提升企业的国际竞争力。

第七节
资本结构合理安排战略

随着中国经济的稳步发展、中国资本市场机制的完善和融资体制改革的深化,中国企业将可以有更多的融资渠道选择。研究中国上市公司的资本结构显得特别重要,因为公司的融资结构决策会影响到公司的治理结构,影响到公司的价值。

本节将西方国家和我国的融资结构进行比较,通过对国外融资结构理论的回顾,以中国上市公司为研究对象,对其资本结构的特征和影响因素进行深入、全面的分析,确定上市公司资本结构的优化目标应是实现企业价值最大化。以我国上市公司的资本结构理论研究成果为指南,针对目前我国上市公司融资中存在的现实问题,提出了改进我国上市公司资本结构的对策和建议。

一、概述

资本结构的研究是一个多变量、多因素、多层次集合而成的复合性系统。对一个企业来说,是一个很重要的财务问题,因为它影响并决定企业的治理结构,并且影响着企业的价值和长期发展。随着我国经济体制改革的不断深化,对上市公司资本结构的完善和发展提出了新的要求。我国上市公司资本结构存在以下问题:内部融资比重过低、严重依赖外部融资,负债结构不合理,资本负债率偏低;股权融资偏好。这些都阻碍了我国资本市场的进一步发展,并影响了宏观经济的健康快速发展。因此,研究我国上市公司资本结构优化的问题具有深远的现实意义。此外,研究资本结构问题是确定筹资策略、分析财务风险、利用财务杠杆的前提。如何通过研究资本结构优化问题来确定合理的财务结构、筹资结构和资产结构,从根本上缓解企业资金紧张状态,引导企业的资本结构实现良性循环,也是我国上市公司目前要解决的重要问题。

二、国内外研究现状

国外的资本结构理论是大多数资本结构理论的基础——MM理论。美国学者莫迪格利安尼(Modigliani)和米勒(Miller)提出的MM理论认为,在完善的市场中,企业的资本结构与企业的市场价值无关。为了更适应实际情况,对该理论又做出了修正,加入了考虑公司所得税和个人所得税的情况,并相应修正了结论。MM模型后来又引入了财务危机成本和代理成本,即通常所说的权衡模型。接着又出现了激励理论、非对称信息理论及控制理论。国外资本结构理论的研究显示,对企业来说,债券融资优于股票融资。

按照资本结构理论的解释,我国也是一个高公司所得税率(企业所得税率为33%)的国家,企业应更倾向于采取债权融资而不是股票融资。然而,我国的实际情况却恰好相反。我国的融资顺序表现为短期债务融资、股权融资、长期债务融资和内部融资,即我国上市公司的融资顺序与现代资本结构理论关于融资优序原则存在明显的冲突。不管这个企业的经营状况如何,不管是哪个行业的企业,都优先选择股权融资,从而形成了上市公司配股热和增发热。而无论是从现代资本结构理论上讲还是从我国的现实情况来看,上市公司都应优先选择债权融资方式,在我国却存在股权融资成本远低于债权融资成本的反常现象,上市公司普遍偏好股权融资的现象严重违背了资本结构理论。

三、资本结构理论概述

公司常见的融资方式有债务融资、发行股票和留存收益三种。企业资本结构理论的主要任务就是研究在这三种融资方式下,企业的选择的动机和适当的比例。

(一)资本结构的内涵

企业的资本结构又称融资结构,它是指企业的权益、债务以及其他融资工具相互结合的比例关系,根据资本的来源不同分为内部融资和外部融资。内部融资是指公司通过运营获得的资金,来源可能是折旧基金、留存的收益或应付账款等;外部融资是公司通过外部的经济主体筹集资金的方式,它又包括从银行信贷获得资金的间接融资以及从企业债券市场、股票市场获得资本的间接融资方式。从股票市场获取资金的形式又称股权融资,从银行借款和发行企业债券的融资方式称债券融资。

合理的资本结构对上市公司具有重要意义。因为企业不同的融资方式会产生不同的融资成本,企业不同的融资结构的组合与选择,自然会产生不同的行为,进而对上市公司的市场价值的影响就有所不同。上市公司要努力寻找最佳的资本结构,选择和确定债务资本和权益资本的比率,使其市场价值最大化,增强企业竞争力,从而也使自己的融资结构对投资者有更大的吸引力。

（二）资本结构理论

自从美国经济学家大卫·戴兰德1952年提出早期的资本结构理论以来，先后产生了一些具有影响力的理论，对资本结构的理论探讨不断发展。下面主要介绍几种主要资本结构理论。

1. MM 理论

MM 理论是由美国学者莫迪格利安尼（Modigliani）和米勒（Miller）在1958年发表的《资本成本、公司财务与投资管理》一文中提出的。在完善的市场中，如果企业前景的信息是对称的，那么由于市场套利机能的作用，股票融资与债券融资的选择与企业价值无关。为了适应实际情况，对该理论又做出了修正，加入了考虑公司所得税和个人所得税的情况，并相应修正了结论。

莫迪格利安尼和米勒所建立的资本结构模型是建立在以下假设的基础上：

假设1：完全资本市场。在完全资本市场上，债券和股票的交易无交易成本，资金可以充分自由流动；存在充分竞争机制；存在充分信息；投资者和公司以同等的利率借款。

假设2：企业的经营风险可以用 EBIT 的标准差衡量，有相同经营风险的企业处于同一风险级别上。

假设3：所有债务都无风险，债务利率为无风险利率，也就是说公司无破产成本。

假设4：投资者对企业未来收益和收益风险的预期是相同的。

假设5：投资者预期的 EBIT 固定不变。所有现金流量都是固定年金，即企业的增长率为零。

基于以上假设，MM 所提出的 MM 理论构成了现代融资结构理论的核心内容，这一理论包括无税 MM 理论和含税 MM 理论。

(1) 不考虑企业所得税条件下的 MM 模型

假设在不考虑税收的情况下，企业的总价值不受资本结构的影响。在一定的资本结构中，公司负债增加并不会增加公司的价值，因为负债带来的收益将被随后增加的权益资本成本所抵消，因此，公司的价值和负债成本均不受资本结构的影响。该模型有两个基本命题：

命题一：企业价值模型。其公式为：$V_L = V_U = EBIT/K = EBIT/K_U$

V_L 为有负债企业的价值，V_U 为无负债企业的价值。$K = K_U$ 为适合于该企业风险等级的资本化比率，即贴现率。根据无税的 MM 理论，企业的价值独立于其负债比率，即不论企业是否有负债，企业的加权平均资本成本是不变的。

命题二：企业的股本成本模型。

负债企业的股本成本（即自有资金成本）等于同一风险等级中某一无负债企业的股本成本加上根据无负债企业的股本成本和负债成本之差以及负债比率确定的风险报酬。其公式为：$K_S = K_U + RP = K_U + (K_U - K_B)(B/S)$。$K_S$ 为负债企业的股本成本；K_U 为无负债企业的股本成本；RP 为风险报酬。

从命题二可以看出,随着企业负债的增加,其股本成本也增加。低成本的举债利益正好会被股本成本的上升所抵消,更多的负债将不增加企业的价值。因此,在无税的情况下,企业的资本结构不会影响企业的价值和资金成本。

(2) MM 含税模型

①只考虑公司所得税时的 MM 模型。在存在公司所得税时,由于税法允许利息支出作为费用以抵减所得税,因而负债经营会形成税收屏蔽,为企业带来税收节约价值。公司的价值会随着负债的持续增加而上升,当负债达100%时,公司的价值达到最大。该模型有两个基本命题:

命题一:企业价值模型。

负债企业的价值等于同一风险等级中,某一无负债企业的价值加上赋税节余的价值。其公式为 $V_L = V_U + TB$。由此判断当引入公司所得税后,负债企业的价值会超过无负债企业的价值,负债越多,差异越大,当负债最后达100%时,企业价值最大。

命题二:企业股本成本模型。

在考虑所得税的情况下,负债企业的股本成本等于相同风险等级的无负债企业的股本成本加上根据无负债企业的股本成本和负债成本之差及公司税率所决定的风险报酬。其公式为 $K_S = K_U + (K_U - K_B)(1-T)(B/S)$。所以,企业的股本成本会随财务杠杆扩大增加。这是因为股东面临更大的财务风险,但由于 $(1-T)$ 总是小于1,税赋使股本成本上升的幅度低于无税时上升的幅度,故负债的增加提高了企业价值。

②同时考虑了公司所得税和个人所得税的 MM 模型(米勒模型)。

其基本公式为 $V_L = V_U + [1-(1-T_C)(1-T_S)/(1-T_B)]B$。式中,$T_C$ 为公司所得税率,T_S 为个人股票所得税率,T_B 为个人债券所得税率,B 为企业负债价值。负债经营公司的价值等于无负债经营公司的价值加上负债带来的税收节约价值,其中税收节约价值取决于 T_C、T_S 和 T_B,假设企业处于无税收环境,即 $T_C = T_S = T_B = 0$,则该模型变为不含税的 MM 模型,$V_L = V_U$;若忽略个人所得税,即 $T_S = T_B = 0$ 时,模型变为含公司税的 MM 模型,$V_L = V_U + T_B$;若 $(1-T_C)(1-T_S) = (1-T_B)$,模型变为不含税的 MM 模型,$V_L = V_U$,此时负债减税的全部好处恰好为个人所得税抵消;若个人所得税中股票收入的有效税率与债券收入的有效税率相等,即 $T_S = T_B$,由 $V_L = V_U + T_B$,此时负债减税的部分好处为个人所得税抵消;当 $T_S < T_B$ 时,意味着括号内的值小于 T,甚至可能小于0。此时 $V_L < V_U + T_B$,个人所得税中债券收入的有效税率大于股票收入的有效税率,负债增加的企业价值至少要小于含公司税的 MM 模型中所增加的价值。

从修正后的含税 MM 模型至少可以看出两点:资本结构的变动会影响企业的总价值;负债经营将为公司带来税收节约价值。MM 理论虽然经过不断的发展而变得较为完善,但因为其存在着许多严格的假设,因而仍不太符合现实,但它毕竟为研究企业的资本结构问题提供了一个基础,后来资本结构理论的发展基本上都是在 MM 理论的基础上进行的。

2. 资本结构代理成本理论

代理成本是由股权投资者和企业经营者之间、股权投资者和债权投资者之间利益冲突而引起的额外费用。

(1)内部股权的代理成本。内部股权的代理关系是指国家作为股权所有者与企业的经营者之间的委托代理关系。国家作为所有者,为激励与监督经营者的行为所付出的代价就是内部股权的代理成本。内部股权的代理成本主要有以下两个方面。

①监督成本。在我国,由于国家作为所有者的特殊性,其监督行为表现在两个方面:一方面是作为行政执法者的行政监督行为;另一方面是作为股权所有者的监督行为。一般来说,所有者权益最大化与社会利益最大化在一定程度上是一致的,但在某些时候也会发生矛盾,在发生矛盾的情况下,总会有某一方的利益受损。矛盾冲突与不公平的行政干预带来的往往就是监督效率的低下,监督成本的提高。

②激励成本。从目前的情况来看,国有上市公司经理人的报酬并不高,但这并不能说明激励成本比较低,而是恰恰相反,经理人通过各种方式获得的隐性收入并不低,甚至在一定程度上超过了显性收入。隐性收入作为一种激励成本不但不能激励经理人为股东的利益最大化而努力,相反隐性收入的取得在一定程度上是以股东利益的减少为代价的。

(2)外部股权的代理成本。我国上市公司中小股东的持股比例较小,这就在客观上造成了中小股东没有足够的力量对公司的经理人进行监控,引发了严重的信息不对称问题。在信息不对称的情况下,公司的经理人就有可能制造虚假的会计信息欺骗中小股东,使得中小股东的利益受到损害。为了解决中小股东与公司经理人之间的信息不对称问题,经营业绩好的公司往往要采取一些措施向外部投资者传达公司经营利好的消息,如发放现金股利、运用负债进行融资等。但不管采取什么样的措施都需要付出一定的成本,而且一些经营业绩不好的公司往往也可以采取一些措施来欺骗中小股东。因此,为了同经营业绩不好的公司加以区别,经营业绩好的公司就会采取一些"高成本"的措施,使中小股东在"高成本"的举措中分辨优劣,达到"分离均衡"(经营业绩好的公司与经营业绩差的公司之间的分离均衡)。采取这些措施所耗费的成本都是外部股权的代理成本。

(3)外部债权的代理成本。为了解决资产替换与投资不足的问题,也就是债权人为了防止其自身利益受到伤害,往往会在借款时加入一些保护性条款。这些条款可以约束经理人从事不利于债权人行为的能力。但是这些条款的协商与执行的成本非常大,而且这些条款在约束经理人做出价值减少的决策权力的同时,也阻止了经理人进行增加公司价值的决策。例如,某项债券条款限制该公司发行另外的具有同样优先权的债券(一种常见的债券合同),经理人可能被迫放弃一些可以得到价值增加的投资机会,这就构成了一项外部债券的代理成本。

3.资本结构破产成本理论

当企业面临或实际破产时,其结果实际上是企业股权投资者和债权人的利益再分配。股权投资者只以自己的投资额为限,承担企业的损失,他们更希望企业能通过资产重组等措施起死回生;而债权人更愿意企业破产清算,因为他们可以尽可能多地收回债权资本。负债越多,税收利益越大,而同时出现破产成本的概率也增大。这就使企业的负债额越大,企业的价值越大成为一个不符合现实的理论推理。

4.最优资本结构理论

MM模型在主张企业负债率越高其价值越大时没有考虑到随着负债的增多,企业的风险也会越大,即企业陷入财务亏空的概念在增加,甚至有可能最终导致破产。陷入财务亏空概率的上升给企业带来了额外的成本,使其市场价值下降,因此,企业的最佳资本结构是平衡节税利益和因陷入财务亏空概率上升而导致的各种成本权衡的结果,此理论成为权衡理论。

权衡理论中提出企业价值的计算公式是 $VL = VU + TB - FPV - TPV$。FPV是指预期破产成本的现值,TPV指代理成本的现值。

三、我国上市公司资本结构现状及影响因素

通过对公司资本结构理论的概述,使我们从理论上对公司资本结构问题有了初步的认识,然而要研究我国上市公司的资本结构优化问题,还必须对我国上市公司的资本结构现状及其影响因素进行相应分析。

(一)我国上市公司资本结构现状分析

我国上市公司较多是由国有企业转制而来的,而国有企业是长期依靠国家银行贷款注入资金的,他们在进入市场之前具有强烈的债务融资偏好。其表现为:负债比率偏高;外部融资比例高,而内部融资比例低;间接融资比例高,直接融资比例低。而国有企业改制之后进入市场,可以通过股票市场进行直接融资,便逐渐形成了我国上市公司特有的资本结构特征。那就是内部融资比例仍然较低,而在外部融资中,上市公司偏好股权融资,负债率偏低,改变了之前高负债率的债务融资偏好。

我国上市公司总体来看,内源融资在融资结构中的比例是非常低的,最高平均水平也没有超过20%,这与西方国家的平均水平56.3%相距甚远;在外源融资中,股权融资所占比重平均超过了50%,远远超出西方国家的平均15.9%。

中国上市公司资本结构的特征可归纳为以下三点。

1.股权融资为主,负债率偏低

我国上市公司具有明显的股权融资偏好。公司的股权融资偏好表现为首选配股或增发;如果不能如愿,则改为具有延迟股权融资特性的可转换债券,设置宽松的转股条款,促使投资者转股,从而获得股权资本;不得已才是债务,而且首选短期贷款,长期贷款位居最后。这种情况的出现与我国股票市场的建立和发展有很大的关系。中国股市建立之初就承担了为企业融资的功能,20世纪90年代以来股市的大规模发展为上市公司进行外部融资创造了极其重要的途径和场所,甚至出现了过度融资的弊端。可以说,我国上市公司偏好股权融资在很大程度上是由于我国不完善的证券市场。

2.长期负债率过低,短期负债率偏高

上市公司长期负债占总负债比例偏低,基本在20%以下浮动,短期负债率偏高,这说明公司的财务状况不稳定。而在长期资金的选择上,上市公司倾向于股权融资。长期负

债是企业稳定的资金来源,短期内不会面临流动性风险,融资成本低,且债权人不介入企业的经营管理,不影响企业的控制权。在国际成熟的市场上,企业通过债券融资的金额往往是其通过股票融资的 3~10 倍。我国资本市场只注重股市,而忽视债券市场的不平衡发展,再加上债权人保护法律的不健全严重阻碍了企业通过债券融资的渠道。

3. 内源融资比例低,外源融资比例高

根据西方优序融资理论,企业在进行融资时,首选是内源融资,之后才是外源融资(内源融资主要是留存盈利)。足够的内部资金是企业长期持续发展的最重要的内部动力,能够保证上市公司创利能力和自我扩张能力的提高。而内部融资比例低,说明企业生产规模扩大主要不是靠自身的内部积累,而是很大程度上依赖于外部的融资渠道以及融资环境,使得企业缺乏主动性。总的来说,我国上市公司的融资方式的选择存在不协调、内源融资比例过低、上市公司发展潜力有限等问题。

(二) 我国上市公司资本结构影响因素分析

在中国不规范的资本市场构架下,影响资本结构的因素缤纷复杂。归纳起来,主要有以下四大因素影响着企业的资本结构。

1. 公司行业特征

因为不同行业具有不同的特征,其经营方式、融资模式、行业的竞争性程度以及所受国家政策的影响等都存在差异,因此,其资本结构存在差异也是正常的。如在我国,处在充分竞争状态中的家电、啤酒产业与处在相对垄断的产业如城市给排水、热力供应以及电讯等产业对资本结构的要求就有极大不同。专家的实证分析表明,充分竞争的行业更倾向于股权融资而分散风险,而相对垄断的行业更倾向于债务融资。

2. 公司规模

理论分析表明,公司规模对资本结构的影响具有不确定性,既可能是正面影响,也可能是负面影响。国外的实证研究也表明,公司规模与其资本结构之间存在着相关关系。而国内学者的研究尽管所采用的方法不同,但得到了大致相同的结论:上市公司资本结构与其公司规模正相关。公司的规模越大,说明公司经营的业务范围也会越广,业务的广泛性可以降低公司的经营风险,从而公司破产的可能性越小,破产成本也就越低;反之,公司的规模越小,公司破产的可能性越大,破产成本也就越高。例如,在我国一些发达地区如上海、北京、深圳等地的一些规模比较大的上市公司的资本结构与相对规模比较小的上市公司相比,其资产负债率也要相对高一些,这些企业更倾向于使用债务融资的方式来平衡其资本结构,其财务倾向更加积极。

3. 公司股本结构

公司的股本结构决定了公司的治理结构,选择有效率的治理结构问题近似于为企业选择一个恰当的资本结构的问题(Aghion and Bolton,1992)。中国的证券市场与西方发达国家的证券市场一个显著不同的特征,就是存在着约占总股本三分之二的不可流通的国家股和法人股,并且在很多上市公司中,国家都是居绝对控股地位的第一大股东。在这样一种扭曲的股本结构下,上市公司在资本市场的功能不能很好地发挥出来,必然也会反映在公司的资本结构中。

4. 公司的成长性

每个企业都要经过一定的发展阶段。最典型的企业一般要经过初创期、发展期、成熟期和衰退期四个阶段。处在不同周期的产业，其所要求的融资方式也会呈现出巨大的差异。通过对西方证券市场的考察可以发现，成长性非常好的公司，其面临的投资机会也会非常多，对资金的需求也会旺盛。由于负债融资的成本低于股权融资，因此，成长性好的公司其负债融资的比例相对就会高些。

四、我国上市公司资本结构的优化

在对我国上市公司资本结构现状及其影响因素进行分析的基础上，结合相关的资本结构理论，本书对我国上市公司资本结构优化问题展开具体研究。

（一）我国上市公司资本结构优化目标的选择

优化上市公司应紧紧围绕资本结构优化目标，以资本结构理论研究成果为指南，充分考虑到本公司财务现实状况与行业特点。但资本结构的优化决不是"哪儿痛医哪"，由于我国的市场经济初步建立，资本市场发展等外部经济环境不成熟，因此，优化上市公司资本结构的重点应放在市场经济体制与完善现代企业公司的治理上，通过建设市场经济体制与完善公司治理结构，使优化资本结构成为上市公司的一种自觉行为。

关于上市公司资本结构优化的目标问题，归纳起来，主要观点有"利润最大化""股东财富最大化""经营者效用最大化"和"公司价值最大化"四种。

1. 利润最大化

"利润最大化"观点认为：利润代表了公司新创造的财富，利润越多则说明公司的财富增加的越多，越接近公司的目标。把利润最大化作为公司资本结构优化目标的理由主要有：第一，将利润最大化作为资本结构的优化目标符合公司的经济本质；第二，将利润最大化作为公司资本结构的优化目标有助于促使公司合理地配置资产与负债；第三，利润最大化有助于公司提高竞争能力，实现社会财富的最大化，从而促进社会的进步与发展。但是，将利润最大化作为资本结构优化的目标存在着许多问题，主要表现在：第一，利润最大化目标没有考虑货币的时间价值，不利于公司作出正确的资本结构决策；第二，利润最大化目标没有考虑所获利润与投入资本额的内在关系，可能造成资本结构决策中倾向低负债资本结构；第三，利润最大化目标没有考虑获得利润与承担风险的关系，可能导致经营者在经营决策和财务决策中无视风险存在，仅仅以利润高低作为决策方案取舍的标准；第四，利润最大化目标是以静态状况下的边际成本等于边际收益为前提条件的，这可能导致经营者只顾眼前利润的最大化，从而损害公司的长远发展；第五，利润最大化目标可能导致经营者操纵会计利润，因为利润要受到会计政策和会计估计选择等人为因素的影响。

2. 股东财富最大化

"股东财富最大化"观点认为：公司是由股东投资组建的，股东是公司的法定所有者，以股东财富最大化作为公司的资本结构优化目标,符合股东创办公司的目的。在上市公司中,股东财富是由股东所持有的股票数量和股票价格决定的,在股票数量不变的情况下,当股票价格达到最高时,股东财富达到最大化。因此,"股东财富最大化"其实是股票价格最高化。把股东财富最大化作为公司资本结构优化目标的理由主要有:第一,股东财富最大化考虑了货币的时间价值,有利于公司作出科学的资本结构决策;第二,股东财富最大化考虑了报酬的风险因素;第三,股东财富最大化能在一定程度上克服公司追求利润最大化的短期行为;第四,股东财富最大化不易被经营者操控。但是,这种观点存在以下缺陷:第一,股东财富最大化目标忽视了公司相关方面的利益,如经营者、职工和债权人的经济利益;第二,股东财富最大化目标有可能导致经营者选择次优化决策方案,这是因为存在债务资本的缘故;第三,股东财富最大化目标过于抽象,在实际工作中不易确定。

3. 经营者效用最大化

"经营者效用最大化"观点认为:公司的财务决策是由经营者制定并完成的,公司的理财目标应保证经营者效用最大化。经营者效用最大化目标强调了经营者在公司的重要性及其对经营者激励的重要性,因此有助于激励经营者为公司发展做出更大的贡献。但是,经营者效用最大化目标存在着许多弊端,主要表现在:第一,经营者效用最大化目标可能导致经营者为实现自身利益最大化而选择低负债资本结构;第二,经营者效用最大化目标可能导致经营者选择股票股利政策或者低现金股利政策,损害中小投资者利益;第三,经营者效用最大化目标没有考虑股东和其他利益相关者的利益。

4. 公司价值最大化

"公司价值最大化"观点认为:公司应以公司价值最大化作为公司的财务目标。所谓公司价值,是指公司未来现金净流量按照公司要求的必要报酬率计算的总现值,也是公司的市场价值。这种观点有以下优点:第一,公司价值最大化目标体现了公司战略管理思想;第二,公司价值最大化目标与相关利益者的利益相一致;第三,公司价值最大化充分考虑了货币的时间价值与风险因素。但是,公司价值最大化目标也存在着一些缺陷:第一,公司价值最大化未考虑相关者利益的分配问题;第二,公司价值最大化的量化工作复杂,不利于目标的确定与考核。

从上面的分析中,我们可以看出,资本结构的各种优化目标各有千秋,我国上市公司到底采用哪种目标作为优化方向需要根据我国上市公司所处的环境来选择。

基于上述分析,"利润最大化""股东财富最大化""经营者效用最大化"都不宜作为我国上市公司资本结构的优化目标,从当前的经济环境、法律环境和金融环境来看,公司价值最大化与利益分配公平化更加符合我国上市公司资本结构的优化目标。

首先,"公司价值最大化与利益分配公平化"目标能均衡各利益相关者的利益。这一目标不仅有利于各利益相关者的利益在公司价值最大化中得到利益满足,而且也为实现公司财务管理的良性循环和公司价值不断增大奠定坚实的社会基础。

其次,"公司价值最大化与利益分配公平化"目标能有效均衡风险与报酬的关系。由于"公司价值最大化与利益分配公平化"综合考虑了货币时间价值和风险与报酬的关系,有利于克服利润最大化目标下所产生的短期行为,最大程度地增加公司长远的现金流量,实现公司持续稳定的发展。

最后,"公司价值最大化与利益分配公平化"目标与理财主体目标能和谐统一。从财务管理角度来看,理财主体就是具有独立经营权和财权的公司,资本结构的优化目标应该体现为理财主体财富的增长,而公司价值最大化能够满足这一要求,实现财务目标与理财主体目标的和谐统一。

(二) 我国上市公司资本结构优化应遵循的原则

企业的创立、生存和发展,必须以一次次的融资、投资、再融资为前提。资本是企业的血脉,是企业经济活动的第一推动力和持续推动力。而如何选择融资方式,怎样把握融资规模以及各种融资方式的利用时机、条件、成本和风险,这些问题都是企业在融资之前就需要进行认真分析和研究的。由于经济发展的需要,一些新的融资方式应运而生,融资渠道缤纷复杂,所以,确定合理的资本结构应该遵循一定的原则。不同的企业有不同的产品结构和竞争结构,同时所处的成长阶段、发展模式和竞争策略亦各有别,但是企业进行资本结构决策时所遵循的基本原则是相同的。企业进行资本结构决策所遵循的基本原则有以下几点。

(1)企业权益资本可持续增值与企业的投资机会应当得到保障。

(2)融资产品的现金流支出结构应与企业预期现金流所产生的风险相匹配。

(3)在平衡当前现金流入与流出的同时,应当保证企业可持续发展的融资需求,并保证企业的财务柔性。由于企业的价值是建立在持续经营基础上的远期概念,因此从长期来看,保证融资需求的财务柔性也是企业价值最大化的行为。

(4)降低融资成本,实现企业价值的最大化目标。

(5)企业的行业特征和成长特性是企业进行资本结构决策必须考虑的重要因素。一般而言,快速成长的企业需要大量的外部资金进行投资,从而偏好发行股票、增加短期债务、减少长期债务以及尽可能少甚至干脆不支付现金股利的财务政策;市场地位稳定的成熟企业的经营现金流足以应付投资需求,从而偏好长期债务,甚至选择显著的现金红利或股票回购的财务政策。

(三) 我国上市公司资本结构优化的对策和建议

优化上市公司资本结构应紧紧围绕资本结构优化的目标,以我国上市公司的资本结构理论研究成果为指南,充分考虑我国经济体制转轨过程中的特殊问题,针对我国目前上市公司融资中存在的现实问题,并积极借鉴资本结构优化的国际经验来分析如何改进我国上市公司的资本结构。

1. 从"增量""存量"两方面优化上市公司资本结构

"增量"是指上市公司融资时,应当综合考虑影响企业融资决策的各种因素,选出能使企业价值最大化的融资方式。在企业自身条件允许的情况下,尽可能地遵循"优序融资理论"。值得注意的是,企业应通过改善提高经营生产水平加强内部盈利的积累,提高内部融资的可能,确立企业长期发展的目标。大量采用内源融资方式不仅可以使企业尽可能地免除发放债券及发行股票的外部成本,减少外部投资者与经营者的代理问题,还可以促使企业尽量挖掘内部潜力,增强企业实力,理应成为公司首选的融资方式。

"存量"是指上市公司如果存在闲置资金,可以通过发放现金股利、回购公司股份等措施提高公司的财务杠杆比率,这样可以避免公司在没有较好的投资渠道的情况下,大量资金使用效率低下或根本没有用于企业的经营,杜绝委托理财和违规担保等现象,使股东的权益实现最大化。

2. 开拓上市公司的内源性融资

西方发达国家企业的融资首选是内源性融资;而我国上市公司盈利能力偏低,留存收益小,造成我国上市公司的内源性融资比例较低。因此,必须大力提高上市公司的业绩,来开拓上市公司的内源性融资。上市公司的业绩是股票市场利润的源泉,投资者通过股票市场向上市公司投资,而上市公司将融通来的资金投入到生产经营领域,创造良好业绩以回报投资者。单纯的资金转移是不会增值的,带动股票增值的是上市公司合理使用资金创造的利润,只有上市公司创造的利润不断增加,才能为股市价值的上涨提供坚实的基础,否则,股市将变为有价无市。在股价不断上涨的过程中,上市公司的业绩却没有起色甚至有所倒退,必然导致股市市盈率增高,给股票市场造成极大的风险。

3. 规范上市公司的融资行为

(1)完善公司融资的法规制度体系建设。目前上市公司融资的法规体系包括以下三个层次:第一层次是《公司法》和《证券法》等基本法律;第二层次是由国务院颁布的《股票发行与交易管理暂行条例》等行政法规;第三层次是由中国证监会发布的《上市公司新股发行管理办法》等部门规章。从市场发展和目前我国上市公司的现实情况来看,还需要不断完善与融资相关的法律法规,如在核准上市、再融资、退市、股息分红等关键问题的规定上,增强其可操作性,强化其约束力。

(2)提高上市公司的再融资条件。为限制上市公司过度的股权融资行为,我国有关监管机构多次调整再融资监管政策,特别是对净资产收益率基准的调整有升有降。其重点关注的指标是过去年度的净资产收益率,却忽略了新项目的可行性和获利能力。事实证明,许多再融资公司其实并没有切实可行的项目,仅仅是为了圈钱而编了一些诱人的投资"项目"。因此,有必要对上市公司再融资的使用效益进行正确评价,建立起严格的制约机制,对于再融资造成亏损的要追究责任,这样可以在一定范围内限制企业的盲目再融资行为。

(3)强化对上市公司募集资金规模和使用的监督。

①事前控制:为遏制公司筹资时不考虑自身运用资金能力而造成资金使用效率低下的现象,可以进行事前控制,如对不同投资项目的获利指数、发行股票前后的净资产收益率的变化设置原则性的限制。

②事中控制:规定发行人必须为募集资金设立专用账户,不得将募集资金用于委托理财、质押或抵押贷款等用途,对关联方占用募集资金的情形要坚决禁止。这需要监管机构严格跟踪审查公司融资之后的相关行为。

③事后控制:当上市公司出现了违规使用募集资金的行为时,要求其必须作出合理

解释,并对其进行严厉制裁,包括一定时期内禁止再融资、停牌甚至退市等。

(4)加强对中介机构的监督。在上市公司筹资过程中,会计师、律师、主承销商的作用很大,他们有责任向公众披露真实的信息,纠正上市公司融资过程中的违约操作行为。因此,对于中介机构的监管尤为重要,在筹资政策中应对中介机构及相关责任人的连带责任予以明确规定,对于未如实披露信息有故意或重大过失的中介机构,应当坚决吊销其中介资格。

4. 积极发展企业债券市场,支持债权融资

作为债务融资工具,公司债券属于直接融资范畴,银行贷款属于间接融资手段。由于两者在募集程序上的区别,使得对经理人员的约束功能也存在很大差异。前者对经理人员的约束明显强于后者。这是因为公司债券是一种规范化的合约,政府对其发行程序有着严格的规定,并且公司债券还需要接受市场的检验,所以其在政府和公众的双重监督下约束力相对较强。而银行贷款虽然拥有一套严格的内部程序,但由于产权虚置、同源代理等原因,由此滋生的诸多腐败现象,造成国有商业银行大量不良信贷资产。从控制效果来看,债券融资是比较有优势的,能引入外部债权人的监督,更大程度地降低权益代理成本,同时,债券还能将风险分散到各债权人,而不是集中在银行,可降低金融风险。鉴于公司债券与银行贷款对经理人员约束上的区别,以公司债券替代银行贷款,应当是硬化上市公司债务融资约束、优化其资本结构的一种理性选择。但是这种负债治理充分发挥效用的一个基本前提是存在发达、规范的债券市场。然而在我国股票市场和国债市场迅速发展和规模急剧扩张时,公司债券市场却没有得到应有的发展,甚至急剧萎缩或徘徊不前,造成债券市场内部结构的不平衡。目前我国债券市场的发展面临难得的机遇:利率市场化改革已经起步,资金价格逐步放开,将为政府债券和公司债券进行市场化发行与交易提供机制上的保证;上市公司的股权结构正在改变,非国有控股上市公司的比重将会加大,而这些上市公司预算约束应当是比较强的,如果它们能够从融资结构的多元化与合理化的角度出发参与到债券融资当中来,将会以其良好的信誉与发展前景为相关债券市场的发展奠定基础。所以,建立一个符合国际惯例、反映市场经济要求、具有较高的安全性和流动性的债券市场已经是刻不容缓。具体应该从以下几方面入手。

(1)努力发展公司债券二级市场,提高公司债券的流动性。目前我国公司债券二级市场发展不足,造成投资者投资公司债券市场相对不便,公司通过债券市场筹资的成本优势也不明显,这直接导致了公司债券市场发展的滞后。因此,建立健全多层次的公司债券市场,是促进公司债券市场的发展和规范化运作的重要条件。

(2)放宽对公司债券利率的限制。一般而言,股票、公司债券、银行存款、国债等金融工具利率水平因其面临的风险程度不同而依次下降。然而,我国目前的情况是公司债券利率与同期国债利率大体持平,因而使公司债券对投资者的吸引力大大下降。如果发行利率放开,使不同信用等级和用于不同投资项目的公司债券形成不同的利率水平,以反映各自的风险溢价和流动性溢价,增加发行人的积极性,提高公司债券对投资者的吸引力。

(3)建立公司债券信用评级体系。根据国际先进经验,具有公信力的信用评级制度是公司债券市场发展的基础,信用评级结果成为投资者做出投资决策的重要信息。要使

投资者能够真正对债券市场感兴趣,需要债券信用评级机构发挥其评价优劣、揭示风险的指标性作用,充分体现优胜劣汰的市场规则,这也能进一步督促债券发行公司提高自身企业价值。

(4)逐步发展和完善可转换债券市场。可转换债券是一种在发行时签订的契约中规定附有可以转换为普通股票选择权的公司债券,即可转换债券的持有人可以在约定的一定时期内,依据法定程序和约定的价格和条件将债券转换为普通股。可转换债券作为资本结构调整的杠杆,也是债券向股票转换的桥梁,具有很大的灵活性,对有较高负债比率的上市公司,随债权向股权的转化,可以达到资本结构的动态优化,有利于控制公司未来的资本结构和资本成本,协调股权利益和债券利益的关系。

5. 加强制度创新,提高上市公司的质量

(1)严把上市公司的质量关。选择优秀企业上市是保证合理融资行为和高效的资金使用绩效的一个重要前提。我国公司上市以《证券法》的颁布为分界点,在此前的股票发行方式,主要采用政府干预下的审批制,以上市额度为控制指标,造成一些劣质企业也被"包装"上市,结果损害了投资者的利益,浪费了宝贵的资金资源,同时也对股市资源配置的功能形成了一定的破坏。《证券法》的颁布实施,使得体现科学、民主和公正的核准制取代审批制已经有法可依,但目前的发行审核过于流于形式,而不注重对拟上市公司真正业绩和管理的考察,过多地关注其净资产收益率,而对净资产增长率、每股净资产、每股营业现金流量等更加客观反映公司经营状况的指标关注不够或根本未予考核,造成公司上市审核不彻底、不完备。因此,今后要想从源头上控制上市公司股权融资倾向,就要对公司上市实行真正的核准制,弱化净资产收益率指标的地位,用指标体系考核取代单一指标考核,避免拟上市公司玩弄数字游戏,操纵经营利润的行为,保证上市公司的质量稳步提高,进而巩固我国股市健康发展的基础。

(2)完善上市公司的信息披露制度。现代资本结构理论的基础在于信息的不对称,委托人与代理人由于信息不对称因素从而导致其对融资的认识各不相同。资本结构的优化过程实质上也是一种缓解委托人与代理人信息非对称的过程,以建立信息沟通的渠道,因此,加强上市公司的信息披露管理就成为一种必然手段,是资本结构优化的前提条件之一。当前,我国上市公司信息披露弊端多多,表现为信息失真,信息披露不及时、不充分,关联交易严重,隐瞒企业真实财务状况,对一些重大事项披露不足、避重就轻等,甚至有许多上市公司有意披露虚假信息,给投资者造成误导。这一方面加大了上市公司资本结构优化的成本,另一方面也不利于完善我国的资本市场。因此,监管当局必须加强监督,完善法规、制度建设,制定科学的会计准则体系,规范信息中介行为,形成有效的信号传递机制,并将法律制裁落到实处。

(3)健全上市公司的市场退出机制。资本市场有效运行的重要机制之一,就是不断吐故纳新,促进资源合理有效配置,因此,市场退出和市场准入是并行不悖的,是维系资本市场正常运转的两个轮子。世界上主要的证券交易所都有权取消股价持续下跌公司的上市资格,并在法律上做了明确规定。虽然我国《公司法》第157条、158条和《证券法》第49条也规定了上市公司依法退市的机制,在2001年2月又出台了《亏损上市公司暂停上市和终止上市实施办法》,但"上市公司连续三年亏损"这种摘牌标准在实践中是极难把握的,为了保住珍贵的"壳资源",亏损企业会采取剥离不良资产、引入其他资金等手段,掩盖内部亏损的事实。同时由于"壳资源"价值,导致股市上出现因对面临退市企业进行收购或资产重组而带来的股价大幅上扬,发起收购或兼并的企业的真正本意也并非只为拯救亏损企业,更多是为绕过证监会日渐严格的审核,借壳上市而已。加之一些机构大户利用信息和资金优势大炒特炒这些股票,形成了中国特色的"亏损概念板块"。这都源于我国企业强烈的股权融资偏好,使得公司上市成为一种套取资金的捷径。因此,为保证上市公司质量和维护投资者利益,增强资本市场有序的自我更新功能,必须制定严格并切实可行的退市标准,真正发挥资本市场资源配置的功能。

(4)加强对上市公司股票分红的激励和约束机制。目前我国上市公司偏好股权融资的一大原因是由于股息率低、很少分红,大大降低了股权融资的成本,这在发达国家的证券市场是不可想象的。在美国 IPO 询价过程中,机构投资者不仅仅要对发行价格进行讨价还价,还要对发行公司的股息进行议价,可见,股息分配在投资者心目中的地位。制度及市场制约使美国的大型上市公司往往会定期分派股息,并且股息的数额一般保持稳定,任何股息的减少或停止都会被投资者看成公司面临财务困难的标志。我国如果要优化上市公司资本结构,必须强化对上市公司现金分红的激励与约束机制。虽然目前基于我国上市公司的经营状况,进行统一的"分红"规定不太现实,但是对有再融资需求的上市公司来说,强化"现金分红"很有必要,如连续数年现金分红超过一定比例的、现金分红率达到同期国债收益率的企业在审核再融资时可以优先考虑。今后随着资本市场的进一步规范,投资者对股息的议价也应成为公司上市的一个必经程序。

综上所述,本节以我国上市公司为研究对象,对其资本结构进行了较为系统的研究。在整个研究中,只就我国上市公司资本结构优化的问题进行研究,没有研究非上市公司资本结构优化问题。但就其介绍的资本结构理论和所建立的研究框架对研究非上市公司的资本结构优化问题也是具有启发意义的。

本节通过对我国上市公司资本结构问题进行了较为深入和全面的探讨,得出了以下结论。

(1)在西方资本结构理论基础上,通过对我国上市公司资本结构现状的分析,指出我国上市公司的资本结构存在不合理现象,其中一个突出的问题就是存在强烈的股权融资偏好,而资本结构不合理的原因主要分为外部与内部两方面原因。

(2)通过对资本结构进行系统分析,得出行业特征、成长性、企业规模、股本结构等相关因素对资本结构优化的影响。

(3)针对我国上市公司资本结构的影响因素及优化目标的选择,提出相应的优化对策和建议。

随着我国市场经济体系及资本市场的进一步完善,上市公司资本结构的治理也会发生深刻的变化,这必将给上市公司资本结构优化问题的研究带来新的主题和新的研究视角。因此,资本结构优化问题的研究将是一个不断深入与发展的过程。

第五章
市场经济下公司财务投资战略管理研究

第五章 市场经济下公司财务投资战略管理研究

第一节 投资战略目标与选择

企业财务投资战略主要考虑的是财务领域全局性的、长期发展方向性的问题,通俗地讲,就是资金的筹集、使用和管理的战略问题。企业财务投资战略管理就是以企业财务战略为对象的管理活动,是对企业财务战略制定直至实施的全过程的管理。因此,对于普通财务人员来说,企业财务投资战略管理可能还是一个比较深层次的话题,但对于企业财务负责人来说,企业财务投资战略管理却是一个不可回避的问题。因此,加强财务投资战略理论的研究与实践工作的开展也日益重要了。企业财务投资战略是作为企业总战略的核心,其作用就像企业的造血机器,只有财务战略制定和实施得好,企业才会有动力和极大的潜力来提升发展质量,促进企业可持续发展。反之,可持续发展也会约束和刺激企业财务战略。

企业财务投资战略是指公司在一定时期内,根据宏观经济发展状况和公司发展战略,对财务活动到发展目标、方向和道路,从总体上作出一种客观而科学地概括和描述。财务战略定位的准确与否、运用的好坏,直接决定着整体资源配置的有序与运转的高效性和企业经营的效益性,对企业的发展产生着至关重要的影响。财务战略的选择,决定着企业财务资源配置的取向和模式,影响着企业理财活动的行为与效率。

一、企业财务投资战略研究

（一）企业财务投资战略的基本内涵

企业财务投资战略就是在市场经济和竞争条件下,根据企业使命和目标的要求,对在一定时期内为获得与风险成比例的预期收益,而运用企业资源购买实际资产或金融资产行为的根本性谋划。投资战略主要解决战略期间内投资的目标、原则、规模、方式等重大问题。

企业财务的资金投放与企业整体战略紧密结合,并要求企业的资金投放要很好地理解和执行企业战略。一是投资目标,包括:收益性目标,这是企业生存的根本保证;发展性目标,实现可持续发展是企业投资战略的直接目标;公益性目标,这一目标是多数企业所不愿的,但投资成功,亦利于企业长远发展。二是投资原则,包括:集中性原则,即把有限资金集中投放,这是资金投放的首要原则;准确性原则,即投资要适时适量;权变性原则,即投资要灵活,要随着环境的变化对投资战略做相应的调整,做到主动适应变化,而不可刻板投资;协同性原则,即按合理的比例将资金配置于不同的生产要素上,以获得整体上的收益。在投资战略中,还要对投资规模和投资方式作出恰当的安排。

（二）企业财务投资战略的基本类型

1. 扩张型财务投资战略

扩张型财务投资战略是现企业资产规模的快速扩张为目的的战略。企业要实施扩张型财务战略，一般情况是需要在将企业大部分乃至全部利润留存的同时，还要大量地进行对外筹资，更多地利用负债。由于扩张型战略具有着"高负债、高效益、少分配"的特征，必将随着企业资产规模的扩张，使企业的资产收益率在一个较长时期内表现出相对较低的水平。

2. 稳健型财务投资战略

稳健型财务投资战略是以实现企业财务绩效的稳定增长和资产规模的平稳扩张为目的的战略。企业在实施这种战略时，往往会尽可能地把优化现有资源的配置和提高现有资源的使用效率及效益作为首要任务，将利润积累作为实现企业资产规模扩张的基本资金来源，对承担较重利息的负债经营持十分谨慎的态度。由此，实施稳健型财务战略的企业一般表现出"适度负债、适中收益、适度分配"的财务特征。

3. 防御型财务投资战略

防御型财务投资战略是以预防出现财务危机和求得生存及新的发展为目的的战略。企业实施这种防御型财务战略时，一般会在尽可能把减少现金流出和尽可能增加现金流入作为首要任务的同时，通过采取精简机构、压缩中间管理层次以削减不必要的财务费用，通过盘活存量资产、节约成本开支，以集中一切可以利用的人力和物力，提升企业的主导业务和增强企业主导业务的市场竞争力。所以，"低负债、低收益、高分配"就成为实施这种财务战略的基本财务特征。

（三）企业财务投资战略的基本特征

1. 财务投资战略具有从属性

财务投资战略属于企业的职能战略，是企业战略系统中的一个子系统，从制定到实施都要为企业的整体战略和利益服务，必须服从和反映其总体要求，并为其顺利完成提供资金支持。所以，采用何种财务战略是由企业的整体战略决定的。

2. 财务投资战略具有相对独立性

财务投资战略作为职能战略之一，其相对独立性表现在：第一，财务管理的地位逐渐独立，不再只是企业生产经营的附属；第二，财务活动在很多时候会对企业整体发展具有战略意义。

3. 财务投资战略具有支持性

企业的财务活动渗透在企业的各种活动之中，无论其他什么活动都需要财务的支持。财务战略通过筹资战略和资金管理战略为企业提供长期稳定的资金支持，且涵盖了企业的方方面面，因此，财务战略是企业总体战略的一个基础，与其生产战略、研发战略、营销战略等共同支撑企业战略目标的实现。

4. 财务投资战略具有协调性

从财务系统与整体和其他系统的关系来看,其广泛的应用性决定了本身协调性的重要。作为一个企业内部的支持性部门,财务系统必然要配合各部门和整体活动,为实现整体目标提供支持。

二、影响企业财务投资战略的因素分析和财务投资战略必须注重的问题

企业财务投资战略的选择,决定着企业财务资源配置的取向和模式,影响着企业理财活动的行为与效率。企业财务战略的选择必须着眼于企业未来长期稳定的发展、经济周期波动情况、企业发展方向和企业增长方式等,并及时地对企业财务战略进行调整,以动态保持企业的核心竞争力。

(一)影响企业财务投资战略的因素分析

1. 经济与金融环境

影响企业财务战略的环境因素来自诸多方面,而对企业财务投资战略的制定和实施起决定性作用的,还是经济环境。经济环境是影响企业生产经营活动最直接的外部因素,也是企业赖以生存和发展的基础。不同国家,即使同一国家在不同历史发展时期,其经济环境也是不尽相同的。金融环境是企业进行财务活动所面临的金融政策和金融市场,是企业活动的重要外部条件。在市场经济条件下,企业筹资、投资等都必须借助金融环境。金融机构的种类和数量、金融业务的范围和质量、金融市场的发展程度、有价证券的种类等都会对企业的资金流动具有重要的影响。在金融机构的市场运作过程中,所面临的经济和金融环境都在发生变化,企业财务投资必然受到影响并作出相应的调整。企业需要考虑的经济约束通常包括通货膨胀、利率和汇率的影响。

(1)通货膨胀。面临较高生产成本和较高利率的企业可能通过抬高售价降低成本转嫁给顾客。但是,如果企业为了维持现有需求水平,也可能削减产品或服务的价格,从而只能压缩利润空间、成本和员工薪水。因此,不同的通货膨胀水平,对企业财务投资战略的制定和选择有重要影响。

(2)利率。利率是经济环境中的重要因素,与财务管理息息相关。利率衡量的是借款成本,如果企业想要筹资资金,就必须为借款支付利息,当利率上升时,企业必须将其借款支付更多的利息。同时,市场利率的变动将会影响其股票价格,因此,利率是企业股东对回报率预期的导向。利率在企业制定财务决定时相当重要,利率水平的高低及其升降变化,对企业融资成本具有直接影响,因此,对其财务投资战略也有相应影响。

(3)汇率。汇率是指一种货币在兑换成另一种货币式的比率,全球外汇市场上不同币种之间的汇率是持续变动的,且数量通常十分巨大。汇率会直接影响到企业进口货物成本、出口货物价值及国际借款和贷款的成本和效益,因此,汇率对于一个企业及其财务投资战略的制定和选择来说十分重要。

2. 企业内部组织结构

通常认为,对企业战略的威胁往往存在于外部。肯定外部的变化作用是毫无疑问

的,但是,对战略的更大威胁往往来自于企业内部。企业的组织结构不仅在很大程度上决定了目标和政策是如何建立的,而且还决定了企业的资源配置。因此,战略指导下的企业行为演变的同时,其组织结构也相应地发生变化,以新的组织结构实施新的战略,以使企业行为达到目标最大化。

3. 生产经营规模和政府的影响

企业生产经营规模的大小也会影响到财务投资战略的制定。一般而言,企业经营规模越大,财务战略制定越复杂,实施也越困难。若企业经营规模小,则财务投资战略制定和实施也相对简单得多。企业应根据自己的实际情况制定适合自己的财务战略,保证企业目标的顺利实现。

4. 政府的影响和法律法规的约束

政府鼓励企业创新业务,但也会通过法规和税收来限制企业。这反映了不同的政府目标,既要鼓励企业发展以促进国家的繁荣,同时也要对市场的负面效应进行调控。政府并不直接参与企业的经营,但对企业组织事务有很强的间接影响。政府决定对企业和股东的税收,它所采用的经济政策将会影响商业活动。

企业需要了解涉及他们经营的相关法法规,包括有关企业经营、税收、员工健康、安全及消费者等方面的法规。这些法规不仅影响企业的行为,而且影响股东、债权人、管理层、员工和社会大众之间的关系。遵循法律可能引起额外的成本,包括符合安全标准的额外程序和必要投资、员工培训成本和诉讼费用,因此,在企业财务投资战略重要充分考虑法律法规的约束条件。

(二)企业财务投资战略必须注重的问题

1. 企业财务投资战略选择要与经济运行周期相适应

所谓经济运行周期亦称资本再生产周期,是指资本主义再生产过程中从一次危机到另一次危机之间的时期。就如资本主义经济运行的每一周期包括危机、萧条、复苏、高潮四个阶段一样,反映在社会主义制度下的经济活动,也会受到经济周期的影响。因此,从财务的观点来看,社会主义经济的周期性波动是不可避免的,经济也会处在上升和下降的无限循环之中。我们在制定和选择及实施企业财务战略时,必须要顺应经济周期的过程和阶段,并要做到尽可能与经济运行周期相配合。当经济处在复苏阶段时,企业应采取增加厂房设备和劳动力,实行融资租赁,提高产品价格,开展营销筹划的财务扩张型财务战略;当经济处在繁荣后期时,企业应采取稳健型财务战略;当经济处在衰退阶段特别是低谷时期时,企业应采取停止扩张,出售多余的厂房设备,减少雇员,停止不利的产品生产,停止长期采购的防御型财务战略。

从财务的观点来看,经济的周期性波动要求企业顺应经济周期的过程和阶段,通过制定和选择富有弹性的财务投资战略,以减少它对财务活动的影响,特别是减少经济周期中上升和下降抑制财务活动的负效应。财务投资战略的选择和实施要与经济运行周期相配合。

2. 企业财务投资战略选择要与产品生命周期相适应

企业生命周期理论认为,企业发展具有一定规律性,大多数企业的发展可分为初创期、成长期、成熟期和衰退期四个阶段,企业在每个发展阶段都有自己的阶段特色,正确把握本企业的发展阶段,制定与之相适应的财务投资战略非常重要。

3. 企业财务投资战略选择要与企业经济增长方式相适应

企业经济增长方式客观上要求实现从粗放增长向集约增长的根本转变,为适应这种转变,企业财务战略需要进行调整,加大基础项目的投资力度,企业真正的长期增长要求提高资源配置能力和效率,而资源配置能力和效率的提高取决于基础项目的发展。因此,企业财务投资战略选择要与企业经济增长方式相适应。

三、可持续发展的企业财务投资战略研究

(一) 可持续发展企业投资战略理论

可持续的财务思想认为,企业销售收入的增长在企业内部经营效率和外部市场环境不变的情况下,取决于企业资产的增长,而企业资产的增长必须等于企业负债和股东权益的增长。因此,若不增发新股筹资,不改变企业财务政策,同时企业内部经营效率和外部市场环境不变,则企业的销售增长率应等于资产增长率加上权益增长率。这种增长率一般不会消耗企业的财务资源,是一种可持续增长速度。因此,可持续增长率可定义为不增发新股并保持目前经营效率和财务政策条件下公司销售所能增长的最大比率。

可持续财务管理战略,构建的基础主要有以下三点:(1)可持续发展理论。企业在发展、运营及制定战略时,应充分考虑资源耗费和环境保护问题,使企业的投资决策符合国家可持续发展的政策方向。可持续发展理论强调企业应在经济增长中实现与人类社会和生态环境的协调发展,并不断提高经济增长质量。(2)可持续增长理论。从财务管理角度来看,公司的可持续增长就是在维持现有财务结构的前提下,可获得的最大销售增长。在不需要进行财务结构大调整的情况下,可持续增长理论为公司追求销售增长比率最大化提供了可能。(3)基于价值的管理是以股东创造价值为目标的一种公司经营管理模式。它是以追逐企业价值最大化为内在要求而建立的以价值评估为基础、以规划价值为目标、以管理决策为手段,整合各种价值驱动因素和管理技术,梳理管理与业务过程的新型管理框架。其意义在于使财务管理立足于价值创造而非单纯的账面收益。

(二) 可持续发展与企业财务投资战略的关系

企业财务投资战略作为企业总战略的核心,其作用就像企业的造血机器,只有财务战略制定和实施得好,企业才会有动力和极大的潜力来提升发展质量,促进企业可持续发展。反之,可持续发展也会约束和激励企业财务投资战略。从国内外大多数企业发展和财务发展的理论研究与实践调查中看出,企业财务投资战略与可持续发展相辅相成、相互影响、相互促进、相互制衡,两者具有密切的相关性,而且其相关度极强。

从企业财务资源的角度来看,企业可持续发展是指在不耗尽财务资源的情况下,企业销售额预期增长的最大比率与实际增长比率之间的差额。该差额越小,表明企业基于

财务资源的可持续竞争优势水平越高;而该差额越大,则表明企业基于财务资源的可持续竞争优势水平越低。公司必须在销售额目标与经营效率和企业财务资源方面搞好平衡,才能保持可持续的健康增长。在研究企业可持续增长时,美国经济学家希金斯教授将企业可持续成长率定义为:"在不需要耗尽财务资源的情况下,企业销售所能增长的最大比率。"而另一位财务学家范·霍恩教授则定义为:"保持与企业现实和金融市场状况相符合的销售增长率。"他们认为,由于企业要以发展求生存,销售增长是任何企业都必须注重的问题。企业增长的财务意义就是资金增长。在销售增长时企业往往需要补充资金,这主要是因为销售增加通常会引起存货和应收账款等资产的增加。

销售增长得越多,需要的资金越多。从资金来源来看,企业增长的实现方式有三种:完全依靠内部资金增长(即内含增长率)、主要依靠外部资金的增加和平衡增长。所谓平衡增长,就是保持目前的财务结构和与此有关的财务风险,按照股东权益的增长比例增加借款,以此支持销售增长。这种增长率,一般不会消耗企业的财务资源,是一种可持续的增长速度。

总之,企业财务投资战略对企业可持续发展有着极为重要的作用,不仅因为企业的可持续发展是以稳定持续不断的资金流为基础的,如果企业的资金流不能正常进行,轻者会影响企业的正常发展,重者会使企业破产倒闭,而且企业财务还具有配置资源、优化资源分配的功能,对企业核心竞争力的培育具有极为重要的作用。就整个企业的财务战略制定来看,应以增强企业核心能力、保持企业长期竞争优势为出发点。

(三)企业可持续发展财务投资战略实施的保障措施

1. 强化竞争意识,提高人员素质

财务部门作为企业管理的重要部门,首先需要自强。主管领导、全体财会人员要充分认识到制定和执行可持续发展的财务战略对于企业发展的重要意义。要深入调查研究和了解企业建设情况与企业发展趋势,学习掌握可持续财务管理的专业知识和技能,不断提高自身素质,努力适应企业可持续发展和时代发展的要求。

2. 实施全面预算管理道德

全面预算管理就是通过价值驱动因素来进行资源配置管理。如果要使预算在企业中发挥更大作用,那么就需要改进传统预算模式,包括保证预算制定的过程能够适应不断变化的经营环境,从而采用高水平的财务模型来拓展年预算的框架,建立以价值增值和可持续发展为目标的预算程序,进而监督企业的价值创造活动的全过程,建立预算与战略计划之间的联系。其具体内容包括:(1)将传统的预算方式转化为一种以单元和价值链为基础的分析工具,用以衡量企业所开展的各项工作;(2)通过良好的预算技术,使企业既定的衡量尺度从现行的财务报告具体科目转变为企业的预算目标指标,并与企业战略充分对接;(3)分解和评价产品在每一个环节所形成的经济增加值;(4)建立精巧的预算数据模型,反映经营管理行为与年度经营目标之间的关系。

3. 健全财务预警机构

可持续财务预警机制作为衡量企业价值实现、运行状况的晴雨表,具有监测、信息反

馈和预警的功能。当在企业价值实现过程中出现潜在危机时,预警机制能及时找到导致企业可持续发展状况恶化的主要原因,以使经营者有的放矢、对症下药,制定出有效的措施,保证可持续发展目标的顺利实现。

4. 建立可持续绩效评价和激励制度

这是企业整体战略得以遵循并顺利实施得核心保障。总之,有章可循,财务活动有规范、按章办事,财务管理才能有序高效地推进。没有财务政策的规范与监督,企业资金的运行就将陷于紊乱、低效的状态,财务投资战略也就无法有序地实施,各职能部门的财务行为也就可能偏离高效整体战略目标。

四、树立以价值为导向的财务投资战略目标

(一)树立以价值为导向的财务投资战略目标

作为企业的财务投资战略目标,可以是利润最大化,也可以是每股盈余最大化,还可以是股东财务最大化即企业价值最大化。但由于利润最大化没有考虑利润的取得时间、所获利润和投入资本额的关系、所获取利润和所承担风险的关系等因素;每股盈余最大化也没有考虑每股盈余取得的时间和每股盈余的风险等因素;只有股东财富最大化即企业价值最大化综合考虑了这些因素。而且由于企业价值最大化所进行的是价值管理,而价值管理又是综合性的管理工具,既可以用来推动价值创造的观念,并深入到企业各个管理层和一线职工中,又与企业资本提供者要求比资本投资成本更高收益的目标相一致,从而有助于实现企业价值和股东财富的最大化。因此,现代企业财务投资战略管理就要求企业建立以价值管理为核心的财务投资战略管理体系。

(二)建立以价值为基础的系统和具体的业绩衡量标准

以价值为导向的财务战略须形成一系列的业绩衡量指标,这些业绩衡量指标既包括财务的业绩衡量指标,也包括非财务的业绩衡量指标。其中,关键性的财务业绩衡量指标包括经济利润、总资产收益率、资本收益率、净现值、股价、股票市值等,关键性的非财务业绩衡量指标包括市场占有率、顾客满意度、产品与创新以及员工与服务等。这些指标衡量的目标与价值管理战备目标一致,并可以对传统的业绩衡量指标起到较好的补充作用。

传统的业绩衡量标准主要有产量、市场份额、产值、销售收入及其增长率、会计净利润、每股收益等。在这些业绩衡量指标中,产量、市场份额指标在提供财务业绩信息方面存在较大缺陷,有可能出现在企业亏损的情况下还增加产量和市场份额的情形,从而不能及时反映出企业价值已经遭到损害;产值、销售收入及其增长率指标,忽视了生产成本和销售费用、管理费用等;会计净利润、每股收益指标只注重账面利润,忽视了资金成本。这些业绩衡量指标体系都有可能损害企业价值。

例如,某企业的总资产为30000万元,其中长期有息负债为10000万元,所有者权益为20000万元,其某年度的会计净利润为2500万元,长期有息负债的成本为10%,所有者权益的机会成本为20%,企业所得税税率为25%。

则：

其加权平均资金成本率 = [10000×10%×(1-25%)×1/3 + 20000×20%×2/3] = 15.83%

其投资资本收益率 = [2500 + 10000×10%×(1-25%)] ÷ 30000 = 10.83%

其经济利润 = (10.83% - 15.83%)×30000 = -1500(万元)

如果该企业某年度的会计净利润为4000万元,其他条件不变,则：

其投资资本收益率 = [4000 + 10000×10%×(1-25%)] ÷ 30000 = 15.83%

其经济利润为其经济利润 = (15.83% - 15.83%)×30000 = 0(万元)

如果该企业某年度的会计净利润为4900万元,其他条件不变,则：

其投资资本收益率 = [4900 + 10000×10%×(1-25%)] ÷ 30000 = 18.83%

其经济利润为其经济利润 = (18.83% - 15.83%)×30000 = 900(万元)

由此可见,从会计净利润这个指标来看,该企业当年都是盈利的。但从经济利润这个指标来看,当其会计净利润为2500万元时,在支付了债权人的利息后,还不能满足所有者要求的最低投资成本要求,在这种情况下,该企业当年不但没有为企业创造价值,反而损害了企业的价值。当其会计净利润为4000万元时,在支付了债权人的利息后,正好能满足了所有者所要求的最低投资成本要求,并没有为企业创造价值,所以也是无利可图的。只有其当年的会计净利润大于4000万元时,其经济利润才为正数,才是真正地为企业创造了价值。出现这种差异的主要原因是会计净利润这个指标没有考虑所有者权益部分的资本成本,把所有者所提供的资金都当成了免费的午餐。

综上所述,财务投资战略作为整体战略的一个子系统,具有重要意义。通过对企业内部环境分析并结合企业整体战略的要求,它提高了企业财务能力,即提高了企业财务系统对环境的适应性;财务投资战略着眼于长远利益与整体绩效,有助于创造并维持企业的财务优势,进而创造并保持企业的竞争优势。

五、大型央企集团财务投资战略研究

在大型央企财务投资管理中,系统化、多元化的财管经营理念是其构建企业管理效益的关键性因素。具体而言,其专业化的投资战略定位即有效结合企业竞争机制,在实现综合财务资源管理的基础上,为其提供更好的财政支持。

在大型央企正常运作中,其战略性财务管理机制对企业整体运作有着极其重要的作用。企业投资收益能在一定程度上促进企业总体利润的稳步增长。因此,本书将就实现企业投资利益最大化这一问题展开讨论,通过对企业投资管理方式的研究,寻找更具有操作性的投资策略,在逐步加大企业竞争机制的同时,更好地促进企业长期稳定的发展机制。

(一)企业投资策略选择

1.寻求投资机遇

就大型央企集团财务投资管理而言,企业应根据集团内部发展情况,有效落实对国

家经济法律法规政策的把握,在所在地区经济中寻求机遇。其具体而言应做到大胆决策,在国家政策允许范围内,执行促进社会经济发展又能帮助企业减少资金风险、增长企业经济收益的系统性企业投资机制。同时,在国家发布的地区优化政策中,寻求契机,响应国家号召,发展地域特色经济投资。因此,只有把自身投资政策与国家经济理念相结合,才能在避免片面性投资的前提下,更好地帮助企业实现自身经济发展。

2. 找寻投资地点

(1)关注投资市场经济行情,针对不同的投资项目进行实地考察,在投资管理活动中,尽可能选择具有比较优势的投资产品。

(2)积极研讨全方位的投资策略,切实把握全球各个地区税收优惠政策,尽量选择税收较低或者直接免税的地区进行财务投资,同时如果有高科技新型技术行业也具有税务优惠政策,应积极做好针对于这方面的财务投资项目。

(3)全面考察各个生产环节的成本、获利比例,具体而言,针对于需要大量劳动力资源的项目,则其应积极选择廉价劳动力较为充足的地区开展投资活动。以此为例,在具体投资实践中,应切实落实优势资源互补效应,从而更好地实现企业经济效益。

(4)在其他经济因素都相同的情况下,企业应选择工业或者科技密集型地区开展投资项目,这样可以在一定程度上加强企业间的技术交流,从而在实现优质资源的共享机制上,帮助企业节约资源。

(5)针对不同地区大小各异的文化差异,特别是就我国地域广泛,其文化内涵丰富多彩的的情况而言,有针对性地开展企业投资项目,可以在有效实现企业竞争机制的基础上,更好地增加企业投资回报。

3. 决策投资方式

(1)直接投资机制。就大型央企直接投资机制而言,其具体是企业自己将资金投入到项目生产环节,直接参与到投资项目日常生产经营过程中,大体上包括了项目工程的建设、扩张、技术应用以及各种机械设备的更新等。针对于高效直接投资活动的开展应具体考虑到以下两个方面:第一,在正常程序的投资活动中,企业应该选择原有的经营投资方式还是重新开拓渠道,选择新型的投资项目,针对这类投资活动,企业应积极考察现有投资环境,在实地考察之后,结合自身经济情况,进行全方位的分析,从而选择更具优势的财务投资战略方案;第二,就直接财务投资的方式而言,其具体包括了合资经营、独资经营以及并购经营,如何选择投资方式能实现企业经济利益最大化,这需要企业结合自身经济实力,在尽量减少投资风险的基础上,选择最佳的投资方式。

(2)间接投资机制。大型央企间接投资方式即运用企业内部资金购置股票、债券等资产项目,从而实现不需直接参与投资企业生产经营的投资项目。在间接投资活动决策中,应具体做到以下两个方面:第一,在实施有效的投资决策之前,应及时分析投资企业各项投资指标,如企业投资效益、净产值等,对各类信息进行综合分析与考量,从而更好地选择开展直接投资还是间接投资可以使得企业获取更大的经济收益;第二,在进行系统化地分析考量后,如果结果是间接投资收益比较大,则应积极比较哪种间接投资工具风险最低,回报率最高,通过投资周期与收益效果的综合比较,开展分散式投资,坚持多元化投资理念。

(二)多元化投资管理策略

1. 企业相关产业投资

多元化和一体化财务投资模式,是企业内部针对投资效应所采取的不同的投资理念以及经营战略,是在企业综合性分析投资项目系列因素的前提下所作出的决策选择,就企业集团内部而言,两者可以有效调节,实现多元化投资模式。

在企业正常投资项目中,专业化的投资经营活动与投资业务的单一化发展趋势是存在本质区别的。针对央企投资而言,其应具体表现在核心项目多元化投资机制。例如,在众多大型央视企业投资中,如中国石化、中国电信等,都是在维系企业核心竞争机制的基础上,实现多元化的投资经营项目或业务项目管理的,因此,多元化的投资战略是极具重要意义的。但是,由于现代经济的不断发展,纷繁复杂的投资项目扰乱了人们的眼球,使得大多投资人常常会忽视掉多样化投资中的共性指数,换句话来说,即由于讯息、科技、文化理念所共同构建的企业核心机制。针对于企业环境的整体把握以及相关竞争力的整体考虑,制约企业综合内部资源体系的因素着重表现在对投资资源数量以及质量的掌握上,它并不是企业各类型资源的加减结合,其突出的表现是企业内部各个运行机制在同一的利益驱使下所形成的高度协同体系,从而有效地实现目标项目的市场定位以及制定出合理的潜力发展项目。然而,低效率的企业资源简单相加对其企业整体综合实力的提升是无法起到作用的,从而使得高质量的资源综合必须以低质量的资源结合为前提。所以,就企业内部决策机制而言,其关键并不是在于投资一体化还是多元化的探讨,而应重点落实以下投资模式,即有效统一企业内部优势资源,使其成为企业核心竞争力,确定企业内部特殊产品,造就主打品牌,从而在市场上形成一定的竞争优势,利用企业核心的聚融优势,加强科学技术的投入,使其在以往产品生产中制造出更具时代特色的新型产品。

2. 企业不相关投资项目

就企业自身情况而言,为了开拓市场,抓住更多市场机遇,就要求它们在一定时间内把握好市场投资机会。因此,很多企业都在自我专业化投资管理中,开始向不相关产业慢慢渗入,从而更好地实现分散化投资机制,这样不仅可以促进企业投资回报,还可以帮助企业更好地发展其他领域内的投资项目。换句话来说,在企业投资活动中,是需要强大的、独具特色的企业功能作为动力来源的,通过企业内部机制的高效协调功能,实现"核心编造"的一体化发展模式,促进企业内部协调分工,在彼此相互合作、共同促进的基础上,实现企业内部专业化、多元化投资经营目标,帮助企业实现投资回报最大化发展模式。

就大型央企具体经营模式而言,其完善的企业投资决策是实现公司远大发展目标、促进高速经济发展的动力源泉,因此,企业投资战略在整体企业发展中是极具重要意义的。通过实践发现,真正意义上的投资项目是应建立在结合企业自身实际发展的基础上,通过外部经济环境的有机考察,从而制定出最具特色的投资项目。

第二节
制定投资战略的方法

财务战略是指公司在一定时期内,根据宏观经济发展状况和公司发展战略,对财务活动的发展目标、方向和道路,从总体上作出的一种客观而科学的概括和描述。财务战略的选择,决定着企业财务资源配置的取向和模式,影响着企业理财活动的行为与效率。

一、总体财务战略的制定

企业总体财务战略思想必须着眼于企业未来长期稳定的发展,具有防范未来风险的意识。企业财务战略选择应当考虑经济周期波动情况、企业发展阶段和企业经济增长方式,并及时进行调整,以保持其旺盛的生命力。

一般来讲,财务战略的类型包括三种:一是扩张型财务战略。它是以实现企业资产规模的快速扩张为目的的一种财务战略。为了实施这种财务战略,企业往往需要在将绝大部分乃至全部利润留存的同时,大量地进行外部筹资,更多地利用负债。大量筹措外部资金,是为了弥补内部积累相对于企业扩张需要的不足;更多地利用负债而不是股权筹资,是因为负债筹资既能为企业带来财务杠杆效应,又能防止净资产收益率和每股收益的稀释。扩张型财务战略一般会表现出"高负债、高收益、少分配"的特征。二是稳健型财务战略。它是以实现企业财务绩效的稳定增长和资产规模的平稳扩张为目的一种财务战略。实施稳健型财务战略,一般将尽可能优化现有资源的配置和提高现有资源的使用效率及效益作为首要任务,将利润积累作为实现企业资产规模扩张的基本资金来源。为了防止过重的利息负担,对利用负债实现企业资产规模和经营规模的扩张往往持十分谨慎的态度。所以,实施稳健型财务战略的企业的一般财务特征是"适度负债、中收益、适度分配"。三是防御收缩型财务战略。它是以预防出现财务危机和求得生存及新的发展为目的的一种财务战略。实施防御收缩型财务战略,一般将尽可能减少现金流出和尽可能增加现金流入作为首要任务,通过采取削减分部和精简机构等措施,盘活存量资产,节约成本支出,集中一切可以集中的人力,用于企业的主导业务,以增强企业主导业务的市场竞争力。由于这类企业多在以往的发展过程中曾经遭遇挫折,也很可能曾经实施过扩张的财务战略,因而历史上所形成的负债包袱和当前经营上所面临的困难,就成为迫使其采取防御收缩型财务战略的两个重要原因。"低负债、低收益、高分配"是实施这种财务战略的企业的基本财务特征。

具体到实际情况,在总体的财务战略选择上还应注重以下因素。

1. 财务战略的选择必须与经济周期相适应

经济的周期性波动是以现代工商业为主体的经济总体发展过程中不可避免的现象,是经济系统存在和发展的表现形式。我国经济周期直观表现特征是:(1)周期长度不规则,发生频率高。有学者测算,过去我国的经济周期的平均长度为4.6年,离差为1.9年。(2)波动幅度大。我国经济周期波动系数的平均值为11.33,高出发达国家几倍。(3)经济周期的波动呈收敛趋势,周期长度在拉长,波动幅度在减小。(4)经济周期内各阶段呈现出不同的特征,在高涨阶段总需求迅速膨胀,在繁荣阶段过度繁荣,在衰退阶段进行紧缩性经济调整,严格控制总需求。

从财务的观点来看,经济的周期性波动要求企业顺应经济周期的过程和阶段,通过制定和选择富有弹性的财务战略,来抵御大起大落的经济震荡,以减少它对财务活动的影响,特别是减少经济周期中上升和下降抑制财务活动的负效应。财务战略的选择和实施要与经济运行周期相配合。概括来讲,经济复苏阶段应采取扩张型财务战略,经济繁荣阶段采取快速扩张型财务战略和稳健型财务战略结合,繁荣后期采取稳健型财务战略,在经济衰退时期采取防御收缩型财务战略。另外,在经济萧条阶段,特别是在经济处于低谷时期,要建立更加严格的投资标准,严控经营风险,压缩管理费用,放弃次要的财务利益,减少临时性雇员。

总之,财务管理人员要跟踪时局的变化,对经济的发展阶段作出恰当的反应。要关注经济形势,深刻领会国家的经济政策,特别是产业政策、投资政策等对企业财务活动可能造成的影响。

2. 财务战略选择必须与企业发展阶段相适应

每个企业的发展都要经过一定的发展阶段。最典型的企业一般要经过初创期、扩张期、稳定期和衰退期四个阶段。不同的发展阶段应该有不同的财务战略与之相适应。财务人员应当分析所处的发展阶段,采取相应的财务战略。

历经规范整顿,已逐步走过初创期步入扩张期,在信托资产规模、业务品种、资本金实力、资金融通能力等方面都急需拓展,而历史遗留的负债业务也急需消化,因而对现金流量的需求会随着公司的规范发展而逐步急剧增大。因此,充分保障扩张型财务战略的贯彻实施是公司的必然选择。

3. 财务战略的选择必须与企业经济增长方式相适应

长期以来,低水平重复建设与单纯数量扩张的经济增长,是我国企业长期以来经济增长的主要方式。由于这种增长方式在短期内容易见效,表现出短期高速增长的特征。但是,由于缺乏相应的技术水平和资源配置能力的配合,企业真正的长期增长实际上受到了制约。因此,企业经济增长的方式客观上要求实现从粗放增长向集约增长的根本转变。为适应这种转变,财务战略需要从两个方面进行调整。

一方面,调整企业财务投资战略,加大基础项目的投资力度。企业经济真正的长期增长要求提高资源配置能力和效率,而资源配置能力和效率的提高取决于基础项目的发展。虽然基础项目在短期内难以带来较大的财务利益,但它为长期经济的发展提供了重要的基础。所以,企业在财务投资的规模和方向上,要实现基础项目相对于经济增长的超前发展。

另一方面,加大财务制度创新力度。通过建立与现代企业制度相适应的现代企业财务制度,既可以对追求短期数量增长的冲动形成约束,又可以强化集约经营与技术创新的行为取向;通过明晰产权,从企业内部抑制掠夺性经营的冲动;通过以效益最大化和本金扩大化为目标的财务资源配置,限制高投入、低产出对资源的耗用,使得企业经营集约化、高效率得以实现。

二、财务管理战略的实施

财务管理理论历经数十年的研究探索,在学理上、实务上皆有较大突破。发展至今,财务管理在企业经营的功能上,已从传统的内勤支持角色中走出来,不只局限在投资评估、融资规划、股利政策等幕僚支持的范围,而是可以积极地自创空间,成为企业营运发展上的重要一环。众所周知,良好运用财务杠杆的乘数效果,可以辅助企业快速成长,但是不当的财务管理,也会导致企业产生财务危机直至影响到企业的生存。所以,正确地认识与了解财务管理,并且妥善运用财务管理,对整体战略的实施起着至关重要的作用。

1. 适应市场经济发展的需要,推进企业财务管理的信息化建设

信息已经成为 21 世纪企业最重要的资源,信息化是企业迎接新经济的挑战,大幅提高运作效率、降低运营成本、把握新的商业机会的必由之路。信息技术的广泛运用可以使得公司在成本管理、财务管理、资产管理、客户管理乃至经营战略上进行快速而正确的决策。此外,通过运用信息技术还可有效降低企业的生产、管理成本,同时为客户提供个性化服务等诸多好处。全世界相继出现了 MIS、MRP、MRP Ⅱ、SCM、ERP、CRM 等各种系统来对企业内不同部门的信息整合、信息共享。据调查统计,我国仅有 10.5% 的企业实现了全面的网络信息化管理,79% 的中小企业还停留在部分实现单机管理阶段,还有 10.5% 的企业根本没有任何计算机信息网络和相关的管理软件。当然,企业要推进企业管理的信息化建设,这将是一个相当长的过程,但由于财务管理是企业管理的重点,是企业管理信息化的核心,可以先从财务管理系统的信息化开始。

在财务管理信息系统实施之前要注意选择合适的财务软件提供商。特别是要考虑提供商的服务能力,有的提供商提供的系统很先进,但服务跟不上,这会影响系统的实施成功,特别是在应用过程中会打击使用人员的积极性。同时还要考虑提供商的技术水平。这从一些侧面可以获得,例如看技术人员的能力可以通过看技术的学历与待遇,看技术平台可以看提供商的一些报告和介绍,还可以看外界对该提供商的评论。另外,也要考虑其发展前景,我们不能寻找一家小公司,或许明天它就倒闭了,那你的企业就麻烦了。财务系统的信息化,还应注意对财务管理信息系统进行集成。集成的财务管理信息系统能够帮助企业对各类财务数据进行处理和分析,管理和监控财务活动,并与投资方进行沟通。通过各类财务信息的集成,能够协助企业进行全局性控制,并使企业管理层的各种战略决策均能建立在准确、实时的基础上,企业也可以通过简化各类财务操作来对业务流程进行优化。

2. 充分开展公司资源的整合利用

公司在建立战略导向型的财务管理信息系统时,要注意把公司核心的财务资源整合

起来，让它发挥更大的效用。各种优势资源的集中与互补，要在整合中找到创新的思路。有些管理比较现代化的公司建立了 EFRM（企业财力资源管理系统）。其由账务处理、企业内部资金管理、应收账管理、应付账管理、工资管理、固定资产管理、报表、财务分析等部分构成。建立这个系统，不仅使公司适应财力资源管理信息化的要求，更为公司的财力资源整合带来了可能性和实施条件。通过这个系统，可以实现业务与财务实现无缝连接，公司内部资金管理一体化，财务报表随时汇总，这些都为公司的财务控制、管理和财务信息的获得创造了条件。财力资源整合是创造价值的一种重要手段和支撑，是创新理念和创新战略的有效推进和实施。

3. 逐步建立学习型的财务管理体系

随着新经济的到来和信息技术的发展，环境发生改变的速度越来越快，环境的改变迫使企业迅速调整自己的战略战术和方针政策。个人和企业都必须不断地学习、不断地改变，以适应环境地改变。我们传统的企业大多数是权力型的，它不适应迅速变化的环境，企业应该把权力型的组织转变为学习型组织，让整个公司充满学习氛围，整个公司的员工和管理者都有一种学习的自觉性。要形成学习型企业，就得不断地超越，不断地挑战极限，不断地改善心智模式，不断地建立共同愿景，不断地进行团队训练，不断地进行系统思考的修炼。整个公司的学习型文化，离不开财务管理系统和财务管理人员认同、融合该文化。公司的财务系统和财务人员也只有形成这种文化，才能融入整个企业。

因此，公司构建一个学习型的财务管理系统，不仅适应了时代发展的需要，而且也站在公司战略高度上来谈这个问题。建立一个学习型的财务管理体系，要求公司各个层次的财务人员向竞争对手学习，向同事学习，向顾客学习，超越自我，以此来维持、提升自己的竞争力。

综上所述，从战略角度上考虑，为了凸现和保持公司的竞争优势，首先，公司要对影响"成本链"诸因素的理解与分析，找出其链上的成本驱动因素，然后降低和消除这些活动的成本。其次，要加强公司的财务管理信息化建设，还要整合公司的核心财力资源，实现业务与财务实现无缝连接，公司内部资金管理一体化，适应信息化的要求和降低公司的财务管理成本、提升公司的财务能力。最后，公司应该构建一种学习型组织的文化，公司的财务管理系统当然也就是学习型的财务管理系统。

总之，建立一套战略导向型的财务管理体系，让企业的财务活动由公司的战略来导向，让财务管理战略成为企业发展战略有机组成，才能真正发挥出财务管理在企业发展中的作用。

三、投资战略的实施策略

集合资金信托业务虽然在 2003 年占据了信托公司的主流业务地位，但必须要有清醒的判断，该项业务只能作为信托投资公司核心赢利模式的重要工具之一，而绝非实现信托投资公司主导利润的直接手段。因此，如何发挥资金优势，全面提高直接投资管理能力，重点探索高收益领域的赢利模式将成为公司最为迫切的任务。

虽然信托投资公司的经营范围和业务门类十分广泛，但以其赢利手段基本可划分为两大类:第一类是投资收益类;第二类是中介服务费。而投资收益类业务应是目前信托公司的核心赢利手段。伴随信托投资公司重新登记工作的完成,各信托公司实收资本规模均有较大幅度的增加。流动性资产比例大大提高,整体资产质量普遍得以提升。与此同时,集合资金信托业务的开展,也为信托公司提供了一个较为稳定和广阔的融资平台。依托如此巨大的资金优势,信托公司首先应在充分论证和防范风险的前提下,对投资方向要有一个明确的目标。具体来讲,应包括以下几个方面。

(1)抓住国退民进领域范围内的产业投资机会,特别关注电子、通讯、汽车制造、环保等朝阳行业的优质项目。国企转制、MBO是投资项目的首选机会,目的在于利用国有资金从竞争性领域退出的机会,以集合资金信托产品募集民间资金填补国资退出后的空白,抓住10万亿元的国企转制这个目前国内最大的市场机会,发挥信托连结金融市场、资本市场、产业市场桥梁的优势,进一步提高公司在促进国家大政方针落实过程中的作用,打造出有别于银行、证券公司、基金、保险公司等同类金融机构的竞争优势。

(2)做好对高科技企业、金融机构(包括新型股份制银行、大型证券公司、汽车金融服务公司、基金管理公司、保险类公司、担保公司)、能源石化企业、信息工程企业以及优质拟上市企业等高成长性的企业进行较大规模的股权投资的准备,在获取高收益的同时,掌握和熟悉相关的行业发展趋势和企业运行规律,迅速培养和形成一支高素质、专业化的项目投资经理与信托执行经理,真正具备专家理财的水平,充分体现专业理财机构的功能。

(3)要重点突出国际化发展的战略,全面拓展与外资在各个领域全方位合作的机遇,特别是与世界五百强中的大型跨国集团进行紧密型的合作,借船出海,优势互补,实现超常发展。

(4)适时介入不良资产转让领域。随着WTO进程的加快,我国银行将按"巴塞尔"协议所规定的银行充足率充实资本金,国有、股份制银行上市成为必然,为符合国内外市场的上市标准,银行势必通过各种方式降低不良资产率,介入银行不良资产的处理工作,信托业面临新的发展机遇,既有业已存在的现实需求,又有广阔的市场潜力。

在重视实业领域投资的同时,信托投资公司还应充分发挥熟悉资本市场投资的特殊优势,调整投资理念,适应新形势的变化,与信托业务、投资银行业务和财务咨询业务密切组合,对证券市场上具备行业优势、成长潜力大、管理规范的优质企业,以长期投资的理念进行投资持有,共享伴随中国经济高增长的宏观背景下资本市场成长的果实。

公司在具体捕捉投资机会的策略上,可从以下几个方面来考虑。

1. 从市场状况及其变化中去捕捉投资机会

(1)从市场产品容量的状况中去寻找投资机会。市场产品容量是指某一产品整个或部分市场上的年销售总量。产品市场容量越大,企业投资成功的把握就越大,企业投资的机会也越多;反之,则对企业投资不利。因此,企业既要摸清本企业产品市场容量究竟有多大,以便决定是否投资,进行扩大再生产,又要摸清哪些产品市场容量大,以便寻找新的投资机会。

(2)从市场供需状况及产品进出口状况中去发现投资机会。市场供需状况及趋势对企业选择投资机会影响较大。市场供需包括两个方面:一是企业投资和生产所需的物质资源的现实状况及未来趋势;二是产品供需的现状及对将来的估计。企业投资机会的捕捉既要立足于眼前,又要对将来有所预测。产品进口数量可以作为将来需求的基础,是企业确定投资机会的一个重要因素;同样,产品的出口数量从一定程度上反映了国际市场的潜力,企业也可将它作为一个有利的投资机会。

2. 从国家各项政策调整中去寻找投资机会

(1)从金融政策的变化中去寻找投资机会。金融政策包括信贷政策和利率政策等,是我国重要的宏观经济政策。企业要善于从金融政策及其变化中分析有利因素,发现投资机会。通常情况下,较易取得银行贷款的行业或产品是国家鼓励发展的,或投资效益好的;而较难取得银行贷款的行业或产品,则是国家限制发展的或投资效益差的。

(2)从税收政策的变化中去寻找投资机会。利用税法中对投资有关减税优惠的规定,选择不同的投资方案,达到减轻税收负担的目的。我国税法规定,对不同行业、地区、产品不同的投资方式,采用不同的税收政策。按照我国《公司法》的有关规定,企业向投资者分配的利润都是在税后进行的。所以,不同的税收政策,直接关系到企业最后投资收益率的高低,企业应把税后投资收益率作为投资决策的标准,尽可能使投资向收益高的行业倾斜。为此,企业投资时应注意以下三点:①充分考虑行业和企业规模的问题。例如,向增值税一般纳税人销售自来水,可按6%的征收率征收增值税,而其他行业(有特殊规定除外)其增值税税率为17%。又如,从生产经营规模来看,凡年应税销售额在180万元以下的商业企业,均应按小规模纳税人4%的征收率征收增值税,属于小规模的工业企业则为6%等。诸如此类的问题,应在企业的立项、布点、组建之前以及生产经营的过程当中有针对性地加以充分考虑。②投资单位组建形式的选择。投资者在投资组建新企业时应考虑不同的组建形式,不同的企业形式直接影响着投资者的利益。例如,投资生产性的外商企业,经营期在10年以上的,从开始获利年度起,第一年和第二年免征企业所得税,第三年至第五年减半征收企业所得税。再如,对从事农、林牧业、能源、交通、港口、码头、机场以及产品出口和先进技术的外商企业规定了更为优惠的税收政策,除享受所得税的"两免三减半"期满后,经国家税务总局批准,在以后的10年内可继续按纳税额减征10%~30%的企业所得税。③综合利用避税法,即企业通过综合利用"三废"开发产品从而享受减免待遇。

3. 从产业政策的变化中去寻找投资机会

产业政策是实施国民经济和社会发展计划的一个主导性政策,它反映了国民经济和社会发展计划的具体目标。我国如何进行产业结构调整,这从国内、国外两个角度考虑。从国内来看,"十五"计划已有明确布置,企业应从产业政策中领会国家在今后几年内优先、重点发展什么行业、何种产品,有哪些优惠政策措施。同时,弄清国家将控制、限制什么行业、何种产品,有哪些限制手段,企业应根据自身的条件和优势扬长避短,从国家的产业政策中找到有利的投资机会,进行既有利于社会又有利于本企业的投资;从国外角度,则可以考虑进行对外投资,将国内技术已成熟的、竞争激烈的、不符合我国发展战略的,在国际经济中具有一定竞争力的企业、行业、产业放开,给予一定的便利政策,鼓励它们到国外去投资,以发挥他们的主动性和积极性,为我国经济实行"走出去"战略创造条件,去充分利用国外的市场和资源,同时也为产业结构的调整腾出空间、创造条件,以免使有限的资源被白白浪费,有限的市场容量、市场空间被无数不中意的产品所填满。压缩和淘汰那些不适应市场需求的产品的生产能力,用新技术改造传统产业,大力发展高新技术产业,以加快产品结构、技术结构、企业结构、产品结构的调整、优化和升级,以提高经济的整体素质和竞争能力。企业在寻找投资项目及投资地区时,可选择那些经济发展程度比国内稍逊的地区和起步略晚于国内的项目投资,原因是在国际市场上,我们要避免与大型跨国公司的正面竞争,充分发挥拾遗补缺的作用,有条件地实现一些优势产业的转移,如制造业、轻工、建筑、水泥等,将其逐步推向国际市场。

同时,在规避投资风险的策略上,公司必须加强对投资风险的预测。企业必须在风险理论的指导下,凭借科学的预测手段,掌握投资过程中的大量信息,对投资风险进行科学的预测,如企业内部的资金风险、计划风险、经营风险及企业外部的政治经济环境风险都要有一个比较准确的预测,做到心中有数。只有对各种风险进行全面而周密的分析,才能找出避免风险的措施,从而避免和减少风险损失,使企业取得较好的投资效益。

四、融资战略的制定实施

一法两规的颁布虽然给予了信托公司法定的地位,但监管层明显吸取了旧有信托业务的弊端,传统信托投资公司在历史上曾广泛开展的所谓信托存款、委托存款等各类存款业务被人民银行彻底否定,不再被允许经营;信托公司历史上为筹集资金发明的各类负债业务工具几乎全部被一一列举,充分表明历史上信托投资公司创造的各类变相吸收存款或筹集资金的负债业务全部被人民银行否定,不再被允许经营;同时信托公司被禁止举借外债。当前,信托公司除资本金外,筹集资金的渠道只有申请银行贷款和债券回购、或经人民银行批准加入银行间的同业拆借市场,这完全不能满足信托公司对资金的需求,一些更大规模的投行业务如债券承销、上市公司股票承销、法人股投资等根本无法开展。与此相对应的是,信托公司作为金融机构,所能掌握的资金量和融资渠道往往影响着业务规模和发展速度,例如信托公司作为债券承销商时,往往需要动用大量资金,而信托公司本身在资本市场和货币市场投资业务规模更是同自有资金量息息相关。因此,如何有效而充分地开拓资金来源渠道,将对信托公司的发展壮大起着举足轻重的作用。

但对信托公司而言,除本身的注册资本金外,信托公司的资金渠道并不多,除申请银行贷款和债券回购外,经人民银行批准加入银行间同业拆借市场是重要资金来源。下面我们就几种主要的资金来源渠道进行对比分析。

1. 同业拆借

信托公司经人民银行批准可以办理同业拆借,因此,同业拆借应该属于信托公司合法的负债业务或者说是信托公司融资的方式之一。但人民银行对信托公司同业拆借施行了严格的限制,将信托公司整顿前拆借期限 4 个月压缩为 7 天,大大降低了信托公司利用同业拆借的资金使用效率,加大了其资金拆借成本,使其无法进行较长期投资计划。目前获得重新登记后的信托公司不良资产均在 3% 左右,资产质量在金融行业排第三位,不少信托公司呼吁人民银行应在同业拆借政策上为信托公司松绑,以解决资金来源。获得重新登记的信托公司,还希望能向其开放在资本金投资比例以内的自营金融租赁业务,允许其以项目打包的方式向银行抵押贷款,与金融租赁公司享受同等的政策。

2. 银行贷款

银行贷款仍然可能成为信托公司的负债来源之一。其理由在于:①法无明文禁止。从理论上说,信托公司向银行贷款并无法律上或法规上的障碍;②银行贷款的期限、种类、利率结构与同业拆借的期限、种类、利率结构有明显的差异,这就表明信托公司运用银行贷款完全可能具有经济上的合理性;③银行为防止风险,乐意采用有担保物(抵押、质押)的方式发放贷款,而信托公司的注册资本金均在 3 亿元以上,其固有财产可用以担保,完全符合银行的要求;④在同业拆借市场中,通常对加入市场的金融机构成员的同业拆借余额有额度控制,也决定了信托机构因经营之需可能要在同业拆借之外以贷款方式获取资金。

3. 国债回购

至于国债回购,在法律方面及操作层面上都完全没有障碍。信托公司的固有财产中若有国债投资,可随时通过国债回购市场以国债为质押物进行回购交易。

4. 增资扩股

增资扩股目前已成为信托公司争取资金来源的重要渠道。在增资扩股过程中,部分信托公司更准备引进外资股东,以提升整个信托公司的管理水平和综合竞争力。

5. 证券融资

通过上市筹集项目发展资金,上市后争取配股、增发等形式进一步筹集未来项目发展资金。

6. 国际融资

一是与国际大公司开展合作项目,借助外企的资金拓展市场;二是寻找国外上市的时机,打开国际融资渠道。

7. 银信结盟

银信双方约定商业银行在符合信贷政策的前提下,根据信托公司的经营情况给其一定资金市场授信额度,为其提供资金短期拆借;按照规定,双方进行规定额度和期限内的债券回购交易和债券买卖;双方在政策法规允许的范围内,在同等条件下优先选择对方参与本方牵头的直接银团贷款、间接银团贷款,共享银团贷款、客户信息资源,并开展资金融通、资金管理和金融产品开发方面的合作。

8. 自我积累融资

要不断提高企业综合经济效益,稳健经营,保持良好的企业自我积累能力。

9. 以参股金融机构的形式融资

联合其他机构以参股银行、保险公司、基金公司的方式打造不断的资金流。

第三节
投资战略方案的评价与选择

战略分析的主要目的是评价影响企业目前和今后发展的关键因素,并确定在战略选择步骤中的具体影响因素。战略分析包括以下三个主要方面。

1. 确定企业的使命和目标。它们是企业战略制定和评估的依据。

2. 外部环境分析。战略分析要了解企业所处的环境(包括宏观环境、微观环境)正在发生哪些变化,这些变化给企业将带来更多的机会还是更多的威胁。

3. 内部条件分析。战略分析还要了解企业自身所处的相对地位,具有哪些资源以及战略能力;还需要了解与企业有关的利益和相关者的利益期望,在战略制定、评价和实施过程中,这些利益相关者会有哪些反应,这些反应又会对组织行为产生怎样的影响和制约。

战略分析阶段明确了"企业目前的状况",战略选择阶段所要回答的问题是"企业走向何处"。

第一步需要制定战略选择方案。在制定战略过程中,当然是可供选择的方案越多越好。企业可以从对企业整体目标的保障、对中下层管理人员积极性的发挥以及企业各部门战略方案的协调等多个角度考虑,选择自上而下的方法、自下而上的方法或上下结合的方法来制定战略方案。

第二步是评估战略备选方案。评估备选方案通常使用两个标准:一是考虑选择的战略是否发挥了企业的优势、克服劣势,是否利用了机会、将威胁削弱到最低程度;二是考虑选择的战略能否被企业利益相关者所接受。需要指出的是,实际上并不存在最佳的选择标准,管理层和利益相关团体的价值观和期望在很大程度上影响着战略的选择。此外,对战略的评估最终还要落实到战略收益、风险和可行性分析的财务指标上。

第三步是选择战略。即最终的战略决策,确定准备实施的战略。如果由于用多个指标对多个战略方案的评价产生不一致时,最终的战略选择可以考虑以下几种方法:①根据企业目标选择战略。企业目标是企业使命的具体体现,因而,选择对实现企业目标最有利的战略方案。②聘请外部机构。聘请外部咨询专家进行战略选择工作,利用专家们广博和丰富的经验,能够提供较客观的看法。③提交上级管理部门审批。对于中下层机构的战略方案,提交上级管理部门能够使最终选择方案更加符合企业整体战略目标。

第四步是战略政策和计划。制定有关研究与开发、资本需求与人力资源方面的政策和计划。

战略实施就是将战略转化为行动。其主要涉及以下一些问题：如何在企业内部各部门和各层次间分配及使用现有的资源；为了实现企业目标，还需要获得哪些外部资源以及如何使用；为了实现既定的战略目标，需要对组织结构做哪些调整；如何处理可能出现的利益再分配与企业文化的适应问题，如何进行企业文化管理，以保证企业战略的成功实施；等等。

战略评价就是通过评价企业的经营业绩，审视战略的科学性和有效性。战略调整就是根据企业情况的发展变化，即参照实际的经营事实、变化的经营环境、新的思维和新的机会，及时对所制定的战略进行调整，以保证战略对企业经营管理进行指导的有效性。这主要包括调整公司的战略展望、公司的长期发展方向、公司的目标体系、公司的战略以及公司战略的执行等内容。

企业战略管理的实践表明，一方面，战略制定固然重要，战略实施同样重要。一个良好的战略仅是战略成功的前提，有效的企业战略实施才是企业战略目标顺利实现的保证。另一方面，如果企业没有能完善地制定出合适的战略，但是在战略实施中，能够克服原有战略的不足之处，那也有可能最终导致战略的完善与成功。当然，如果对于一个不完善的战略选择，在实施中又不能将其扭转到正确的轨道上，就只有失败的结果。

第六章
上市公司营运资本管理研究

第一节
上市公司资产的合理配置

企业投资行为一直备受关注,特别是投资绩效问题关乎企业成长和投资者产权保护,历来都是学术界研究的热点。2016年是我国"十三五"规划的开局之年,"发挥投资对增长的关键作用,优化投资结构"是"十三五"规划对创新发展提出的新要求。企业投资是包括"十三五"规划在内的所有规划或建议真正落地生根的基础,也是实现"十三五"规划的重要引擎。企业作为国民经济的细胞,投资问题不仅关乎企业自身价值创造、业绩增长和可持续发展,也是提振投资者信心、推动资本市场发展的一剂良药,更是带动宏观经济发展的重要基础。然而,近年来我国企业投资依旧存在着"投资不足""重复建设""过度投资""宏观好、微观不好""投资回报低"等现实问题。另外,我国当前面临的产能过剩问题,也与企业的不合理投资有关。作为人力资本所有者的管理者,具备专业的经营和管理才能,是法理意义上企业投资决策的主体。管理者本应按照理性人假设和科学决策原则进行投资决策,然而,现实中诸多因素会影响管理者的投资决策并很有可能使之发生扭曲,异化为企业中特定主体谋取私利的工具。理论界将不合理投资造成的的投资不足和投资过度统称为"非效率投资"。学者们对非效率投资进行了深入探索和验证,如信息不对称造成投资不足、代理问题引致过度投资、信息披露缓解信息不对称、公司治理解决代理问题等。以上传统的理论在解释现代企业投资行为上仍然适用,但是在解释企业投资的某些具体问题上仍然不够深入和充分,因此,有必要借助于新的研究视角或新的研究方法,对企业投资展开进一步研究。依据产权及其相关理论,从静态和动态特征来看,产权是经济效率的充要条件。对于企业而言,产权清晰程度体现着一个企业制度的先进程度。产权安排是公司治理结构的基础,公司治理结构的变动无不是由产权变动所引起。因此,与公司治理相关的各个方面,包括投资行为在内的企业实践,无不是由产权安排决定的。企业产权依据契约完备性可划分为特定产权和剩余产权,其中,特定产权相关的公司治理规则已在相关契约中明确规定,而剩余产权则未在契约中明确规定,相关的决策需要凭借剩余产权主体的主观意志作出。它体现在企业投资决策上就是管理者的自由裁量权。剩余产权的边界越模糊,管理者投资决策自由裁量的空间就越大,这是企业投资行为发生转变和扭曲的契约性根源。

因此,本节试图从管理者剩余产权安排的视角来探索和解释企业的投资行为,力求从企业管理者剩余产权安排上探寻投资问题的解决方案,从资产配置视角来研究企业投资行为。从资本投资的整个过程来看,从初始投入到投资终结无不牵涉着多种性态资产的变动或转化,包括初始投资和投资期间投入的现金资产,以及投资终结形成的长期资产。如何处理和协调好投资过程中资产的变动和转化,即资产配置的问题,也是投资决策中面临的重要问题,从资产配置视角研究企业投资,不仅能够增强经济主体对企业投资的认知,也有利于更好地评价投资绩效。现有的企业投资研究,无论是规范性研究还是实证性研究,均侧重于现金流角度,从资产配置视角研究企业投资的研究成果相对较少。通过规范分析和实证分析相结合的研究方法,借助企业产权理论、委托代理理论、管理层权力理论、不完全契约理论、现金持有理论以及企业投资理论等,在充分结合我国制度环境的前提下,系统性研究了作为企业人力资本所有者的管理者的剩余产权安排对于资产配置的影响,得出了如下研究结论。第一,基于剩余产权视角的资产配置效益研究方面,管理者剩余产权对称程度与现金资产配置规模、与长期资产配置规模均显著负相关;对长期资产配置规模进一步检验发现,管理者剩余产权对称程度与固定资产配置规模、长期股权投资配置规模和无形资产配置规模均显著负相关,显著性依长期股权投资配置规模、固定资产配置规模和无形资产配置规模的次序递减。管理者剩余产权对称程度与现金资产配置效益、与长期资产配置效益均显著正相关。与国有上市公司相比,管理者剩余产权对称程度与现金资产配置效益的正相关关系、与长期资产配置效益的正相关关系均在非国有上市公司更加显著。第二,基于剩余产权视角的资产配置效率研究方面,管理者剩余产权对称程度与资产配置效率显著正相关。与国有上市公司相比,管理者剩余产权对称程度与资产配置效率的正相关关系在非国有上市公司更加显著。上市公司产权保护机制对于管理者剩余产权对称程度与资产配置效率的相关性具有协同或替代效用。具体而言,制度环境和产品市场竞争发挥了协同效应;机构投资者持股和注册会计师审计发挥了替代效用。

基于上述研究结论,提出如下政策建议:建立健全管理层分享剩余索取权的机制,实现管理者剩余产权对称化;深化国有企业产权制度改革,提升剩余产权机制的有效性;依据管理者剩余索取权状况,合理安排管理者的剩余控制权;完善企业相关产权保护机制,最大限度提升企业资产配置的有效性。

第二节 现金管理的内容

现金管理狭义地讲就是管好企业的现金(库存现金、银行存款、银行汇票存款、银行本票存款、信用证存款、在途货币资金等),主要内容包括以下几个方面。

1. 编制现金计划,以便合理地估计未来的现金需求。
2. 对日常的现金收支进行控制,力求加速收款、延缓付款。
3. 用特定的方法确定理想的现金余额,当企业实际的现金余额与理想的现金余额不一致时,采用短期融资策略或采用归还借款和投资于有价证券等策略来达到理想状况。

这些内容在中小企业和单体企业的现金管理中突出体现。而广义来说,现金管理还解决了大型集团公司及其分布在各地的下属分子公司之间的现金流动性管理、投融资管理以及风险管理等问题。

现金管理十分重要,关系到企业的生存和发展。现金管理又十分复杂,几乎很难找到一个十全十美的管理模式,既能满足企业各种持有动机的要求,又能充分使用企业内部资金调控能力和外部金融市场的变化;既要使现金的持有机会成本最低,又要力求避免现金短缺对企业造成的伤害。企业现金管理的最主要目标是持有足够的现金以支付各种业务往来需要,同时将闲置资金减少到最低程度。现金管理的对象是现金的循环和周转的过程。其管理的目标在保证流动性的基础上,追求效益的最大化。一方面企业要加强财务控制,挤压资金成本;另一方面市场竞争压力大,要求企业有效管理现金,以避免现金失控而危及企业生存。

一、现金管理的基本原则

依据《现金管理暂行条例》,现金管理的基本原则如下。

1. 开户单位库存现金一律实行限额管理。
2. 不准擅自坐支现金。坐支现金容易打乱现金收支渠道,不利于开户银行对企业的现金进行有效的监督和管理。
3. 企业收入的现金不准作为个人储蓄存款存储。
4. 收入现金应及时送存银行,企业的现金收入应于当天送存开户银行,确有困难的,应由开户银行确定送存时间。
5. 严格按照国家规定的开支范围使用现金。结算金额超过起点的,不得使用现金。
6. 不准编造用途套取现金。企业在国家规定的现金使用范围和限额内需要现金,应从开户银行提取,提取时应写明用途,不得编造用途套取现金。
7. 企业之间不得相互借用现金。

二、加强企业资金管理的方法

对于上市公司来说,加强企业资金管理,应从如下几个方面入手。

1. 大力加强成本管理

加强成本管理,主要是为了降低成本提高经济效益。成本管理的方法主要有存货的控制和成本的控制。存货的控制主要包括存货数量、计价及保管的控制。现代财务管理着眼于事前和事中的成本预测、计划和控制,这样可以有效地将成本控制在一定水平内,保证成本费用最低,从而达到提高经济效益的目的。

2. 增强成本管理意识

企业不但要提高经营管理各部门人员的成本管理意识,还要注重提高企业全体员工的成本管理意识。要把企业的成本与企业各管理部门和员工的经济责任及利益有机地结合起来,变"要我管"为"我要管",变"被动管"为"主动管",如能达到这样的效果,那么就极大地调动了全体人员管理成本的自觉性。

3. 改变成本管理的方法

企业要改变过去传统的成本管理方法,变单纯核算型管理为综合控制型管理,确立符合现代制度要求的成本管理方法。要积极推行"成本控制法",实行目标成本责任管理。即按照"制造成本法"的核算原则,对在企业生产经营中发生的与企业生产经营密切相关的原材料、燃料、动力、工资等直接消耗和制造费用等计入产品成本的费用消耗,实行定额控制;对生产经营过程中间接消耗的销售费用、管理费用和财务费用等计入当期损益的费用消耗,实行指标或者比例控制,并完善成本预测、成本核算、成本考核、成本决策和成本分析等管理方法,做到事前成本有预测,事中成本有考核,事后成本有分析。

4. 完善成本管理手段

企业要建立以企业财务部门为轴心的综合管理、统一核算、成本总控制的成本控制中心。它对以上企业目标总成本为落实目标,向企业领导层提供目标成本的执行情况和管理决策意见。

5. 加强投资管理

企业经营的最终目的是获取最大的经济效益,而经济效益的高低,取决于企业的投资规模以及最佳的投资流向和合理流量。企业要优化内部资金结构,充分发挥企业财务的调控职能,认真搞好企业内部资金合理配置,优化企业资产占用结构和产品生产结构,保证企业资金的合理占用和有效使用。

6. 加强筹资管理

企业要树立筹资主体观念,要根据企业生产经营需求对预期筹资方式、筹资渠道和筹资结构,根据实行情况,选择一个最佳的决策方案。另外,企业筹资要重点用于企业的生产发展和技术改造,合理调控筹集资金的配置和使用,优化资金结构,提高资金效益和盈利水平。

7. 强化企业资金管理

目前,不少企业一方面资金紧张,一方面资金占用较多,运营效率较低。因此,企业要提高资金的运营效率。

8. 加强资金管理

企业应在活用资金和提高资金使用效益上下功夫。一是实行企业资金的集中管理、集中核算、集中调控,加强资金的预期管理,企业要根据年度生产规划和目标,核定企业内部所属单位为完成计划期生产经营任务所需的资金要求量,各单位要明确对资金的管理和使用应承担的责任,使其主动精打细算,控制支出和节省消耗,降低资金的占用。通过事前的资金预算管理,提高企业的资金管理水平。二是搞好企业内部存量资金应用。企业要防止产品积压,提高资金的周转率,积极回笼资金;要挖掘现有资金的潜力,努力降低原材料和资金的占用,较好地运用现有的存量资金,达到提高资金的利用率;落实资金回收责任制,减少资金的占用和流失。

第三节
成功的现金收支管理

成功的现金收支管理方法如下。

1. "现金收支旬报表"上的收支金额,是指由企业财务部汇入各部门银行账户内的金额,支出金额则仅指各部门的费用。各部门应支付一切费用,包括可控制费用与不可控制费用,均应自财务部汇入的金额中支付。

2. 各单位的可控制费用统一每月月底前由财务部根据下月份各单位的费用概算一次性(必要时得分次)汇入各部门的账户内备支。

3. 各部门的收入款项除财务部汇入的款项外,一律不得自行挪用。企业内收回的应收账款(包括现金及支票),其收回的应收账款应依账款管理办法的规定,悉数寄回企业财务部。

4. "现金收支旬报表"上的编号是就费用的笔项而言,采用每月一次连续编号方式,月内的每月编号应相互衔接并连续编至当月月底,次月 1 日再行重新编号。

5. "现金收支旬报表"的填写应一次复写两联,第一联于每旬第 1 日(每月 1 日、11 日、21 日)中午以前就上旬收支逐项编妥,连同费用科目的正式收据或凭单呈部门主管签核后限时转送财务部;第二联由各单位自行汇订成册作为费用明细账,并凭此于月底当天填制"费用预算分析表"。

6. "现金收支旬报表"上科目栏中的类别,依所发生的各项费用及其分属类别,分别以"营"或"服"或"管"等字表示,其性质的区分如下。

①销售费用:凡属营业人员(包括营业主任及外务人员)所发生的费用。
②管理费用:凡销售费用及服务费用外所发生的一切费用。
③服务费用:凡属服务人员(包括服务主任及服务人员)所发生的费用。

7. "现金支旬报表"上的科目栏中的"名称"是指各项费用的科目名称,其明细如下。

①营业费:即营业人员(包括营业主任及外务员)所发生的下列费用。
第一,凡司机人员需要的汽油、机油、过桥费、寄车费。
第二,凡营业人员因业务上应酬所需要的费用。
第三,凡营业人员薪资(包括工资、交通津贴、交际津贴、成交奖金、各项奖金及值班费等)。
第四,凡营业人员计程车资及营业员因业务之需所付的差旅费。
第五,凡账款尾数无法收回,或倒账企业损失。
第六,凡营业人员所印名片费。
②服务费用:即服务人员(包括服务主任及服务员)所发生的下列费用。

第一,凡司机服务人员所支的汽油、机油、过桥费、寄车费。

第二,凡服务人员因服务上的需要所支的交际费用。

第三,凡服务全体员工的薪资(包括工资、交通津贴、绩效奖金、奖金及值址费等)。

第四,凡服务人员所支的计程车资及服务人员因服务需要所支的差旅费。

第五,凡账款尾数无法收回的费用。

第六,凡服务全体员工所印的名片费。

第七,凡单价在100元以下的工具费。

③管理费用:凡销售费用及服务费用所发生的费用。

第一,凡司机人员及服务人员所支付的汽油、机油费。

第二,凡营业人员及服务人员所支付的计程车资及差旅费。

第三,凡日常所用的文具纸张费。

第四,凡清洁单位卫生所支的费用。

第五,装载货物所支付的费用。

第六,凡业务上的长途电话及市区电话费。

第七,凡邮寄函件及包裹的邮资及购邮票费。

第八,凡因业务上的需要而支付的电报费。

第九,凡订阅报刊杂志所支付的费用。

第十,凡营业人员及服务人员外所支付的交际费用。

8. 上述费用项目,会计员应按其性质区分(即销售费用、服务费用、管理费用等)分类报支,不得相互混淆。

9. 各部门全体员工的借支总额在3000元以内者,须经企业主管核准后由库存现金中先行借支,并限于每月10日发薪时一次扣回;借支总额超过3000元者,应依权责划分逐笔专案报批,核准后始得由企业财务部汇寄支付。

10. 各单位应于每月3日前将"费用预算分析表"(一式两联)连同"直线单位经营绩效评核表"一并寄送企业业务部,由业务部据此以查核与"直线单位绩效评核表"所填的费用数字相符后,即转送企业财务部复核并上报所属副总经理填具总评,第一联由财务部留存,据以分析全场费用差异,第二联寄回各单位存查。

11. 每月月底当天,企业会计员应凭留存的当月份该单位"现金收支旬报表",依费用类别分别统计当月份各项费用的总额,详填于"费用预算分析表"中呈单位主管,并详细分析可控制费用中的各项费用其实际与预算的差异。

12. "费用预算分析表"上的费用率系指当月份的费用与营业额的百分比。"本月费用的预算"一栏的计算公式如下:

本月"服务费用"预算 = 上月服务费用 × (1 ± 本月服务收入成长率)

本月"管理费用"预算 = 上月管理费用 × (1 ± 本月营业及服务总收入成长率 × 20%)

本月"销售费用"预算 = 上月销售费用 × (1 ± 本月营业收入成长率)

第四节
做好应收账款的管理

一、What——什么是应收账款管理

应收账款管理(Accounts Receivable Management),是指在赊销业务中,从授信方(销售商)将货物或服务提供给受信方(购买商),债权成立开始,到款项实际收回或作为坏账处理结束,授信企业采用系统的方法和科学的手段,对应收账款回收全过程所进行的管理。如图6-1所示。

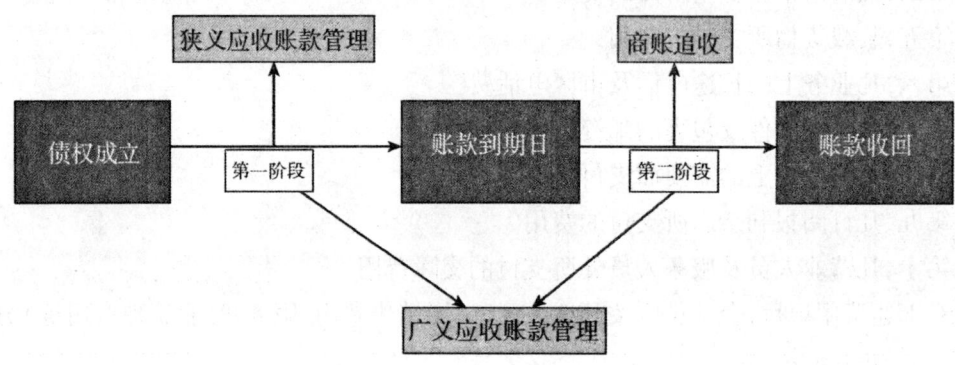

图6-1 应收账款管理的内容

广义的应收账款管理包含两个阶段:第一阶段是从债权成立日起到账款到期日止这段时间的管理,即账款拖欠前的管理;第二阶段是账款到期日后的管理,即账款拖欠后的管理,也称商账追收。狭义的应收账款管理是指账款到期日前的应收账款管理。

应收账款管理是信用管理的重要组成部分。所谓信用管理,就是授信者对信用交易进行科学管理以控制信用风险的专门技术。除应收账款管理外,企业信用管理还包括客户管理、赊销管理等。客户管理包括客户信用评级、客户档案管理;赊销管理包括赊销成本分析、赊销政策制定、赊销额度确定、债权保障措施等。

要做好企业的应收账款管理,应从企业信用管理的大方向着手,这样才能从源头上把控风险,找寻出平衡企业利润与风险的最优策略。

二、Why——为什么要做应收账款管理

应收账款因赊销而存在,企业一方面想借助赊销来促进销售、扩大销售收入,增强竞争能力,另一方面又希望尽量避免由于应收账款的存在而给企业带来的资金周转困难、坏账损失等弊端。如何处理和解决好这一既对立又统一的问题,便是企业应收账款管理的目标。

平衡利润与风险,是应收账款管理的意义所在。一方面,企业通过对应收账款的科学管理,降低应收账款风险,减少呆账坏账。另一方面,企业可通过赊销形成应收账款,扩大销售,增加收益。应收账款管理可以增加资本回报率,通过控制应收账款的风险使原本由于风险过大而无法成交的交易能顺利进行。

三、How——怎么做应收账款管理

应收账款管理工作,最重要的是制定科学合理的应收账款信用政策,并全方位强化该信用政策的执行力度。

应收账款管理可分为事前防范、事中监控、事后追收三个管理阶段。如图6-2所示。

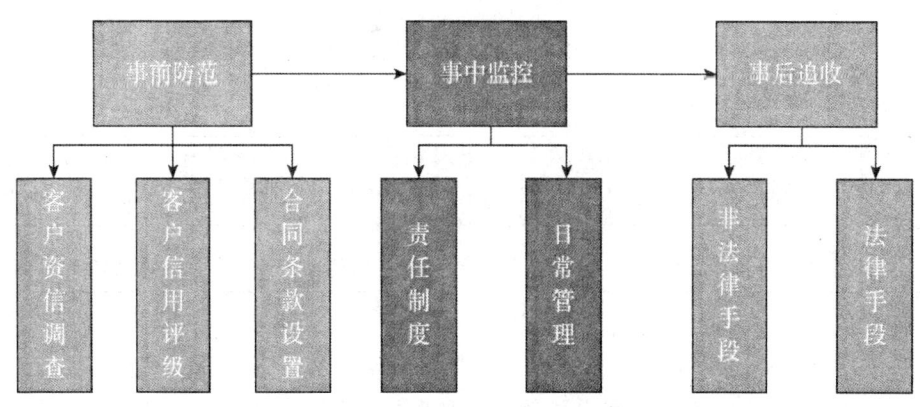

图6-2 应收账款管理的三个阶段

1. 事前防范

所谓事前防范,就是在整个交易开始之前就进行风险防范。其主要包括客户资信调查、客户信用评级、合同条款设置。

(1)客户资信调查。企业在交易前对客户进行资信调查,应旨在解决如下几个问题:

第一,能否和该客户进行交易。

第二,如果可以交易,每次信用额控制在多少为宜。

第三,应采用什么交易方式、付款期限和保障措施。

专业领域内常用6C理论来分析和评价企业信用程度。作为评估工具的6C是什么呢?如图6-3所示。

①品格(Character):包括商业道德、履约诚意、付款记录、违规记录等。

在实际工作中要结合本企业内外部相关的信息进行研判,如充分利用客户的银行信用等级来进行辅助评价。

②能力(Capacity):包括生产能力、技术水平、服务能力、管理层能力、筹资能力等。

要对客户的生产经营场地进行考察,与客户管理层详细沟通并了解其经营的思维,了解客户是否正常生产经营,了解客户是否有能力及时支付购货款。

③资本(Capital):包括财务状况、偿债能力。

要从多角度去了解客户的财务情况并对其进行分析。

④担保(Collateral)：包括抵押、质押、保证等各种担保。它是指客户在拒绝支付或者无力支付所欠货款的前提下能够被用来抵押的资产。在赊销业务中，对于赊销风险较高的客户应要求其提供足额的抵押物，要对相应的抵押物进行实地查证，同时验证其权属证书的真伪。

⑤保险(Coverage Insurance)：指信用保险。

⑥条件(Condition)：即环境状况，是指有可能会对客户支付货款能力有所影响的外部环境，包括世界经济、本国经济、行业/市场环境、产业政策、同业竞争情况等。

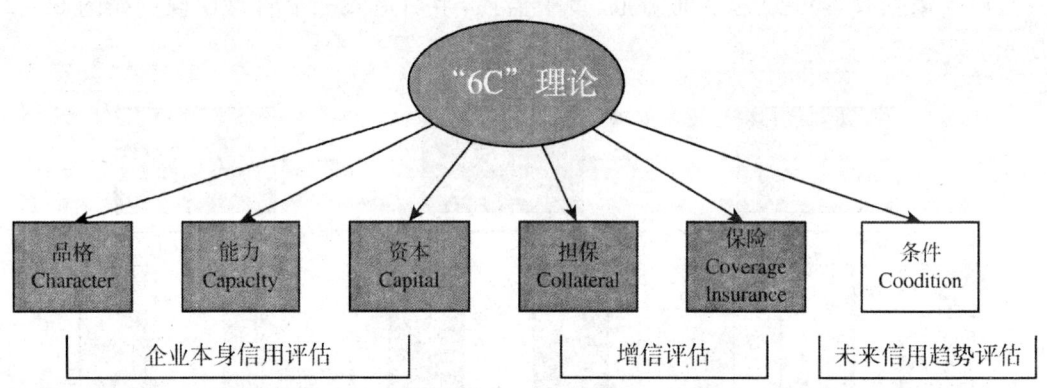

图6-3 "6C"理论

应该实时关注外部环境对客户还款能力和发展能力的影响程度，以确保本企业货款资金的安全和与该客户是否加大长期战略合作的力度。

围绕以上六点因素，客户资信调查工作可以通过以下几种途径开展。

第一，财务报表。通过客户的财务报表，衡量客户的财务实力与状况，最好是能获得经审计的财务报表，尽可能保证真实性。通过对资产的流动性和准时付款能力的比率进行分析计算，评价企业能力、资本、条件的好坏。

第二，基础信息收集。通过客户公司的官方网站、市场监督管理局官方网站、国家企业信用信息公示系统、启信宝、企查查等手机APP、公司的官方微信公众号等可以查询到客户公司的基本信息。

第三，商业交往信息。企业可以通过与同一客户有关的各供货企业交换信用资料，如往来时期的长短、提供的信用条件以及客户支付货款的及时程度等信息，从历史资料来侧面评价客户资信状况。

第四，向银行及相关政府部门获取信息。可以从相关报刊网站资料中搜集银行、社会媒体向社会公布的客户信用信息，也可向客户所在地的企业管理部门、税务部门、开户银行的信用部门咨询，了解该企业的生产经营的历史、现状与趋势、销货与盈利能力、税金缴纳情况等，看有无不良历史记录来评价企业的品质。

第五，失信被执行人信息。可通过最高人民法院的"全国法院被执行人信息查询"，查看客户是否存在被执行信息及失信信息，可以此评价客户付款能力及品质。

第六,涉诉信息。通过网上诉讼服务平台、中国裁判文书网等网站了解客户是否存在涉诉情况,客户是作为原告还是被告,主要是什么纠纷引起的诉讼等。如果客户涉诉信息较多,且大部分是作为被告,则应慎重考虑与该客户交易的可能性。

(2)客户信用评级。经过前期的客户资信调查,企业应将调查所得信息整理总结,建立"客户档案",并对客户信息进行综合分析,确定相应的信用等级。客户的信用等级并非一成不变,应尽量每年进行一次审核,并在与客户交易过程中实时记录客户信用情况,为审核客户信用评级积累信息基础。如图6-4所示。

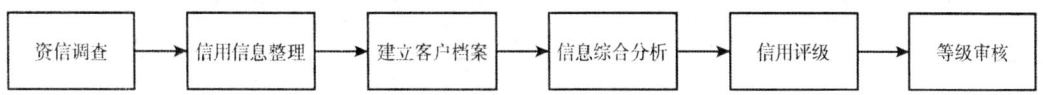

图6-4 客户信用评级

客户信用评级包括财务评级(财务资质)和信用评级(付款记录)。针对不同信用等级的客户,企业在交易时应采取不同的销售策略和结算方式。

(3)合同条款设置。合同条款设置属于合同管理的一部分。经过前期的客户资信调查、分析信用等级,企业应在与该客户的交易合同中设置合同条款,以具体约束客户的履约行为、付款期限等。

合同应明确各方的权利义务,以及付款期限、方式、违约责任等,对于信用等级较低的客户,可设置要求提供担保,甚至不赊销(即先付款后发货);对于信用等级较高的客户,可提供较大的信用额度,延长付款期限等。

对于分期付款的客户,可设置在所有款项付清前,企业保留财产的所有权。当客户不能清偿所有债务时,企业可向法院主张取回财产,对财产再利用或二次销售,最大限度地弥补损失。

2.事中监控

事中监控,即在债权发生之日至账款到期日这段时间,企业对客户信用及收款进度进行实时监控,最大限度地减小账款拖欠的可能性。

在进行应收账款管理的事中监控环节中,企业应明确任务负责人、参与人,一般为财务、销售及法务人员,只有明确了管理流程及每个环节的责任人,才能保应收账款管理的顺利实施。

应收账款管理的日常管理十分重要,日常管理有以下两种主要措施。

(1)账龄分析表。账龄是指负债人所欠账款的时间。账龄越长,发生坏账损失的可能性就越大。

账龄分析法是企业会计部门在进行坏账损失估计时应用的一种方法,而账龄分析表就是应用该方法时所使用的一种工具。账龄分析表帮助企业实时监控客户付款情况、逾期情况,不仅帮助企业会计估计坏账损失、计提坏账准备,进而变更信用政策,而且能提醒企业及时进行账款到期日前的付款通知、账款到期日后的催收工作。账龄分析表所提供的信息,可使企业了解收款、欠款情况,判断欠款的可收回程度和可能发生的损失。利用该表，企业还可酌情作出采取放宽或紧缩商业信用政策，并可作为衡量负责收款部门和资信部门工作效率的依据。如表6－5所示。

应收账款账龄分析表							分析日期：	2015/12/30			逾期天数			
开票日期	发票号码	公司名称	应收金额	已收款金额	未收款金额	收款期	到期日期	是否到期	[illegible]	未到期金额	0～30	30～60	60～90	90天以上
2015/1/25	12345601	公司1	80,000.00	25,000.00	55,000.00	200	2015/8/13	是	137					55,000.00
2015/2/25	12345602	公司2	25,000.00	10,000.00	15,000.00	145	2015/7/20	是	160					15,000.00
2015/3/25	12345603	公司3	4,000.00		4,000.00	30	2015/4/24	是	246					4,000.00
2015/4/25	12345604	公司4	22,000.00	10,800.00	11,600.00	60	2015/6/24	是	166					11,800.00
2015/5/25	12345605	公司5	12,345.00	2,345.00	10,000.00	120	2015/9/2	是	139					10,000.00
2015/6/25	12345606	公司6	56,000.00	18,000.00	38,000.00	20	2015/7/13	是	163					38,000.00
2015/7/25	12345607	公司7	12,345.00		12,345.00	30	2015/8/24	是	126					12,345.00
2015/8/25	12345608	公司8	98,785.00	78,000.00	20,785.00	50	2015/10/14	是	78				20,785.00	
2015/9/25	12345609	公司9	98,000.00	78,000.00	20,000.00	60	2015/11/24	是	36			20,000.00		
2015/9/26	12345610	公司10	300,000.00	80,000.00	220,000.00	60	2015/11/25	是	35			220,000.00		
2015/9/27	12345611	公司11	28,000.00	85,000.00	-66,000.00	60	2015/11/26	是	34			-66,000.00		
2015/9/28	12345612	公司12	100,000.00	82,000.00	18,000.00	120	2016/1/26	否	(139)	18,000.00				
2015/9/29	12345613	公司13	100,000.00		100,000.00	60	2015/11/28	是	62			100,000.00		
2015/9/30	12345614	公司14	100,000.00	84,000.00	16,000.00	20	2015/10/20	是	76				16,000.00	
2015/10/9	12345615	公司15	100,000.00	85,000.00	15,000.00	60	2015/12/8	是	22		15,000.00			
2015/10/10	12345616	公司16	100,000.00		100,000.00	120	2016/2/7	否	(173)	100,000.00				
2015/10/11	12345617	公司17	100,000.00	87,000.00	13,000.00	60	2015/12/10	是	29		13,000.00			
2015/10/12	12345618	公司18	100,000.00	88,000.00	12,000.00	60	2015/12/11	是	29		12,000.00			
2015/10/13	12345619	公司19	100,000.00	89,000.00	11,000.00	100	2016/1/21	否	[illegible]	11,000.00				
2015/10/14	12345620	公司20	100,000.00		100,000.00	60	2015/12/13	是	17		100,000.00			
2015/11/12	12345621	公司21	100,000.00	91,000.00	9,000.00	60	2016/1/14	否	(166)	9,000.00				
2015/11/15	12345622	公司22	100,000.00	92,000.00	8,000.00	30	2015/12/16	是	15		8,000.00			
2015/11/18	12345623	公司23	100,000.00	93,000.00	7,000.00	60	2016/1/14	否	(146)	7,000.00				
2015/12/9	12345624	公司24	100,000.00		100,000.00	60	2016/2/8	否	(166)	100,000.00				
2015/12/19	12345625	公司25	100,000.00	95,000.00	5,000.00	60	2016/2/17	否	(177)	5,000.00				
2015/12/22	12345626	公司26	100,000.00	96,000.00	4,000.00	30	2016/1/21	否	(173)	4,000.00				
2015/12/23	12345627	公司27	100,000.00	97,000.00	3,000.00	60	2016/2/21	否	(181)	3,000.00				
2015/12/27	12345628	公司28	100,000.00	98,000.00	2,000.00	60	2016/2/25	否	(178)	2,000.00				
合计			2,436,455.00	1,865,845.00	573,610.00	—	—	—		258,000.00	148,000.00	284,000.00	36,785.00	146,845.00
今天日期：	2017-07-14			会计：				复核：		[illegible]				

图6－5 “应收账款账龄分析表”例表

（2）合同管理。应收账款日常管理工作中的合同管理，主要是以下几方面的工作。

①关注履约情况。在合同履行过程中，企业应关注客户的履约情况、资信情况，一旦发现不良趋势应及时采取措施，同时在客户档案中记录；出现合同变更情况，应防止变相垫资；要检查客户所欠债务是否突破信用额度；密切监控客户已到期债务的增减动态，以便及时采取措施与客户联系提醒其尽快付款。

②交易单据的保存。履约过程中必然会产生交易单据，如送货单、运单、验收单、收据、发票等，这些单据必须妥善保存原件，如因客观原因不能保存原件，也应保留复印件、扫描件或拍照件。同时，单据的出具方应加盖公章，客观原因加盖公章不能实现时，应有负责人的签字。单据之间应保持完整、一致，避免出现矛盾。

③定期对账。履约过程中会出现许多变更合同的情况，而交易双方也会因信息疏漏而导致账目差异，这时就应该积极与客户进行对账，双方可约定定期对账制度，如无约定，则应在必要时及时对账。对账后应形成书面文件，并由合同双方签字盖章。

④付款日前的通知。每一项合同义务完成后，应及时通知客户。在付款到期日前5日左右，应提醒客户付款。在付款到期日当天，应催促客户付款。

⑤通知的形式。包括口头和书面，口头通知可采用电话、微信、QQ等形式，书面通知应出具正式函件，通过快递寄送到客户公司，并保留通知书复印件及快递单。口头通知只是辅助手段，最终应落实到书面通知。

3. 事后追款

应收账款管理的事后追收,是指在账款到期日后进行的欠款催收工作。对于逾期拖欠的账款应进行账龄分析,并及时催收。据不完全统计,超过半年的账款回收成功率为 57.8%,超过 1 年的账款回收成功率为 26.6%,超过 2 年的账款只有 13.6% 可以收回。对客户拖欠账款的容忍期限,一般不应超过账期的 1/3。例如,账期是 90 天,那么可以容忍的拖款期限为 30 天。

(1)非法律手段追收。企业在拖款容忍期内应积极地开展催收工作。催收工作应以发送书面催告函为主,以其他催收方式为辅。这是因为每一次的催收都应该形成书面文件,固定权利主张的证据,便于后期进行法律追讨。

①书面催告函的发送时间、主体、内容。

第一次的书面催告函应在拖款期经过 1/3 时发出。其主体为客服部、业务部。函件内容应明确、肯定、具体,语气应有礼有节。

第二次的书面催告函应在拖款期经过 2/3 时发出。其主体为财务部、信用管理部。函件内容应肯定,提示信用受损的可能性,语气应严肃。

第三次的书面催告函应在拖款期届满时发出。其主体为企业的法务部、总经理。函件内容应给予付款期限,并表明不付款的后果,语气应严肃。

②辅助手段。在发送书面催告函的同时,企业可通过辅助手段进行催收。辅助手段包括但不限于上门面谈、微信、电话、QQ、电子邮件等。

(2)法律手段追收。在拖款期届满后,如果客户仍没有付款,那么企业应考虑使用法律手段进行追收。此时应通过委托律师来开展相应的工作。律师的介入会增加对欠款客户的威慑,在心理上使其恐惧,达到回款目的。如果律师的沟通不起作用,那么就通过诉讼、强制执行途径使欠款客户实实在在地承担法律责任,同时利用诉讼来与欠款人谈判,促使其主动付款。

①非诉手段。律师可通过向欠款客户发送律师函,并辅以口头沟通来帮助企业追回账款。

②诉讼手段。启动诉讼的目的是为了收回账款,而不是单纯地赢得胜诉,因此在诉讼中的谈判极为重要。而诉讼策略会影响谈判筹码,此时律师的作用显而易见。向法院提起诉讼并进行诉讼保全,法院查封扣押欠款人的财产,使欠款人的生产经营受到实际影响,以迫使欠款人与客户进行谈判,使其主动付款。如果欠款人仍不付款,最终就要申请法院强制执行,此时企业应尽量提供欠款人的财产线索,便于法院早日执行回款。

应收账款管理的意义在于平衡利润与风险。在使用法律诉讼手段前,应考虑成本效益原则。当出现以下几种状况时,企业可以不必起诉:诉讼费用超过债务数额;客户债款额不大,起诉可能使企业运行受损;起诉后收回账款可能性小;客户抵押品可冲销债务。

4. 应收账款保理

应收账款保理是一种先进的应收账款管理措施。保理(Factoring)全称保付代理,卖方将其现在或将来的基于其与买方订立的货物销售合同所产生的应收账款转让给保理商(提供保理服务的金融机构),由保理商向其提供资金融通、销售账户管理、买方资信评估、信用风险担保、账款催收等一系列服务的综合金融服务方式。它是商业贸易中以托收、赊账方式结算货款时,卖方为了强化应收账款管理、增强流动性而采用的一种委托第三者(保理商)管理应收账款的做法。

保理商提供的服务主要包括以下几种。

(1)贸易融资。保理商可以根据卖方的资金需求,收到转让的应收账款后,立刻对卖方提供融资,协助卖方解决流动资金短缺问题。

(2)销售分户账管理。保理商可以根据卖方的要求,定期向卖方提供应收账款的回收情况、逾期账款情况、账龄分析等,发送各类对账单,协助卖方进行销售管理。

(3)应收账款的催收。保理商有专业人士从事追收,他们会根据应收账款逾期的时间采取有理、有力、有节的手段,协助卖方安全回收账款。

(4)信用风险控制与坏账担保。保理商可以根据卖方的需求为买方核定信用额度,对于卖方在信用额度内发货所产生的应收账款,保理商提供100%的坏账担保。

企业应收账款管理作为企业信用管理的重要组成部分,在企业的经营发展中占有举足轻重的地位。企业的应收账款风险未被有效控制,管理工作做不好,影响企业的生存与发展。企业应通过事先防范、事中监控、事后追收等三个阶段进行全过程的管理,应用先进的管理措施,如保理,对企业应收账款进行科学管理,或进行应收账款融资,以实现平衡企业风险与利润的管理目标。

第五节
呆账催收管理

本节以建筑公司系统施工企业为例,说明呆账催收管理办法。

一、概述

为解决建筑公司系统施工企业在工程承包业务活动中面临的业主拖欠、迟付、拒付工程款项,造成法律纠纷不断,流动资金短缺,制约企业生存与发展的难题,加强对催收工程款及清理拖欠工程款工作(简称清欠工作)的管理,引导企业规范经营、防拖防欠,增强竞争实力,促进企业提高管理质量,特制订本办法。

应收工程账款是指根据各类建设工程合同(协议)约定,承包商应收取建设工程发包方(业主)、分包商应收取总包方的各类款项。其中包括工程预付款、工程结算款、进度款、材料设备款、各类保证金、人工(劳务)费用等款项。

拖欠工程账款是指超出合约规定期限应收未收的款项,其中包括因拖欠造成应补偿的利息。各单位根据我国有关法律及项目所在国的相关法律法规,依据签订的建设工程合同和履约情况,通过诉讼或非诉讼方式催收工程应收款,处理因拖欠工程款引起的经济纠纷、解决历史遗留拖欠工程款的事项以及为预防发生拖欠采取的措施均为本办法涉及的业务范围。

二、机构职责与人员配备

公司设立"公司合约管理与清欠工作领导小组"（简称公司清欠领导小组）。公司合约管理与清欠工作领导小组全面负责公司系统清欠领导工作。

公司清欠领导小组下设清欠工作办公室（简称清欠办），清欠办在公司清欠领导小组直接领导下对公司系统的清欠工作实施专业性管理和业务性指导，参与大额工程账款清收工作，并协调解决清欠工作中发生的重大问题。

各单位要高度重视清欠工作，由主要领导负责主抓清欠工作，并设立专门的清欠机构负责清欠工作，清欠机构要配备足够数量的工作人员，制定明确的工作职责。

各单位要逐步建立和完善既有主管部门独立负责，又有财务、资金、法律、技术、经营和工程管理部门通力合作的清欠工作体系，有条件的可建立业主信用、企业风险管理体系。

各单位配备的清欠工作人员要具备一定的专业水平和综合业务能力。要重视清欠工作人员业务素质的培养和业务能力的提高，支持并积极选派人员参加系统内外的各类与清欠工作有关的业务培训。

三、责任制度

企业法定代表人是清欠工作的第一责任人，全面负责本单位的清欠工作。对于拖欠工程款额度大、账龄长、难度高的工程项目，法定代表人要亲自参加策划、决策并组织实施。

企业领导班子成员要积极参与清欠工作，根据分工职责承担相应的清欠工作责任，并将清欠指标纳入领导班子的经营考核指标体系。

各级企业的总会计师、总经济师对清欠工作负有专业管理职责。按照合约规定的工程进度和付款条件，及时监督工程款回收，控制拖欠工程款发生，督促拖欠款的清收和追索，核定清欠工作的成本，处理呆账坏账。

四、部门责任

1. 企业清欠机构负责本单位以及下属企业清欠工作的管理、协调和指导。认真贯彻执行上级有关清欠工作管理制度和管理办法；掌握汇总清欠工作进展情况，审核、填报有关报表，提供分析资料；对各环节清欠责任人的工作进行管理和监督；负责组织有关部门研究制订工程项目清欠的措施和办法。

2. 企业经营、合约管理部门要对签约、履约全过程承担连续责任。负责解决清欠过程中涉及合同条款的争议问题，根据工程验收报告、设计变更通知单等资料及时清理分部分项工程结算资料，提供有效证据，办好工程竣工决算，为清欠工作提供收款依据。

3. 企业资金财务管理部门在清欠工作中要加强工程款结算回收工作，严格财务核算和收款手续,提供有关工程拖欠款的准确数据,收集业主资金动态信息及时与企业清欠机构沟通。参与实施清欠中债转股、实物抵债以及实物变现、资产评估等工作。

4. 企业工程管理部门对因工程质量和工期发生拖欠的项目,要及时组织力量进行协调处理,解决好业主(客户)投诉的质量问题,清除清欠障碍,协助办理工程决算。

5. 企业材料设备部门要及时清理和提供材料消耗、设备损耗以及相关凭据,以便财务、经营和清欠部门掌握工程款结算的数额,保证随工程进度及时结算。

6. 企业技术管理部门在清欠工作中要及时提供工程项目施工过程中的设计变更、洽商签证等原始资料和数据,保证证据的完整和准确。

7. 企业法律事务部门应加强合同审核,做到合同签定前签署意见、合同签定后内容交底、履约过程中进行检查等。及时准确的收集各种证据资料,提出有效的解决办法,依案情与诉讼审批程序对案件进行评估、立案、诉讼。

8. 企业其他相关部门要根据本部门工作职能,担负清欠工作中应承担的责任。凡对企业负责人统一安排的清收拖欠工作执行不力的,应承担其责任。

项目经理或企业法定代表人授权的工程项目负责人是清欠的直接责任人,也是项目工程款清收的终身责任人。应严格执行合约条款,把工程成本、进度和质量与工程款清收结合起来,视工程款实收情况安排施工,未经法人层次管理部门批准,不得盲目推进或轻易退场。

五、清欠原则

清欠工作的指导思想是依约主张债权、依法维护权益。按照既积极清收又讲究策略的原则创造性地开展清欠工作。在清欠工作中要注意与还贷、抵税、清偿债务、处理不良资产结合起来。要处理好清欠与市场开拓、机构调整的关系。

对拖欠工程款的项目,要逐个分析,找出拖欠原因,确定清欠目标和实施方案,根据业主资金、信用状况采取不同的清收方法,核定清欠指标。

对资金状况较好的业主和债务人,应加大催收力度回收现金。

对于业主和债务人资金状况不好、但项目市场前景看好的,在经过充分的调查论证后,可采用有效抵押担保的办法清欠。

对于资金状况不好、经营不善的业主和债务人,可考虑以实物抵债的办法,并做好资产鉴定、评估、保全、资产所有权转移登记等工作。

对于资金状况恶劣、恶意拖欠、恶意逃债的业主和债务人,应果断采取诉讼或其他法律形式,以及法律允许的方式维护企业权益。

对于资金状况不好、不适于行使优先权的投资建设项目,按照原国家建设部、计委、经贸委、中国人民银行关于清理和防止工程款拖欠的文件精神,可与建设单位协商,用划拨拖欠方的银行贷款、企业营业权益,也可由当地人民政府优惠划拨土地等多种方式抵补拖欠款。

加强清欠基础资料、文档管理工作,认真清理在施工程和历史遗留拖欠工程款项目的资料。建立应收工程款台账,对清欠工作实行动态管理。

在条件允许的情况下，按照法律程序进行债权债务转移，减轻企业拖欠款和债务的双重压力。

本着内部协商、内部仲裁、共同对业主结算，按照市场经济运行规律办事的原则，妥善解决内部各单位之间的债权债务问题。

《建筑法》《合同法》以及最高人民法院对《合同法》第286条的司法解释是解决拖欠问题的法律依据。对不按合同付款的业主，对未支付全部或大部分购房款的消费者、非个人消费购房以及业主抢先向银行抵押、搞假按揭、转移资产等恶劣行径，要运用法律武器维护企业权益，行使工程价款优先受偿权。

六、防欠措施

1. 注重市场调研、业主信用调查、项目前景分析，强化前期防范工作。建立和完善承接工程项目评估审批制度，制订详细的合同内容条款，审慎签订建筑施工合同，从源头上合理防范和化解拖欠风险，提高工程经营质量。

2. 坚持采用国家主管部门颁发的最新版示范合同文本，强化工程进度款及单位工程中间结算支付的约束条款。明确约定工程款支付数额和期限、违约责任、工程款结算方式、返还各类保证金的合理期限。

3. 严格履行合同，确保工程质量、进度、环保及合同要求。对业主、客户提出的意见及时反馈、热情答复，发现问题及时解决，不给业主留有任何拖欠的借口。

4. 强化各级各类人员的证据意识，加强基础资料管理。在履约过程中重视进度结算和收款，对每一项经济业务活动随时记录，做好信函往来登记、签证确认、变更洽商文件的归档，密切注视债务人信用信息，及时收集证据资料，随时为索赔和清欠做好诉前基础工作。

5. 在履约过程中，一经发现业主未按合同付款，或工程款回收低于约定比例，各有关部门应依照职责立即采取行动，直至停止施工，及时化解拖欠风险。

6. 工程完工后，在未按合同约定足收工程款或对工程拖欠款的债权尚未合理安排或缺乏回收保障的情况下，不得交付验收。

7. 对垫资和带资承包、为业主提供担保、接受延期支付条件等易产生拖欠的经营行为，要按照《中国建筑工程总公司关于强化承包工程中投资行为管理的规定》《中国建筑工程总公司债务管理制度》等从严管理和控制，有效防止经营方式失当而产生的工程款拖欠。

8. 大力加强综合信息化建设，逐步建立总公司系统的工程项目数据库、业主信用信息库（包括房地产开发商、政府单位、材料商、供应商等信用资料），实行网络管理，利用现代化手段防范风险。

七、责任追究

各单位对任何一笔拖欠款的形成和追讨不利情况都要作出具体分析，划清个人责任和部门责任，依责追究，决不姑息迁就。对构成违法犯罪的，依法追究法律责任。

对贻误清欠工作造成企业法人财产损失的,按照国家关于国有企业法定代表人及党员领导干部奖惩的有关法律法规和《中国建筑工程总公司企业法人财产损失责任人处理暂行办法》的有关规定进行处理。

1. 对拖欠款严重、清收不力的企业,应直接追究企业法定代表人的个人责任,追究处理方式包括通报批评、行政记过、免除职务、追究经济责任等。

2. 对已分清责任确因拖欠造成重大损失的责任人,在未追回或减少损失前,不得晋级提升,不得同意调离本单位。

3. 对总会计师、财务人员在清欠工作中违反财务管理制度造成直接或间接损失的,依《会计法》及财务管理制度追究其责任。

4. 对合约经营部门前期工作失误、业主信用失实等造成工程款严重拖欠和损失的,应视情节追究该部门负责人和当事人的责任。

5. 对发生严重拖欠并负有直接责任的项目经理,不得安排承接新项目,更不能任新项目经理,取消其参加个人资格晋级和评优的资格。对未完成当年回收工程款和清欠指标的,不得兑现承包奖励。

6. 不得以应收款或拖欠款额作为实际收入,对项目人员兑现承包奖等现金奖励。凡是不主动清收清欠或拖延清欠工作,将拖欠款、应收款作为"小金库"用于少数人消费或以此谋取私利的,视情节追究责任人的责任。

7. 任何企业和个人未经严格审查同意不得承诺放弃工程价款优先受偿权。对怠于行使优先受偿权的行为予以惩处,对造成损失的视情节追究其经济和法律责任。

8. 对虚报、瞒报清欠成果或统计数据的,应追究责任人责任,给予行政、经济处罚;构成犯罪的,追究其刑事责任。

按照谁主管谁负责的原则,各企业上级单位负责下属单位法定代表人清欠工作的责任追究,各法人企业负责本单位各部门、各责任人清欠工作的责任追究。

八、考核奖惩

将清欠工作纳入各单位的年度经营责任制考核体系,实行目标责任制考核。对企业法定代表人、分管领导、有关部门和工作人员注重清欠效益和最终结果的考核,依实际完成结果进行奖罚,做到敢奖、重奖、敢罚、重罚,真正调动各方面的积极性和能动性。

上级主管部门负责核定各单位主要经营者的清欠工作指标。各单位法人层次负责核定各部门、各环节责任人的清欠工作指标。

各单位应与责任人签订清欠责任协议,根据协议按回收比例对责任人进行奖罚。奖励额度内的奖金分配权在责任人。

(1) 凡完成清欠指标的单位,按照协议对当年清理回收的现金部分给予奖励。

(2) 经营者实行年薪的,可根据完成清欠指标情况,按清欠指标回收率计发年薪。

(3) 对以物抵债完成清欠指标的单位,按照协议对当年变现回收或折现的现金部分给予奖励。

应将清欠工作指标纳入企业领导人员及相关人员考核体系,完成指标情况将作为企业领导人员及相关人员任用和奖惩的依据。

加强和完善对系统外人员参与清欠工作的管理。按照一次性奖励的原则，核定清欠指标、奖励标准，并签订清欠责任协议书。完善兑现审批程序、回收款入账和税务代缴代扣手续。

九、清欠制度建设

为处理好清欠、诉讼与企业整体利益及经营布局问题，妥善处理法律诉讼方式清欠与经营、当地政府和业主的关系。各企业应建立诉讼审批程序，明确审批权限，并建立诉讼案件备案制度，按标的额大小分别向上级主管部门报告备案。

要建立企业清欠回收资产（包括土地使用权、房屋所有权、股权、债券、债权等企业权益，汽车、设备等以物抵债的资产等）处置审批程序和管理制度。未经审批同意，任何人不得擅自处置企业清欠回收资产、让利处置债权、私分或个人使用以物抵债的资产。

非法人单位无权处置企业清欠回收资产。

对经过努力回收无望的拖欠工程款或经过诉讼判决确实无法执行的案件所涉及的债权，在事实清楚、分清责任的基础上，由企业组织财务、清欠机构、审计等有关部门研究提出核销意见，并按总公司财务管理规定办理核销手续。

按有关财务制度应核销的拖欠工程款，若仍有回收希望，可按照"销账不销案"的原则处理。

建立和完善清欠工作报告制度。各企业法定代表人应认真执行诉讼备案、处置清欠资产、核销呆坏账以及统计报表等审批、报告制度，对各种数据的真实性和准确性负责。

十、监督检查

各单位要建立清欠工作监督约束机制，注重部门之间、个人之间责任制衡关系，实现制度监督。

各级企业要全心全意依靠员工开展清欠工作，注意倾听员工意见和建议，充分发挥群众对企业法定代表人、党员领导干部和清欠责任人的监督作用。

各级党组织和纪检监察机关要充分发挥和履行监督、保护、惩处与教育的职能。对工程款回收、债务追索中发生的违纪违规乃至腐败行为严加惩处。对触犯刑律的应及时送交司法机关查处。

各级施工企业经营中的清偿债务工作，工业、房地产业、商贸业经营、投资等活动发生的应收账款回收工作可参照本办法执行。

勘察设计、实业开发、进出口贸易等单位可参照执行。

各单位结合本单位实际情况制定实施细则或具体操作办法。

第七章
中国资本市场的公司财务管理的资产管理方法

第七章
中国资本市场的公司财务管理的资产管理方法

本章以中国银河证券股份有限公司为例,来说明公司财务管理的资产管理方法。

第一节 固定资产管理办法

一、概述

为了规范公司固定资产、无形资产等(以下简称资产)的管理,确保资产安全、完整,提高资产的使用效益,根据公司《财务管理办法》《信息技术管理办法》等有关规定,制定本办法。

公司固定资产是指为经营管理、提供劳务或出租而持有的使用年限在一年(不含一年)以上的房屋建筑、电子设备、通讯设备、交通设备、办公设备和安防设备等,以及使用年限在一年以上、单位价值在2000元以上(含2000元)的其他实物资产。

公司的无形资产包括交易席位费、软件费、土地使用权等。本办法所称无形资产主要是指未随机购入的单位价值2000元以上(含2000元)的应用系统软件费支出。交易席位管理办法公司另行规定。

本办法适用于公司总部及各分支机构。

二、固定资产、无形资产等管理总体要求

(一)授权审批

公司对于新建、改扩建、采购等引起资产增加的行为,以及计提折旧、摊销及减值准备、对外出租、出借、出售、报废等引起资产减少的行为,应当制定相应的授权审批制度,各单位按规定申请、审批。

(二)职责分工

资产的购建申请与审批、购建计划的编制和实施、购建与验收、实物管理与会计记账等职责,应当分别由相应的部门或者个人承担,并确保不相容岗位相互分离、制约和监督。

(三)预算控制

各单位应编制资产的增减变动和运用资金的年度预算,纳入公司年度预算管理,各单位资产购建支出应在公司年度预算范围内据实列支。

(四)凭证记录

各单位应建立凭证和记录管理制度,保证资产的各项增减变动能及时如实入账反映。凭证包括资产购建审批表、验收单、内部调拨单等;记录包括固定资产实物台账、财务卡片账和总账、明细账等。

(五)实物管理

公司建立统一的固定资产编号和标签制度,各单位应进行不定期或者定期清查盘点,并相互核对实物与台账和财务卡片账,验证核实账面各项资产的真实性,监控固定资产的存放与使用情况。

三、资产分类

根据核算要求,公司固定资产按实物类别做如下分类。

1. 房屋建筑:是指各核算单位购建的营业用房。

2. 电子设备:是指各核算单位购建的服务器、网络设备、UPS电源、计算机等电子设备。

3. 通讯设备:是指各核算单位购建的卫星接收器、电话交换机、电话机等通讯设备。

4. 交通设备:是指各核算单位购建的汽车等交通设备。

5. 办公设备:是指各核算单位购建的打印机、复印机、空调机、传真机、投影仪、摄录器材等办公设备以及办公家具等。

6. 安防设备:是指各核算单位为安全防范所购建的包括消防系统、监控系统等在内的设备。

7. 其他设备:是指各核算单位未包括在上述分类中,符合固定资产确认条件的其他固定资产,如发电机等。

四、职责分工

公司资产负债管理委员会负责审定、分解、落实公司包括固定资产、无形资产等购建计划在内的年度资本性支出预算,并监督执行。

公司招投标决策委员会负责审定固定资产、无形资产等招投标项目的立项申请和招标类型,对投标单位准入、招投标过程和结果的合法性和合规性以及招投标项目验收等作出评定,并监督执行。

各职能部门的职责分工如下。

财务部门为资产的价值管理部门,总裁办公室(分支机构为综合部)、信息技术部门为固定资产的实物管理部门,具体使用和存放资产的部门为资产的使用和保管部门。其中,总裁办公室负责总部房屋建筑、交通设备、办公家具、安防设备的归口管理,信息技术部负责总部电子设备、通讯设备、办公设备(除办公家具外)、应用系统的归口管理,零售客户部负责分支机构固定资产的归口管理。

(一)财务部门职责

1. 建立健全公司资产管理制度。

2. 根据资产购建计划,编制年度资本性支出预算。

3. 审核并办理资产购建付款手续。

4. 负责资产的会计核算,对资产的购建、调拨、折旧、摊销、减值、报废等进行账务处理,建立固定资产卡片账。

5. 定期和不定期组织固定资产清查工作。

(二)实物管理部门职责

1. 建立固定资产实物管理制度,实行实物配置标准化管理。
2. 汇总各部门提出的资产购建申请,编制资产购建计划。
3. 根据按规定程序批准的购建计划,办理采购事项。
4. 办理资产的验收、入库、安装、分配、调拨、报废等相关手续,办理相关产权手续。
5. 登记固定资产实物台账。
6. 负责资产维护、修理、更新、报废的实施工作。
7. 做好实物资产清查工作,配合财务部门做好实物台账与财务卡片账的核对工作。

(三)使用和保管部门职责

1. 提出资产购建、维护、修理、更新申请。
2. 正确使用、保养和保管资产。
3. 配合财务部门、实物管理部门进行资产清查与盘点。

五、预算管理

各单位资产购建支出应纳入公司年度资本性支出预算。

1. 每年第四季度,各单位根据业务发展计划、营业网点布局调整、系统设备更新、配置标准等需要,编制本单位下一年度资产购建申请计划,上报各归口管理部门。

各单位对500万元以上预算项目应提供项目计划书、专项说明,5000万元以上特大型项目应附专家论证意见等。

2. 实物管理部门汇总并审核各单位上报的资产购建计划,在综合平衡基础上确定下一年度总体资产购建计划,报送财务会计部。

3. 财务会计部根据公司年度经营计划,在汇总、平衡和优化实物管理部门编制的下一年度资产购建计划的基础上,编制公司下一年度资本性支出预算,报公司资产负债管理委员会审议通过后,按规定程序报批。

应由公司统一实施的项目,由公司资产负债管理委员会确定预算责任单位或项目承办单位。

4. 经批准后的年度预算,由资产负债管理委员会分解下达到各归口管理部门,各单位资产购建支出应在下达的年度预算范围内,按规定程序审批后,据实列支。

5. 各归口管理部门应根据分解下达的预算,将预算责任落实到具体的单位、部门或责任人,采取积极有效措施,合理安排各项支出。

六、项目管理

凡年累计金额在50万元以上的同类型固定资产购建项目以及单项金额在20万元以上的软件购建项目,应实行项目管理和招投标制度,并实行集中采购,包括公司自主建设、合作建设及外包的项目。同一项目涉及多项资产、费用的,合并计算。

电子设备和应用系统项目建设应符合公司业务发展规划和信息技术发展规划,并确保项目建设符合在质量、进度及成本预算管理方面顺利实现项目的既定目标。

1. 项目立项

(1)组建项目组。项目启动前,应由预算责任单位或项目承办单位牵头组建项目组,项目组实行项目组长负责制,项目组长负责对整个项目进行管理和控制,负责资源分配、组内成员角色分工以及项目协调工作。项目组成员由业务部门、管理部门、技术支持部门的人员组成,必要时可聘请外部专家加入。业务部门成员要求为熟悉本部门或本业务流程及需求的专业人员;对信息技术含量较高、金额较大的项目,相应的技术支持部门应配备具有较强的计算机硬件、软件、网络、安全技术等方面能力的专业技术人员,成立技术小组,负责系统的技术选型、系统测试、安全试运行等有关工作。

对5000万元以上特大型项目或专业化程度较高的项目,经招投标决策委员会批准,可委托有资质的第三方实施项目管理。

(2)编制立项材料。根据业务需求,项目组要编制以下立项材料。

①项目可行性分析报告,内容包括项目背景、项目目的和意义、实施目标、项目效益分析、项目方案和计划、项目总预算和费用支出情况、设备清单、项目风险分析和规避方法等。

②项目需求说明书,内容包括系统功能需求、系统性能需求、运行环境需求、数据接口需求等。

③市场调研报告,内容包括同类产品对比、成功案例、场上实力对比、实施模式建议(外包、合作或独立实施)等。

④招标评分表,依据招标书规定的招标条件、技术说明书或中介服务说明书等的要求,以及投标文件提供的产品和服务的质量、价格、交货期、售后服务、备品备件供应、企业信誉等方面的因素,讨论确定招标评分表的评分项目和各评分项的权重。

(3)提出立项申请。项目组根据立项材料,填写《立项申请表》,正式提出立项申请,提交招投标决策委员会审议。

(4)招投标决策委员会审议通过并报总裁批准后,正式立项。

2. 项目招投标

对外包或合作实施的项目,按照公司《招标投标管理办法》进行招投标,项目组应协助起草相关招标文件。

3. 项目实施

项目招投标结束后,项目组应制订以下具体实施计划。

(1)与选定厂商进一步细化需求分析,经双方确认后签署《系统需求说明书》,作为采购、开发和验收的依据。

(2)项目交流与日常报告。项目实施阶段,项目组要与开发商或供应商保持密切沟通,对于重要问题需要集体讨论时或项目阶段总结时,项目组长应主持召开项目工作会议,会议交流结果形成项目会议纪要。项目组每周需填写项目情况周报。

(3)项目总结。当项目的目标已经实现,或者明确看到项目的目标已经不可能实现时,项目就应适时结束。项目一旦准备结束,项目组长应对已经完成的所有工作进行核查,查看计划的完成情况和进行了哪些计划外工作,确定遗漏了的工作和必需补齐的工作。项目组应及时进行项目总结,编写项目总结报告,整理全套资料。

4. 项目验收

项目完成后,项目组负责组织整理项目验收阶段的各种资料,做好项目产品的验收与交接工作,并出具验收报告,内容主要包括项目立项情况、项目实施情况、项目测试情况、项目费用支出情况等。验收报告应报公司招投标决策委员会审议。

(1)对应用系统的验收应提供下列材料:①对于公司自主开发的应用系统,验收时应提交下列最基本的文档:立项材料、立项批准材料、系统需求说明书、系统概要设计说明书、系统详细设计说明书、数据库设计说明书、源代码、系统功能及性能测试报告、系统安装维护文档、用户手册、项目验收报告。②对于合作开发或外包开发完成的应用系统,验收时应提交下列必备的最基本的文档:立项材料、立项批准材料、项目招投标材料、项目合同及附件、系统需求说明书、系统概要设计说明书、系统详细设计说明书、数据库设计说明书、源代码(按合同约定提供)、系统功能及性能测试报告、安全测试报告、系统安装维护文档、用户手册、项目验收报告等。

(2)对已达到可使用状态、但尚未办理竣工决算的在建工程项目,应转作固定资产进行管理,并在项目交付使用后的一个年度内办理竣工决算。

公司总部各项资产购建不足前述第九条规定金额的,按照本办法第六章规定进行购建。

分支机构在年度预算范围内累计金额2~50万元的资产购建,须上报零售客户总部,由分管零售客户总部的公司领导批准后执行。

各单位超出下达的年度预算范围内的资产购建,应事先报经总裁批准后进行。

七、资产购建

1. 资产购建申请

(1)资产使用部门根据业务需要提出资产购建申请,填写资产购建审批表,例如《总部电子设备采购审批表》,写明申请理由,提供必要的允许采购设备的相关依据,需采购的设备的名称、规格、标准、数量、时间要求等。

(2)实物管理部门根据购建申请,核实资产使用部门的资产需要量,按照内部审批流程出具审核意见,对一定金额以上的资产购建还应根据本办法第五章规定实行项目管理和招投标制度。

2. 设备采购

设备采购必须遵循公开、公平、公正的竞争和诚实、信誉、效率的服务以及维护公司利益的原则。

各实物管理部门应由专人负责采购管理,采购管理人员的职责如下。

(1)收集、汇总设备的供货信息,对设备的采购策略、选型等提出参考意见。

(2)汇集采购需求,根据市场价格调研情况,组织使用人员、维护人员、安全管理人员等相关人员与供货商进行商务谈判,确定采购价格,按时、按量、按质完成采购计划。

(3)严把采购质量关,货(价)比三家,选择性能价格比高、安全可靠的设备,必要时应选择样品供设备需求方审核定样。

(4)按规定与厂商签订设备采购合同,督促合同的正常履行,并催讨退货或索赔的款项。

(5)配合实物验收人、实物管理人做好设备验收、清点交接、入库登记等手续。采购中应做到票据齐全,票物相符。

(6)设备的质保书、产品维修及使用说明书、附带光盘等资料,应统一移交实物管理人或使用人保存。

(7)协助设备使用人妥善解决使用过程中发现的产品质量问题。

(8)记录并保存设备的采购信息,按要求提交设备采购分析和总结报告,归档相关资料。

3. 凭证记录

(1)资产购入后,实物管理部门应组织人员对购入的资产按照合同、协议、发票、货物清单等办理清点验收手续,主要对购入资产的规格、数量、性能、质量等方面进行验收,填写资产验收单,并出具验收报告。《固定资产验收单》应按下列要求填写:

①合同或签报号。合同号按公司统一规定的合同编号填写。

②购进日期。购进日期为实物管理部门收到固定资产验收入库的日期。

③资产编码,由单位名称(简写,如南京汉中路简写为 NJHZL;零售客户总部简写为 LSKHZB)—类别代码(二位)—购进日期(八位)—验收单编号(三位)组成(同一份验收单有多项(个、台、套)固定资产的,对单项资产的编码应再下挂数量序号)。资产编号格式举例如下:

电子设备:NJHZL - DZ - 20070911 - XXX(1/10)

通讯设备:NJHZL - TX - 20070911 - XXX

办公设备:NJHZL - BG - 20070911 - XXX

交通设备:NJHZL - JT - 20070911 - XXX

房屋建筑:NJHZL - FW - 20070911 - XXX

安防设备:NJHZL - AF - 20070911 - XXX

其他设备:NJHZL - QT - 20070911 - XXX

④资产名称:按实际购建的固定资产中文名称填写(购建清单或发票上应用中文名称标示所采购的实物名称)。中文名称应该是行业标准的应用名称。

⑤规格型号:指采购实物的有关行业通用规格、型号。

⑥资产类别:按上述7个类别填写。

⑦使用状况:指所采购的固定资产是否可以投入使用或处于在建状态,按"已正常使

用"和"在建工程"两类选择填写。

⑧使用部门:指实物管理部门将实物分配到具体的使用部门名称,如果没有分配使用,则填写本实物管理部门名称。

⑨计量单位:指采购实物用以计量的单位,如台、个、辆、件等。

⑩数量:指采购实物计量单位的多少,用阿拉伯数字填写。

⑪购进原值:指所采购固定资产的初始价值,应与发票和付款金额一致,若合同中包含多项采购固定资产,则应分别填列。

⑫使用日期:指使用部门领用投入使用的日期。

⑬供货商:指采购实物的供应商名称全称。

⑭付款日期及金额:指合同或协议项下每次办理付款的日期和金额。

⑮经办人或报销人签字:由办理付款的经办人或报销人签字。

⑯验收人签字:由办理固定资产验收的人员签字,确认以上事项。

⑰实物管理人:由负责固定资产实物台账的人员签字。

4.资金拨付

实物管理部门经办人填写《资金划拨单》或《报销单》,备齐发票、签报、招标会议纪要、合同、协议、资产验收单等原始单据,办理内部审批流程后,到财务部门办理资金划款手续。

财务部门主管会计审核无误后,递交财务部门负责人及分管领导审核。付款完毕后,主管会计在资产验收单签字,第二联返还实物管理人。

5.会计记录

财务部门根据划款单、发票、签报、合同等相关资料办理资产入账手续,登记资产财务账和卡片账。其中对购建的无形资产由财务部门进行项目辅助核算,并按原值、累计摊销、净值等分别记账,填列《无形资产明细表》,直至该项无形资产办理清理报废手续。

八、使用与保管

资产的使用和管理坚持公开、透明、实用、节约的原则,其中电子设备原则上实行零库存管理。资产使用和保管部门应按规定保管、使用和维护固定资产,承担使用和保管责任,按照谁用、谁管、谁负责保养的原则,把资产的保管、使用责任落实到使用人,把资产保管纳入岗位责任制。

使用部门领用资产时,需填制资产领用单,如《电子设备领用表》,到实物管理部门办理领用手续。

实物管理部门应在领用、安装固定资产时,在固定资产上加贴标签。

公司固定资产在各内部核算单位之间发生转移时,需填制《固定资产内部调拨单》,并由调出单位、调入单位负责人签字确认,双方财务部门、实物管理部门各保留一份存档。实物管理部门据以增减记固定资产台账;财务部门据此办理调账手续,内部调拨资产原则上按调出单位的账面原值、折旧、净值入账,若有特殊情况,由调拨双方协商解决。

公司对系统内财产实行统一保险,其中车辆保险由各单位自行办理。

电子设备的使用管理方法如下。

(1)公司电子设备实行使用人负责制,使用人对设备丢失或因不当使用造成的损坏负责。

(2)公司电子设备,必须按操作规程使用。

(3)严禁私自改变电子设备的硬件配置。

(4)电子设备使用中出现故障时,应立即与信息技术部门联系,不得自行处置。

(5)各单位应设立电子设备实物管理人,负责电子设备的实物管理。

(6)电子设备使用人变更或调离公司时,原使用人应及时向电子设备实物管理人办理注销手续。

(7)电子设备因配置变更导致账面价值变化时,电子设备实物管理人应及时向财务部门办理变更手续,并相应变更实物台账。

(8)电子设备的维修情况,应在实物台账中予以记录。

(9)各单位电子设备原则上不得外借,确因业务需要临时外借的,应经本单位负责人批准,并办理登记手续。保管责任由各单位经办人负责。

九、资产清查

各单位应当定期对各项资产进行清查盘点,每年至少一次。由财务部门牵头组织,实物管理部门、使用和保管部门共同完成资产的清查工作。

固定资产的清查工作,应按照如下步骤进行。

1. 财务部门编写固定资产清查方案。

2. 落实参加清查工作的人员,组成固定资产清查组。

3. 清查组相关人员核对固定资产实物台账和财务卡片账,使用和保管部门做好现场清点的准备。

4. 依据经过核对的实物台账,清查组到现场盘点实物资产。

5. 实物清查盘点完成后,编写固定资产清查报告。其中涉及盘盈、盘亏、损毁及报废事项的,由实物管理部门提出处理意见,财务部门出具审核意见。

6. 财务部门将清查报告和处理意见上报本单位分管领导。其中:

①总部盘亏、毁损固定资产原值 2 万元以下、报废固定资产原值 20 万元以下,实物管理部门应详细说明情况,提供证据,分清责任,提出处理意见,报分管财务会计部的公司领导审批后,办理相关手续。盘亏、毁损固定资产原值 2 万元以上、报废固定资产原值 20 万元以上,报总裁审批。

②分支机构累计盘亏、毁损固定资产原值 2 万~5 万元、报废固定资产原值 5 万~20 万元,应上报零售客户总部,由分管零售客户总部的公司领导批准后,办理相关手续。盘亏、毁损固定资产原值 5 万元以上、报废固定资产原值 20 万元以上的,报总裁审批。

上述对资产处置的审批,应符合《公司章程》的有关规定。

7. 依据经批准的清查处理意见,财务部门和实物管理部门分别调整各自的财务账、固定资产卡片账和实物台账。

盘盈固定资产,按增加固定资产办理入账手续,调增固定资产并记入以前年度损益。

固定资产盘亏,做固定资产清理处理,损失计入当期营业外支出。

固定资产毁损、报废且无使用价值,经过专业的质量检测、技术鉴定的,扣除残值、保险赔偿和责任人员赔偿后的余额,可确认为资产损失,计入当期营业外支出。

8. 报废固定资产的出售收入与清理费用相抵后的差额,冲减营业外支出或记入营业外收入。

十、资产减值

1. 固定资产减值准备

年末,各单位应判断固定资产是否存在减值迹象,并对存在减值迹象的固定资产进行减值测试,如因技术陈旧、损坏、长期闲置等原因,导致其可收回金额低于其账面价值的,应计提减值准备。其具体按下列情况分别处理。

(1)房屋及建筑物之外的固定资产,如果由于技术进步、损坏、长期闲置等原因,导致其已不可能给公司带来经济利益的,按固定资产报废方式进行固定资产清理。

(2)长期闲置不用,且市场公允价值低于该项房屋类固定资产账面净值的,按其市场公允价值低于账面净值的金额计提减值准备。

固定资产减值损失一经确认,在以后会计期间不得转回。

2. 无形资产减值准备

年末,各单位应对无形资产进行减值测试,如因新技术的产生等原因,导致其可收回金额低于其账面价值的,应当计提减值准备。其具体按下列情况分别处理。

(1)该项无形资产已被其他新技术所替代,或不再受法律保护,且已不能给公司带来经济利益的,直接报废转入当年损益。

(2)该项无形资产已被其他新技术所替代,使其为公司创造经济利益的能力受到重大不利影响或该项无形资产的市价在当年大幅下跌,在剩余摊销年限内预期不会恢复等,按预计可收回金额或按账面价值的50%孰低计量,或公允价值低于其账面价值的金额计提减值准备。

无形资产减值损失一经确认,在以后会计期间不得转回。

各单位计提减值准备,应出具确凿证据,经总裁批准后处理。

员工违反本办法规定的,按照公司《员工违法违规行为处罚规定》"违反财务管理规定的行为与处罚"分则、"违反信息技术管理规定的行为与处罚"分则以及"违反行政管理规定的行为与处罚"分则等执行。

第二节
无形资产的管理

21世纪,世界主要经济体都在寻求经济的升级与转型,西方发达国家由资本密集型向知识密集型经济的迅速转型,利用自身技术强大的创新实力保持领先地位。在这一过程中,企业加强研发投入以获得自己的知识产权,而知识产权又构成了无形资产最核心的部分。所以,无形资产在现代经济中的作用日益显现,无形资产在生产函数中的比重日益提高,并成为导致企业环境剧烈变化的重要因素之一。

本节从不同股票交易市场、板块分布特征、行业特征等方面揭示我国上市公司无形资产的现状。

一、上市公司无形资产总体描述

近年来,拥有无形资产公司的数量随着上市公司数量的增长而增长,由2007年的94.83%增长到2011年的96.20%,几乎达到了100%。无形资产总额的增长迅猛,从2007年的3014亿元增长到2011年的近10649亿元。从无形资产平均值这一项能够看出,单个企业拥有无形资产的数额呈递增趋势,2011年较2007年增长了112%,说明无形资产的重要性在一定程度上得到了市场的认可。

无形资产占总资产的比重仍相当小,从2007年到2009年虽呈现出增长趋势,但均不足5%,而固定资产比重却高达约30%。美国企业无形资产的比重平均达到20%左右,我国仅为美国的五分之一。美国很多高科技企业目前无形资产占总资产的比例达到了50%~60%,且仍呈上升趋势。目前我国大多数企业,包括很多高科技企业的资产结构仍然没有摆脱传统经济的特征。固定资产等有形资产在企业资产中仍占有较大份额,这与知识经济的时代特征是相悖的。面对入世后高新技术产业的激烈竞争,我国高科技企业无形资产的低水平现状应当引起高度重视。

第一,我国上市公司的无形资产占总资产的比重整体水平较低,集中分布在0~5%的区间,当这一比重超过5%,相对应的公司数量急剧下降;当无形资产比重超过10%时,相对应的公司数量再次大幅下降;超过30%的公司数量仅为1%左右。第二,无形资产占总资产的比重并未呈现出逐年递增趋势。在0~5%区间内的公司比重始终在70%附近徘徊,说明低比重公司的数量未下降,而比重超过5%的公司数量也未随时间推移而增长。

二、上市公司无形资产的板块分布特征

中小企业板和创业板上市公司多为高科技上市公司,无形资产是其重要的资产。因此,中小企业板和创业板上市公司在无形资产比重方面较其他公司更为突出。

创业板自2009年开板以来,无形资产总额增长迅速,2011年无形资产总量和单个公司的无形资产均值分别达到约142亿元、0.5亿元,增幅分别为3200%、323%。无形资产占总资产的比重也增长了近3个百分点。中小企业板2007—2011年之间,无形资产总额从96亿元增长到近751亿元,增幅为680%,平均值增幅为141%。

在无形资产比重方面,A股上市公司整体无形资产占总资产的比重大约在4.6%,创业板的这一比率由1.55%迅速增长至4.33%,中小企业板则始终维持在不到4%,均低于主板整体水平。从趋势上来看,除创业板表现出增势,A股整体以及中小企业板的无形资产比重并未显著增长。

创业板在无形资产方面增势迅猛,表现出了高科技企业的潜力,而中小企业板上市公司并未表现出"高""新"的特点。

三、不同股票交易市场上市公司无形资产的特征

拟上市公司都是"大去沪、小去深",本部分针对沪深两市的上市公司无形资产情况进行分析,研究不同企业规模与无形资产间的联系。

在无形资产的规模方面,沪市A股上市公司无形资产总额及单个公司的平均值都在上升,除了2010年占总资产的比重略有下降,其余年份均有增长。深市A股上市公司的无形资产总量及其占总资产的比重无论是与沪市还是与全部A股的平均值相比较,都处在较低水平;同时,无形资产占总资产的比重自2008年以来呈现出下降趋势。基于以上分析,以大型企业为主的沪市在无形资产规模及比重上都要强于深市。

四、上市公司无形资产的行业特征

机械设备仪表、电子业、信息技术业的无形资产占总资产的比重均值均低于全部A股(4.54%),而生物医药制造的这一指标均值比其他行业突出,达到了6.58%。作为高新技术行业,信息技术业和电子业在无形资产比重方面和增长趋势上都难以体现"高"和"新"的特点。

五、研究结论

我国上市公司无形资产总量和比重偏低,"科技立国"已迫在眉睫。拥有无形资产公司的数量随着上市公司数量的增长而增长,无形资产总额的增长迅猛。上市公司拥有无形资产的数额基本呈递增趋势。然而,无形资产占总资产的比重仍相当小,我国上市公司无形资产总量在2011年达到了10649亿元,占总资产的比重为4.73%,与英美等发达国家无形资产占总资产20%左右的比例相比,差距十分明显。

我国上市公司无形资产板块未表现出"高、新"技术的特点。中小企业板和创业板上市公司大多为高科技上市公司,无形资产是其重要的资产。从板块分布特征来看,中小企业板、创业板无形资产的总量及比重均低于A股整体样本,并未表现出"高""新"的特点。从增幅上看,创业板增长迅速,而中小企业板近年来未显现增长趋势。

在股票交易市场方面,沪市上市公司的无形资产状况总体上好于深市,单个公司无

形资产规模大于深市，无形资产比重也略高，呈递增趋势。而集中了创业板和中小企业板的高新技术企业的深市却未表现出高比例的无形资产。

我国上市公司无形资产的行业差距明显，信息技术业和电子业的技术创新能力偏弱。就行业方面，无形资产比重从大到小依次为：信息技术业3.94%，医药、生物制造6.58%，电子业3.74%，机械、设备、仪表3.91%。其中，信息技术业和电子业这两个典型的高新技术行业的无形资产比重过低。我国电子业和信息技术业正面临着制造能力上升，但技术能力提升缓慢的窘境，"无核心技术"已经成为限制行业发展的瓶颈。提高技术创新能力，掌握自主知识产权是解决这一矛盾的主要途径。

第八章 市场经济下公司财务报告框架

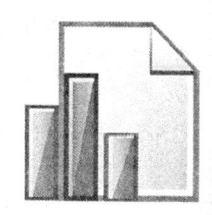

第一节
公司财务分析报告的形成阶段

财务分析报告的出发点都应定位在为股东财富的最大化目标服务,关注股东财富是否保值增值及如何实现保值增值,这与产业集团更加注重资产经营管理和配置、与成员企业更加注重业务运营和盈利能力大不相同,应避免陷入经营管理细节的分析中去。笔者从过去、现在和未来三个视角来设计企业集团的财务分析报告框架,以满足决策者的需求。

一、战略目标完成情况回顾

战略目标是指受托人(各责任单位)与委托人(集团总部)签署的目标责任书中承诺的绩效目标。其具体应分业务、分目标、分项目与承诺指标进行对比分析,总结过往完成情况,找出原因,发现差距,为战略年度内完成目标献计献策。具体包括以下几个方面的内容。

1. 各业务板块完成情况及解析

此处要分析清楚以下问题:(1)各业务板块完成了什么目标,完成了多少,绝对数和相对数皆可使用;(2)什么业务、什么目标没有完成,为什么没有完成,差距是什么、有多少;(3)本战略年度内继续完成目标的可能性和必要性,如果有必要且可能,就应建言如何确保继续完成;如果没有必要,则可调整战略目标。这里切忌啰嗦地与上年同期比较,也无须与同行业比较,只须与承诺或预期做比较。

2. 协调与影响分析

此处可包括:(1)横向协调,如分析各业务板块的收入或盈利贡献,分析关联交易定价对交易双方业绩的影响,协调各业务板块之间的得失以求得集团整体利益最大化等;(2)纵向协调,如分析收入完成情况对净资产回报率的影响,其目的是利用杜邦分析法的精髓追根溯源,找出驱动因素,以便对症下药。

3. 重点项目完成情况跟踪

重点项目是企业集团未来的生产力,有必要在实施开始就予以关注和跟踪,包括实施进度、实施效果、实施困难、实施风险及资金使用情况等,对实施的偏差、风险和困难及时提示,确保实施效果如期实现。

二、企业价值与风险分析

企业价值是该企业预期自由现金流量以其加权平均资本成本为贴现率折现的现值,体现了企业资金的时间价值、风险及持续发展能力,可以用 MVA(市场增加值)或 EVA

(经济增加值)来衡量,具体与投资回报、企业的增长、资本成本和资本结构密切相关。通过企业价值的同期比较分析和行业对标分析,来了解企业当前的价值创造状态和风险,发现影响企业价值创造和财务健康的不利因素,并提出改善建议。

1. 增长分析

增长分析不只是关心销售增长率和净利润增长率是否匹配并符合预期,更要聚焦于实际增长率和可持续增长率的匹配分析。如实际增长率大于可持续增长率,表明企业的发展遭遇现金短缺,此时可考虑通过提高财务杠杆、增加权益资本、剥离非核心业务、降低股利支付率、外包或兼并等措施来谋求财务平衡。反之,可以提高股利支付率、资本退出或利用多余现金投资成长性行业,也可继续投资回报率低的核心业务或是坐享闲置的现金资源。

2. 投资回报分析

投资回报分析的本质是价值创造端的分析,主要看企业的盈利能力、资产效率和税收负担是否能够支撑必要的投资回报水平,若不能支撑,则要看是投资失误还是经营管理不善,从而采取相应对策。具体可通过经营利润率、经营资产周转率、营运指数、实际税负等指标来与预期、上年同期或行业标杆进行对比分析,深入挖掘价值创造过程中出现的问题并加以应对。

3. 资本成本分析

资本成本的大小取决于债务资本的利率、权益资本的必要报酬率及两者的构成。资本成本分析首先是将其与投资回报比较,若投资回报高于资本成本,表明企业在创造价值,反之,企业在减损价值;其次是资源配置端的分析,若投资回报水平正常,企业仍在减损价值则表明资本成本可过高,此时应具体看问题出在筹资成本、筹资方式、筹资时机或筹资规模中的哪个方面,以便及时调整,在保持投资回报水平不降的前提下把资本成本降下来。

4. 资本结构分析

资本结构是指企业各种资本的投入构成及其比例。资本结构分析可以判断企业的再融资能力、偿债能力和偿债风险。具体可使用短期负债与经营性净现金流量比、有息负债比率、长期资本与长期资产比等指标来判断和构建最佳资本结构,从而降低融资成本,发挥财务杠杆调节作用,使企业获得更大的自有资本收益率。

三、财经环境与竞争对手跟踪

如果说企业价值与风险的分析可看成是企业内部环境的优势和劣势分析,那么财经环境与竞争对手跟踪就是对企业外部环境变化带来的机遇和威胁进行应对与识别。

1. 财经环境跟踪

财经环境包括国内外经济大势,宏观调控政策和产业政策,汇率、利率和税率,财金税法律法规等多方面。对其变化进行跟踪,就是要密切关注并据此分析判断其对企业集团整体或局部的未来经营业绩和价值创造的影响,以便及时应对,尤其是重大变化和根本性影响一定要未雨绸缪。

2. 竞争对手跟踪

企业竞争不再是产品或市场的竞争,更高层面的应是可持续发展能力的竞争,故有条件的企业集团应在财务管理方面跟踪竞争对手,分析判断产业竞争格局及自身位置,分析竞争对手的市场份额、资产配置和可持续发展能力等情况,为制定可行的竞争策略提供财务支持。

四、企业价值评估与财务资源配置

回顾战略目标完成情况对过去进行了总结,企业价值与风险分析对现状进行了评价,且与财经环境和竞争对手跟踪共同构成了SWOT分析,下一步就是对企业集团的未来进行展望和规划。

1. 企业价值评估

此处的企业价值评估与资产减值测试有相似之处,其实质是对企业价值进行减值测试,所不同的是后者会影响财务报表,而前者先直接影响战略决策。如果企业未来能继续创造价值,则应增加资本投入或大力发展业务,反之,则应逐步收回资本,维持或收缩业务。

企业价值评估虽是主观性很强的判断,但在西方国家取得了巨大成功,对我国企业资本运作同样有借鉴价值。在实践中,应当以上述SWOT分析为基础,针对不同对象选用不同方法进行评估,必要时可交叉采用多种方法同时评估。

2. 财务资源配置

基于企业价值评估的结果,作出资本流动的决策后,财务资源的合理配置必须配套。财务资源的合理配置以实现资本流动决策为目标,以量出为入为理念,以财务战略为基础,既要把存量财务资源配置好,也要合理获取增量财务资源并配置好。

五、财务预警与对策建议

这部分是整个财务分析报告的结论段,是报告精华和思想的浓缩。其具体应在前述四个部分详细分析的基础上进行提炼,把应当关注的尤其是涉及企业价值、资本流动和战略变革的重点问题和重大风险揭示出来,逐项有针对性的提出对策建议,必要时提出综合治理建议,使决策者能够关注到报告的价值。

第二节
中国经济环境及衍生的会计基本假设

一、概念

明确会计核算的基本前提是为了让会计实务中出现不确定因素时能进行正常的会计业务处理,而对会计领域里存在的尚未确知并无法正面论证和证实的事项所做的符合客观情理的推断与假设。

会计假设是指为保证会计工作的正常进行和会计信息的质量,对会计核算的内容、范围、基本程序和方法所做的基本假定。

企业在组织会计核算时,应遵循的会计假设包括持续经营假设、会计主体假设、会计分期假设和货币计量假设。

二、意义

受很多不确定因素的影响,会计工作所处的经济环境十分复杂。而会计基本假设是企业会计确认、计量和报告的前提,是对会计核算所处时间环境和空间环境等所做的合理假定。会计假设虽然有人为假定的一面,但是并不因此影响其客观性。事实上,作为进行会计活动的必要前提条件,会计假设是会计人员在长期的会计实践中逐步认识、总结而形成的,绝不是毫无根据的猜想或简单武断的规定。离开了会计假设,会计活动就失去了计量、记录、确认、报告的基础,会计工作就会陷入混乱甚至难以进行。

三、会计主体

会计主体是指会计工作服务的特定单位,是企业会计计量、确认和报告的空间范围。为了向财务报告使用者反映企业财务状况、经营成果和现金流量,提供与其决策有用的信息,会计核算和财务报告的编制应集中于反映特定对象的活动,并将其与其他经济实体区别开来,才能实现财务报告的目标。会计基本假设中界定了会计计量、确认和报告的空间范围的是会计主体。

法人(或称法律主体)可作为会计主体,但会计主体不绝对是法人。在会计主体假设下,企业应当对其本身发生的交易或者事项进行会计计量、确认和报告,反映企业本身所从事的各项生产经营活动,明确界定会计主体是开展会计计量、确认和报告工作的重要前提。

在会计工作中,明确会计主体,才能划定会计所要处理的各项交易或事项的范围。只有那些影响企业本身经济利益的各项交易或事项才能加以确认、计量和报告,那些不影响企业本身经济利益的各项交易或事项则不能加以确认、计量和报告。会计工作中通常所讲的资产与负债的确认、收入的实现、费用的发生等,都是针对特定会计主体而言的。

明确会计主体,才能将会计主体的交易或者事项与会计主体所有者的交易或者事项以及其他会计主体的交易或者事项区分开来。企业所有者的经济交易或者事项是属于企业所有者主体所发生的,不应纳入企业会计核算的范围,但是企业所有者投入到企业的资本或者企业向所有者分配的利润,则属于企业主体所发生的交易或者事项,应当纳入企业会计核算的范围。

会计主体不同于法律主体。法律主体必然是一个会计主体。例如,一个企业作为一个法律主体,应当建立财务会计系统,独立反映其财务状况、经营成果和现金流量。但是,会计主体不一定是法律主体。在企业集团的情况下,一个母公司拥有若干子公司,母子公司虽然是不同的法律主体但是母公司对于子公司拥有控制权,为了全面反映企业集团的财务状况、经营成果和现金流量,就有必要将企业集团作为一个会计主体,编制合并财务报表。由企业管理的证券投资基金、企业年金基金等,尽管不属于法律主体,但属于会计主体,应当对每项基金进行会计确认、计量和报告。

例如,某母公司有10家子公司,母子公司均属于不同的法律主体,但母公司对子公司拥有控制权,为了反映由母子公司组成的企业集团整体的财务状况、经营成果和现金流量,就需要将企业集团作为一个会计主体,编制合并财务报表。

例如,某基金管理公司管理10只证券投资基金。一方面公司本身既是法律主体,又是会计主体,需以公司为主体核算公司的各项经济活动,以反映整个公司的财务状况、经营成果和现金流量;另一方面每只基金尽管不属于法律主体,但需要单独核算,并向基金持有人定期披露基金财务状况和经营成果等,每只基金也属于会计主体。

四、持续经营

持续经营是指会计主体的生产经营活动将无期限持续,在可以预见的将来不会倒闭进行结算。在持续经营前提下,会计确认、计量和报告应当以企业持续、正常的生产经营活动为前提。

企业是否持续经营,在会计原则、会计方法的选择上有很大差别。应当假定企业将会按照当前的规模和状态继续经营。明确这个基本假设,就意味着会计主体将按照既定用途使用资产,按照既定的合约条件清偿债务,会计人员就可以选择会计原则和会计方法。如判断企业会持续经营,就可假定企业的固定资产会在持续经营的生产经营过程中长期发挥作用,并服务于生产经营过程,固定资产就可以根据历史成本进行记录,并采用折旧的方法,将历史成本分摊到各个会计期间或相关产品的成本中。如判断企业不会持续经营,固定资产就不应采用历史成本进行记录并按期计提折旧。

五、例外情况

当有确凿证据(如破产公告的发布)证明企业已不能再持续经营的,该假设会自动失效,此时企业将由清算小组接管,会计核算方法随即改为破产清算会计。

例如,某企业购入一条生产线,预计使用寿命为10年,考虑到企业将会持续经营,可以假定企业的固定资产会在持续经营的生产经营中长期发挥作用,并服务于生产经营过程,即不断地为企业生产,直至生产线寿命结束。为此,固定资产就应根据历史成本进行记录,并采用折旧的方法,将历史成本分摊到预计使用寿命期间生产的相关产品成本中。

如果一个企业在不能持续经营时还假定能够持续经营,并仍按持续经营的假设选择会计确认、计量和报告原则与方法,就不能客观地反映企业的经营成果、财务状况和现金流量,会误导会计信息使用者的经济决策。

六、会计分期

会计分期是指将一个企业持续经营的生产活动划分为一个个连续的、长短相同的期间。会计分期的目的,在于通过会计期间的划分,将持续经营的生产经营活动划分成连续、相等的期间,按期编报财务报告,据以结算盈亏,从而及时向财务报告使用者提供有关企业财务状况、经营成果和现金流量的信息。

在会计分期假设下,企业应当划分会计期间,分期结算账目和编制财务报告。会计期间通常分为年度和中期。中期是指短于一个完整的会计年度的报告期间。

根据持续经营假设,企业将按当前的规模和状态持续经营。无论是企业的生产经营决策还是投资者、债权人等的决策都需要及时的信息,都需要将企业持续的生产经营活动划分为一个个连续的、长短相同的期间。分期确认、计量和报告企业的经营成果、财务状况和现金流量,明确会计分期假设的意义非常重大。由于会计分期,才产生了当期与以前期间、以后期间的差别,才使不同类型的会计主体有了记账的基准,进而出现了摊销、折旧等会计处理方法。

七、货币计量

货币计量(Monetary Measurement)是指会计主体在财务会计计量、确认和报告时以货币计量反映会计主体的生产经营活动。

货币计量是指企业在会计核算中要以货币为统一的主要的计量单位,记录和反映企业的生产经营过程和经营成果。会计主体的经济活动是错综复杂、多种多样的。为实现会计目的,必须综合反映会计主体的各项经济活动,这就要求有一个统一的计量尺度。在会计的确认、计量和报告过程中之所以选择货币为基础进行计量,是由货币的本身属性决定的。货币是商品的一般等价物,是衡量一般商品价值的共同尺度,具有流通手段、价值尺度、贮藏手段和支付手段等特点。其他计量单位,如长度、重量、容积、台、件等,只能从一个侧面反映企业的生产经营情况,无法在总量上进行汇总和比较,不便于会计计量和经营管理。只有选择货币尺度进行计量才能充分反映企业的生产经营情况,所以,基本准则规定会计计量、确认和报告选择货币作为计量单位。会计在选择货币作为统一的计量尺度的同时,要以实物量度和时间量度等作为辅助的计量尺度。

要实际进行会计核算,除了应明确以货币作为主要计量尺度之外,还需要具体确定记账本位币,即按保种统一的货币来反映会计主体的财务状况与经营成果。货币计量隐含币值稳定假设。

货币计量包括两层含义。一是会计核算要以货币作为主要的计量尺度,会计法规定会计核算以人民币为记账本位币,业务收支以人民币以外的货币为主的单位,可以选定其中一种作为记账本位币,但是编报的财务会计报表应当折算为人民币。在以货币作为主要计量单位时,有必要也应以实物量度和劳动量度作为补充。二是假定币值稳定,因为只有在币值稳定或相对稳定的情况下,不同时点上的资产价值才有可比性,不同期间的收入和费用才能进行比较,并计算确定其经营成果,会计核算提供的会计信息才能真实反映会计主体的经济活动。

货币计量的特点如下。它利用通用的货币计量单位进行全部的计量活动,计量结果可以相加、相乘、相减、相除,从而得到会计报告,并能够对其做进一步的分析。很多影响企业的活动很难或无法用货币来计量,如企业成员或雇员的知识、技能都有很高的价值,但却无法用货币对其准确计量。客户的忠诚能保证企业的未来收益,但在过去的报表中只反映了过去已实现的收益。虽然会计中使用了货币计量概念,但经理人也不能期望从会计报告中获得企业各种要素的全景图。另一方面,在货币计量的背后隐含着币值不变的假设。会计业务中常常将不同时点的货币金额进行汇总比较,这是以币值不变为前提的,这在实际生活中受到持续通货膨胀的冲击,为解决这一问题,现在已诞生了通货膨胀会计。

第三节
财务报告的目标与财务报告信息的质量特征

财务报告目标是指提供财务信息或编制财务报告(财务报表)的目标或目的。它是财务会计概念框架中的最高层次,对会计发展起着导向作用。

一、财务报告的目标

财务报告的目标是向财务报告使用者(包括债权人、投资者、政府及其有关部门和社会公众等)提供与企业经营成果、财务状况和现金流量等有关的会计信息,反映企业管理层受托责任履行情况,有助于财务报告使用者作出经济决策。

财务会计作为对外报告会计目的是为了通过向外部会计信息使用者提供有用的信息,以反映企业财务信息,帮助使用者作出决策。承担这一信息载体和功能的便是企业编制的财务报告,它是财务会计确认和计量的最终成果,是沟通企业管理层与外部信息使用者之间的桥梁和纽带。因此,财务报告的目标定位非常重要。

财务报告的目标定位决定着财务报告应当向谁提供有用的会计信息,应当保护谁的经济利益。这既是财务报告编制的出发点,也是企业会计准则建设与发展的立足点。因此,需要清楚界定企业财务报告的使用者,这些使用者进行什么样的经济决策,具有哪些特征,在决策过程中需要什么样的会计信息等。在这种情况下,财务报告"按需定产",为使用者提供有用信息,不仅可以有效地调和企业管理层与外部信息使用者之间的关系,还可以降低资金成本,提高使用者的决策水平与质量,提高市场效率。

财务报告的目标定位决定着财务报告所要求会计信息的质量特征,决定着会计要素的确认与计量原则,是财务会计系统的核心与灵魂。

财务报告目标有经管责任观和决策有用观两种:在经管责任观下的会计信息强调可靠性,会计计量主要采用历史成本;在决策有用观下的会计信息强调相关性,会计计量在坚持历史成本外,如果采用其他计量属性能够提供更加相关信息的,会较多地采用除历史成本之外的其他计量属性。因此,财务报告的目标定位直接决定着整个财务会计系统的构造,包括会计要素的计量、确认和报告等诸方面。

财务报告的目标定位决定着财务会计未来发展的方向。

财务会计作为反映经济交易或者事项的一门科学,从来都是随着经济环境的变化而不断演化的,尤其随着现代公司制的建立、资本市场的发展和技术革新的加剧,财务会计理论和实务更是以惊人的速度发展,会计准则的发展与变化也是日新月异,国际国内的实践都证明了这一点。美国会计准则在发展早期目标不明,后来逐渐认识到财务会计概念框架尤其是财务报告目标的重要性,因此,美国财务会计准则委员会于20世纪70年代末、80年代初先后发布了4项财务会计概念公告,其中,第一项概念公告即为《财务报告的目标》。对财务报告目标的清晰定位使多年来美国关于财务报告目标的争论和财务会计发展方向问题尘埃落定,也催生了美国会计准则数十年的繁荣与发展,为美国资本市场的长足发展打下了扎实基础。我国从传统计划经济条件下的会计信息主要服务于国家宏观经济管理的需要,到随着我国市场经济的发展和完善,在基本准则中将财务报告目标明确定位,从而为各项会计准则的制定奠定了良好基础,也为未来财务会计的发展和会计准则体系的完善确立了方向。

2006年2月15日,中国财政部颁布了经过修订的新的《企业会计准则》。新准则的颁布意味着我国的会计规范又在进行一次大的变革。其中,在《企业会计准则——基本准则》中首次提出了我国财务报告的目标,规定政府和其他市场主体成为了"平等的信息使用者",这次改革是我国会计基础理论根据现代经济环境进行的调整。

新旧准则对财务报告目标的相关规定如下。

旧的基本准则第二章第二条规定:会计信息应当符合国家宏观经济管理的要求,满足企业内部经营管理的需要,满足有关各方了解企业财务状况和经营成果的需要。新的基本准则第一章第四条规定为:财务会计报告的目标是向财务会计报告使用者提供与企业财务状况、经营成果和现金流量等有关的会计信息,反映企业管理层受托责任履行情况,有助于财务会计报告使用者作出经济决策。财务会计报告使用者包括债权人、投资者、政府及其有关部门和社会公众等。

旧基本准则对会计目标的规定主要强调满足国家宏观经济管理的需要。新的会计准则中对于财务报告目标的规定,可归纳为两个要点:第一,财务报告主要提供与企业财务状况、经营成果和现金流量有关的会计信息;第二,这些信息反映企业管理层受托责任的履行情况,有助于使用者作出经济决策。

会计目标界定中有"受托责任观"和"决策有用观"两个代表观点。

"受托责任观"形成于公司制盛行期,其发展与公司制和现代产权理论的发展息息相关。按照产权理论,财产所有者将财产委托给受托者,要求受托者对财产进行妥善的保管并使其增值;受托者接受委托者的委托,获得财产的自主经营权和处置权,并负有向委托者报告受托责任履行情况的义务,基于财产所有权上的受托责任便得以确立。"受托责任观"的主要观点是:会计的目标是以恰当的方式有效反映资源受托者的受托责任及其履行情况。它将会计人员看作是处于委托者和受托者间的中介角色,强调编制财务报表依据的会计准则和会计系统整体的有效性。会计信息的提供立足于过去,以经营业绩为主。

"决策有用观"的产生依托于资本市场的发展。在资本市场中,股份公司的股权分散广泛,所有权关系淡化,所有者和经营者不是直接地进行沟通与交流,使得委托代理关系变得模糊,极其分散的投资者不可能行使一般意义上的管理,市场投资者不是关心企业的资本保值和增值,而是更关注股票行情,即资本市场的平均风险和报酬水平以及企业可能的风险和报酬。如果经营者的业绩不令人满意,所有者不是更换经营者,而是通过资本市场直接卖出其拥有的股份,并购入其认为有利的股权,从而使得资源受托方将管理的中心,从有效的管理受托资源转向最大限度地在资本市场上树立良好形象。"决策有用观"的主要观点是:会计目标在于向信息使用者提供有助于经济决策的数量化信息,它最为关注的信息是未来现金流量的金额、时间分布和不确定性。它强调的是会计人员和信息使用者之间的关系,不强调信息使用者与公司经济活动之间的关系,强调的是财务报表的有用性,而不编制报表所依据的会计准则和会计系统整体的有用性。

在西方的概念框架中,上述两种观点经常有争议。国际会计准则委员会(ISAC)认为:财务报表的目标应同时满足提供对决策有用的信息;反映管理当局受托责任的履行情况。美国财务会计准则委员会(FASB)是"决策有用观"的支持者,在美国 FASB 中关于企业财务报告的目标的规定中,财务报表的目标就只提供使用者进行经济决策,但同时把反映管理当局受托责任的履行情况的评估也列入经济决策的内容。

我国基本准则中对于财务报告的规定参考了 ISAC 的编报财务报表的框架,但没有完全照搬,而是把财务报告提供的与企业经营成果、财务状况和现金流量有关的会计信息定为两个用途,而且把反映企业管理层的受托责任放在目标的第一位,强调会计信息的可靠性,与国际上普遍强调会计信息的相关性有差别。

在我国现阶段,考虑到我国现行的经济环境,将会计目标定位于向委托人报告受托责任的履行情况是比较恰当的。我国目前的经济环境处于一个过渡时期,初步建立了资本市场,但资本市场处于弱势,各种机制尚不健全,而且国有股一股独大,流通股所占比例偏低。我国实行产权制度改革后,受托责任关系将主要通过国家授权的机构与企业经营者直接接触形成,资源的委托方与受托责任明确,可以清楚地辨认。所有这些,使我国的会计目标具有特殊性:会计目标应当是强调会计信息的可靠有用,反映企业管理层受托责任的履行情况,满足投资者、债权人等使用者对会计信息的需求。

受托责任观的会计思想在相关的企业会计准则具体准则的制定中有所体现。如《企业会计准则第12号——债务重组》规定债务重组利得可以计入当期损益,就是受托责任观的体现。因为债务重组利得毕竟是债权人而不是所有者作出的让步,过去将其不经过损益表直接计入资本公积,是将会计主体(受托人)与所有者(委托人)的经济行为混为一谈,现将其直接计入损益,明晰了两者的关系。

新时期财务报告目标的革新已成事实,这必将带来对会计理论及实务框架做相应变革的客观需求。对于现行的会计理论及实务框架的改革,是一个非常复杂且异常艰巨的系统工程,在短时期内不会一蹴而就。但对现行会计理论及实务框架的重建,以及对会计核算的一般原则的革新已是不可逆转的趋势。建立新原则,寻求新框架,我们应该积极努力探索。

二、财务报告信息的质量特征

1. 真实性。所谓真实性就是要如实表达。

2. 可靠性。可靠性是指会计信息必须是客观和可验证的。而可靠性取决于真实性、可核性和中立性。

3. 可核性。所谓可核性是指信息可经得住复核和验证。

4. 中立性。所谓中立性是指会计信息应不偏不倚、不带有主观成分,将真相如实地和盘托出,结论让用户自己去判断。

5. 相关性。相关性是指会计信息与信息使用者所要解决的问题相关联,即与使用者进行的决策有关,并具有影响决策的能力。相关性的核心是对决策有用。一项信息是否具有相关性取决于是否具有预测价值和反馈价值。

6. 反馈价值。一项信息如果有助于决策者验证或修正过去的决策和实施方案,即具有反馈价值。

7. 预测价值。如果一项信息能帮助决策者对事项的可能结果进行预测,则此项信息具有预测价值。

8. 可理解性。可理解性是指会计信息必须能够被使用者所理解,即会计信息必须清晰易懂。

9. 重要性。重要性要求企业"在会计确认、计量过程中对交易或事项应当区别其重要程度,采用不同的核算方式"。

10. 可比性。可比性是指一个企业的会计信息与其他企业的同类会计信息尽量做到口径一致,相互可比。

11. 实质重于形式。实质重于形式要求"企业应当按照交易或事项的经济实质进行会计确认、计量和报告,而不应当仅仅按照它们的法律形式作为会计确认、计量的依据"。

12. 谨慎性。谨慎性要求企业在进行会计确认、计量时,"不得多计资产或收益,少计负债或费用,不得计提秘密准备"。

13. 及时性。所谓及时性是指信息应在对用户失效之前提供给用户。

三、财务会计信息质量的研究综述

会计信息最基本的质量特征就是决策有用性,会计信息是决策者进行决策的重要依据之一,会计信息的质量直接关系到决策者的决策及其后果,如何提高会计信息质量,是会计理论界和实务工作者研究的重要课题之一。本书在学习财务会计信息质量的基础上,结合相关专家学者的观点,从质量特征体系、影响因素、存在的问题及解决对策等方面进行综述,并对"银广夏"事件做了简要分析。

(一) 财务会计确认的含义

会计确认是指依据一定的标准,辨认哪些数据能否输入、何时输入会计信息系统以及如何进行报告的过程。会计确认包括会计记录的确认和编制会计报表的确认。

会计记录时的确认,主要是解决会计的记录问题:对发生的经济业务,应辨认其是否为会计要素,应予在会计账簿中正式加以记录;对应予进行会计记录的经济业务,要确定其是属于哪一会计要素,在会计账簿中如何加以分类记录。编制报表时的确认,主要解决应为经济管理和报表使用者提供哪些会计核算指标,确认已记录和贮存在会计账簿中的会计数据哪些应列示在报表的具体项目中。进行会计确认,必须以会计确认的标准为依据。

会计确认的标准是指会计核算的特定规范要求。以认知论中的事实判断和价值判断作为认知工具,对会计确认的定义和含义进行再认识。会计确认是一个包含事实判断和价值判断的过程,可以细分为事实判断阶段、评价性价值判断阶段和规范性价值判断阶段,评价性价值判断阶段决定会计信息的相关性,事实判断阶段决定会计信息的可靠性,而规范性价值判断对前面的事实判断有着重要的影响。

会计确认是事实判断与价值判断的过程。这个过程从认识逻辑的角度可以细化为四个阶段(见图8-1):对经济现象进行真相还原阶段(事实判断——阶段1)、对经济真相按照一定会计程序进行确认阶段(事实判断——阶段2)、对会计信息按会计信息使用者的需要进行价值评价阶段(评价性价值判断——阶段3),以及对有用的会计信息进行特征提炼及规范化阶段(规范性价值判断——阶段4)。

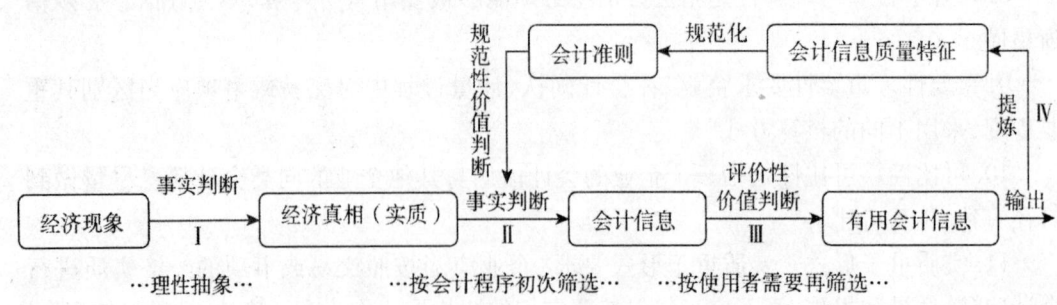

图8-1 会计确认

经济现象的真相还原为事实判断。经济真相的会计确认为事实判断,会计信息的价值评价为评价性价值判断,有用会计信息的特征提炼及规范化为规范性价值判断。会计确认的常规逻辑是:经济现象→确认经济真相→反映经济真相→满足需要→输出有用的会计信息。

我国对会计确认的研究始于20世纪80年代,其中最引人注目的是葛家澍教授所提出的观点。他认为:"所谓会计确认是指通过一定的标准,辨认应予输入会计信息系统的经济数据,确定这些数据应加以记录的会计对象的要素,进一步还要确定已记录和加工的信息是否全部列入会计报表和如何列入会计报表。"他同时还指出:"会计确认实际上要进行两次,第一次解决会计的记录问题,第二次解决报表的揭示问题。"由上述对会计确认的解释可见:①会计确认是以一定的标准为依据;②会计确认是针对一定的会计对象而进行的;③会计确认的最终目标是要进入财务报表。其中,葛家澍教授明确提出会计确认包括初始确认和再次确认。

会计确认是为了保证财务会计报表所提供的信息符合会计目标、信息质量要求,即为了保证提供一份高质量的财务报表。"确认"有广义与狭义之分。广义的确认是将某一交易事项,从审核(辨识)其原始记录(发票)开始,中间经过用会计要素定义衡量分析,凡符合要素定义者,按复式簿记的要求,填制会计凭证(会计分录),并据以记入有关明细账、总账,月末结账后,再按会计制度、准则要求,将账簿记录中的数据直接和(或)间接(加工处理)计入财务会计报表内的全过程。狭义的确认应该是将经过会计记录的数据,根据会计准则的要求(确认标准),经过"辨识"后,在财务报表中予以列报,并保证其在财务报表中的信息符合会计目标、信息质量要求。

(二)财务会计计量的含义

会计计量是在一定的计量尺度下,运用特定的计量单位,选择合理的计量属性,确定应予记录的经济事项金额的会计记录过程。会计计量包括计量单位、计量尺度、计量对象和计量属性。其中,计量属性是指计量客体的特征或外在表现形式。不同的计量属性,会使相同的会计要素表现为不同的货币数量,从而使会计信息反映的财务成果和经营状况建立在不同的计量基础上,即建立在选用不同的会计目标上。会计计量亦是用货币或其他量度单位计量各项经济业务及其结果的过程。其特征是以数量(主要是以货币单位表示的价值量)关系来确定物品或事项之间的内在联系,或将数额分配于具体事项。

四、研究目的与意义

会计计量贯穿于财务会计过程的始终,是财务会计的核心内容,是会计理论和方法体系中的一个重要内容。而会计计量属性是会计计量模式的基础,直接关系到会计计量模式的运行效率。

会计计量是以货币计量单位实施的价值计量,这就决定了会计计量属性必须是计量客体能够用货币单位测定或计量的方面。随着会计和经济的发展,会计计量的内容日益丰富,范围逐渐扩大,会计计量的技术逐渐完善、发展和提高,会计计量的作用在会计信息系统中占有重要的地位,把握当代会计发展方向,要探索会计理论发展规律,研究会计理论和方法,就离不开研究会计计量和会计计量属性,因此研究会计计量属性具有重要意义。

会计准则的目的之一是反映企业经济真实性。在后趋同环境下,会计确认与计量应当以什么方式反映经济现实、服务经济目标,是会计确认、计量基本理论研究所首要面对的问题。

传统会计注重程序的公允、以事实为基础,侧重于预测信息的保护,而现实要求会计更多地以预测为基础、强调结果的公允以及对预测信息的披露,传统财务会计许多理论、理念和方法恐怕已不能满足经济现实的需要。因此,在后国际金融危机时代背景下,会计准则的发展和国际趋同更迫切需要基本理论的创新与支撑。

"会计准则后趋同时期观"的提出者曲晓辉教授,从多方面分析了会计准则全球趋同全景图的特点,指出世界经济格局重构、金融危机爆发后,国际金融监管框架经历了重大改革。国际财务报告准则制定的政治化趋势明显,很多政治、经济利益势力卷入到会计准则制定之中,使未来的准则发展方向更加复杂。

由会计确认整个过程的分析可见,高质量的会计信息应具备两个特征,即能够如实地反映经济真相、能够满足会计信息使用者的需要。

在讨论的基础上,与会者一致认为,会计确认与计量是从它所服务的外界环境中逐渐形成、不断演进并反映它所服务的环境的。中国新兴市场和转型经济的国情具有很多自己的特殊性,我们应当立足中国的实际情况,坚持"深入联系中国特定经济、政治、法律环境和利益相关者需要"的观念,合理吸收国际财务报告准则包括美国会计准则的先进成果,以原则导向为基础,兼顾程序公允和结果公允,明确经济实质,兼顾会计确认与计量发展趋势和现实可行性,进行高屋建瓴式的概念框架建设,以及虚拟经济时代新的交易和事项的会计确认与计量基本问题研究,力争在会计信息功能、公允价值的是与非、会计确认与计量的逻辑前提等方面取得突破性进展,产出一些具有原创性的会计理论成果,为制定国际财务报告准则和适合中国的会计准则提供理论指导,为中国经济的良好发展提供有用的财务信息。

五、财务会计的确认标准与确认基础

(一)财务会计的确认标准

会计的确认与计量是对经济业务涉及的物体或事项,根据会计政策所作出的定性与定量的处理。确认与计量均存在四个阶段(类型)。确认的基本标准可归纳为可定义、有量度的特征并可以货币计量、合法、可靠和相关。会计计量还必须考虑量的属性、量的单位和量的单位量值。

会计确认是根据环境、条件和会计政策,按照一定标准,对经济业务所涉及会计具体对象的性质与关系所进行的认定。确认是将事项作出记录并列入财务报表的过程,也就是从对经济业务制记账凭证开始到编出会计报表为止的过程。

由于会计确认的重要性,美国财务会计准则委员会在第5号财务会计概念公告中不仅给确认下了较为完整的定义,而且还提出了确认的基本标准,具体内容如下。

(1)可定义。确认对象应符合会计要素及会计科目内容。

(2)有量度特征并可以货币计量。确认对象应具有足够可靠和相关的量度特征,并可以用货币形式计量。

(3)合法。确认在可定义和可计量的前提下,必须要合法。

(4)可靠。在初始确认阶段,也就是会计的原始记录必须真实且应符合预算和计划;再确认阶段,任何非确认当事人只要采用规范的同一会计政策和方法都是可能得到结构一致的验证;输出信息确认阶段,会计报表输出的信息必须符合财务通则、会计准则和信息揭示要求。

(5)相关。相关指经确认的会计信息必须有用。

(二)财务会计的确认基础

会计确认应当满足的条件为可计量性、可定义性、相关性和可靠性。会计确认的特征包括:从确认的程序来看包括初始确认和再确认两个步骤;确认的目标是要进入财务报表;对于任何一个项目的确认必须同时满足四个条件。

无论从财务会计的理论还是实务来看,可选择的会计确认基础一般只有两个,即权责发生制和收付实现制。

要想改进财务会计确认基础,必须重新界定会计要素的定义,明确最有效的计量属性,协调好相关性与可靠性的关系。从现行的财务会计实务来看,财务会计的确认基础应当是权责发生制与收付实现制的融合。

权责发生制是以收益和费用是否发生为标准来确定收益和费用。凡属于本期的收益和费用,不论其款项是否收付,均作为本期的收益和费用处理;反之,不属于本期的收益和费用,即使款项已在本期收付也不作为本期的收益和费用处理。权责发生制是以权利的取得和责任的承担作为确认收益和费用的基本标准,即取得收取货款的权利或承担费用的责任就可确认收益和费用。

所谓收付实现制是以款项的实收实付为计算标准来确定本期收益和费用,凡是本期收入的收益款项和付出的费用款项,不论是否属于本期的收益和费用,均作为本期的收益和费用处理,期末不需要对收益和费用进行调整。收付实现制以实际收付现金作为确认收益和费用的基本标准。

六、财务会计计量属性

会计计量属性是指会计要素可用财务形式定量化的方面,即能用货币单位计量的方面。会计要素同样可以从多个方面予以货币计量,从而有不同的计量属性。如资产可以用历史成本、重置成本、可变现净值等进行计量。

FASB 第 5 号财务会计概念公告《企业财务报告的确认和计量》和我国《企业会计准则——基本准则》都提出了历史成本、现行成本、可实现净值、未来现金流量、现值 5 种计量属性。FASB 认为:"每一个财务报表要素都有多种属性可以计量,而在编制财务报表之前,必须先确定应予以计量的属性。"

计量是由计量尺度和计量属性两个部分构成的,在会计的理论和实务上,除非一个国家或地区发生恶性通货膨胀,计量尺度都是这个国家或地区的名义货币。在计量中,需要研究的是计量属性。

在财务会计程序中,确认和计量最为重要。有的会计学家说,"会计计量是会计系统的核心职能"。其实,确认也是核心职能,但确认离不开计量。

历史成本只能用来初始计量并供以后各期进行摊销和分配;用历史成本计量,不存在后续计量问题。现行市价、现行成本、可实现净值既能用于初始计量,又要在后续时期重新计量。现金流量的现值只用于按上述计量属性初始计量后的摊销,它属于一种摊销方法。

在市场经济中的公允价值,是可以观察到的、由市场价格机制所决定的市场价格,市场价格是市场交易各方承认和接受的。历史成本就是过去的市场价格,现行成本是当前的市场价格,它们都是用于会计计量,由市场价格转化的形式。因此,为了真实公允地进行计量,市场价格应是会计计量中的基本计量属性。

计量属性(亦可称计价标准、计价特征)是被计量对象在货币量度方面所采取的不同表现形式。现行会计惯例一般使用的计量属性,我们可以将其归纳为六种:①现金收支现值:是所有者权益、负债和费用发生时的现金数额或其他等值;②原始成本:是取得资产时所支付或应计的款项;③现行市价(亦称脱手价值):是在正常销售资产和提供劳务等而发生的收入额;④现行成本(亦可称重置成本、现时投入成本):是为重新购买或重新制造已有资产的市场价格或成本;⑤可实现净值(亦称预期脱手价值):是拟放弃资产在变现中所能实现的现金数额及其等值;⑥未来现金流入现值(亦称资本化价值):是指资产或负债在正常经营中可望变换成未来现金的现值。

会计确认与计量基础一般可区分为现金基础、应计基础和混合基础。①现金基础亦称现金收付实现制,是以现金的收付为标准,对经济业务所涉及的现金作收入与费用处理的一种会计基础。②应计基础亦称权责发生制,是以权利和责任是否发生为标准,对经济业务所涉及各要素和科目作出有关处理的一种会计基础。③混合基础是对经济业务的处理既有权责发生制性质,也有现金收付实现性性质的一种会计基础。

会计信息是经过计量、确认、记录和报告等程序产生的。会计计量的关键在于计量属性的选择,它对会计信息质量起着十分重要的作用。在新企业会计准则采用多重计量属性的背景下,会计计量属性的选择应重点考虑宏观经济环境、企业经营性质、投资者和经营者利益、使用成本、会计人员的素质等因素。

《企业会计准则——基本准则》规定的计量属性包括重置成本、历史成本、可变现净值、现值、公允价值五种。各种计量属性的特征如表 8-1 所示。

表 8-1 会计计量属性及特征

会计计量属性	持有动机	时点	操作性	会计信息质量特性	
				可靠性	相关性
历史成本	取得	过去	易↓难	强↓弱	弱↓强
重置成本	购买	现在			
公允价值	买卖双方意愿	现在			
可变现净值	销售	现在、未来			
现值	持有并继续经营	现在、未来			

第八章 市场经济下公司财务报告框架

新会计准则体系在计量属性上要求大多数经济业务应当采用历史成本计量,如确有必要采用重置成本、可变现净值、现值、公允价值计量的,应当保证所确定的会计要素金额能够取得并可靠计量。无论是基于会计信息的有用性,还是基于财务会计反映真实历史的职能,历史成本计量属性都是最佳的选择。除了历史成本以外,其他的计量属性一般都同过去的交易和事项无关,都不能单独地成为财务会计的计量属性。

财务会计的计量主要是指在财务报表内确认的会计信息,既用文字说明又须用货币金额表示,即用货币计量。在表外披露的信息,可以是定性的信息,也可以是既定性又定量的信息。

计量基础或计量属性则可以简单地理解为不同的时间内可以用来计量的不同方法。以货币计量来说,最基本的计量方法是市场价格(或交换价格)。市场价格或交换价格(因为市场价格是用来交换的)是会计计量的基础方法。如果区分"时间导向",即分为过去、现在和未来三个不同时间段,则有九种可按货币计量的基础或属性。如表8－2所示。

表8－2 货币计量基础或属性

基础	过去	现在	未来
Ⅰ.买入价(入账价)(entry price)	(1)过去的入账价(past entry price)	(4)当前的入账价(current entry price)	(8)未来的入账价(future entry price)
Ⅱ.脱手价(销售价)(Exit or selling price)	(2)过去的脱手价(past exit price)	(5)当前的脱手价(current exit price)	(9)未来的脱手价(future exit price)
Ⅲ.其他	(3)修订的过去数额(modified past amount)	(6)使用价值(value in use)	
Ⅳ.备选		(7)当前的均衡价(current equalitarian price)	

会计确认的标准是可定义性、可靠性、可计量性、相关性。符合确认必须是可以计量的,可计量性又成为了确认的前提。不可计量就谈不上确认,这就说明计量在会计系统中的重要地位。同时,计量又是记录和报告的基础,如果没有计量,已经确认的经济事项或交易也不可能以量化的金额进行记录,从而在会计报表中得不到反映。如果会计计量不准确,将直接影响会计信息的可靠性、相关性及有用性。因此,会计计量处于会计确认、会计记录与报告的中心位置。

2014年,我国修订的《企业会计准则——基本会计准则》中规定了可选用的会计计量属性。其中,历史成本、现行成本或重置成本为投入价值;现行市价、可变现净值、现值为产出价值;公允价值是各种计量属性的总称。笔者认为,从会计的本质及特点来看,其计量只能以投入价值进行计量,不能用产出价值计量,公允价值只能作为会计计量的基本原则,不能作为独立的会计计量属性。

计量属性也称计量基础,是指在财务会计核算体系中所必须定量或计量的某一经济交易或会计要素的特性或外在表现形式。由于会计计量客体往往有多种特性,因而会计核算可以从多方面按不同单位加以计量。在财务会计中,由于受会计对象和会计假设的限制,计量属性是指每一会计要素可以用货币形式定量化的方面。

一个完整的会计计量模式,除计量对象外,还包括两个要素:计量属性和计量单位。把计量属性和计量单位组合,就形成了可供选择的计量模式,如表 8-3 所示。

表 8-3 可供选择的计量模式

计量属性 计量单位	历史成本	现行成本	现行市价	可变现净值	未来现金流量现值
名义货币	历史成本/ 名义货币	现行成本/ 名义货币	现行市价/ 名义货币	可变现净值/ 名义货币	未来现金流量现值/名义货币
不变购买力	历史成本/ 不变购买力	现行成本/ 不变购买力	现行市价/ 不变购买力	可变现净值/ 不变购买力	未来现金流量现值/不变购买力

从理论上讲,存在着 10 种计量模式,但常用的或者有可能运用的只有 4 种:历史成本/名义货币、现行成本/名义货币、历史成本/不变购买力、现行成本/不变购买力。

现阶段要选择适应新形势的计量模式,不能单纯依据某一标准而定,而要考虑多方面因素相互交错、综合影响的结果。我们提出,应选择以历史成本/名义货币为主、多种计量属性并存的择优计量模式。

现阶段,我们应选择以历史成本/名义货币计量模式为主、多种计量属性并存的计量模式,并可以在报表以外,通过附注说明或其他形式,对物价变动等因素进行补充说明或进行相应的调整。

七、我国财务会计计量模式的选择

在会计计量属性的选择上,应当遵循以下一些原则:一是在相关性和可靠性之间进行权衡时要发挥会计准则的导向作用;二是选择的会计计量方法具备充分的可操作性和现实可能性,能为会计人员熟练掌握且不影响提供信息的及时性;三是遵循成本效益原则和重要性原则。

会计计量属性选择应考虑的因素:一是要考虑宏观经济环境;二是要考虑投资者和经营者利益;三是要考虑企业经营性质;四是要考虑使用成本;五是要考虑会计人员的素质。

会计计量属性的选择是受各种因素影响的,不能单纯依据某一标准来决定,每一报告期应选择使用本期关注信息要求的计量属性。

在运用多重计量属性时,应注意几个问题:一是同质性,即会计计量结果应与会计对象、会计报表项目以及会计主体的实际财务状况、经营成果及现金流量情况保持一致;二是可验证性,即不同会计人员对同一会计事项进行计量时应得到相同的结果,相互之间可以验证;三是一贯性,即会计计量方法前后期应尽量保持一致,不得随意变更,如果变更,则应在报表附注中披露变更的原因以及变更导致的累计影响金额;四是充分相关性,会计计量结果尽量满足"现有的和潜在的投资者、雇员、贷款人、供应商和其他的债权人、顾客、政府及其机构和公众"等一系列信息使用者的需求。

八、中外会计计量模式比较研究

会计计量有自己的模式,这个模式一般是由计量属性和计量单位构成。计量属性(也称计量基础)是指被计量客体的特征或外在表现形式,就是指会计要素可以进行量化表述的方面,如历史成本、现行成本等。计量单位是指计量对象就某一属性进行计量时,具体使用的标准量度,通常可供选择的量度单位有两种:名义货币计量单位和不变购买力计量单位。计量属性和计量单位的不同组合可以产生多种会计计量模式,如历史成本/名义货币、现行成本/名义货币、历史成本/不变购买力货币、现行成本/不变购买力货币等。由于当前世界各国的通货膨胀基本上得到了有效的控制,因而,名义货币成了世界各国流行的计量单位,这样,如果说目前世界各国在会计计量模式上存在差别的话,主要应该表现在对会计要素计量属性的选择上。

中外会计量模式上的差别主要表现为西方发达国家会计准则中体现出的公允价值思想比较浓厚,中国似乎更加青睐于历史成本。

公允价值要求以现行价值计量会计要素,对于一些难以用历史成本计量的经济业务以及历史成本经常出现波动的会计要素,应用公允价值计量无疑是最优的。但公允价值的取得毕竟比历史成本要复杂得多,技术上的操作也比较困难,难以获取的数据和难以操作的工艺可能反而会使公允价值计量的会计信息失去相关性,也失去可靠性。当客观条件不具备时,过多地使用公允价值计量属性可能会得不偿失,我国目前正处于这个历史阶段。笔者认为,我国难以像西方发达国家一样流行公允价值计量,至少在短时期内我国会计计量的目标还应该是历史成本。

九、银广夏事件案例分析

(一)公司发展概况

广夏(银川)实业股份有限公司(股票代码000557)公司前身为1992年成立的广夏(银川)磁技术有限公司,注册地址在宁夏回族自治区银川市,1993年5月开始进行股份制改组,以原公司及其他8家发起人的净资产与投资折为4400万股发起人股,1993年12月21日至12月26日,发行社会公众股2700万股,职工股300万股,总量3000万的普通股,发行价3.98元。"广夏(银川)实业股份有限公司"于1994年1月28日宣告成立,同年6月17日"银广夏A"在深圳证券交易所上市交易。因银广夏全资子公司天津广夏(集团)有限公司造假,2000年8月3日,中国证监会对广夏(银川)实业股份有限公司正式立案调查。

(二)与财务会计信息质量的关联性分析

银广夏1998—2001年间的财务信息存在隐瞒重大事项、披露虚假信息的事实,不符合财务会计信息质量特征中的实质重于形式、真实性、谨慎性、重要性等要求,错误的财务信息致使信息使用者的利益受到损害,也使得银广夏自身走向衰退。银广夏的财务问题是由《财经》杂志发现的,而负有直接监管职能的地方证管办并没有直接发现银广夏 A 的问题,表明加强我国的监管力量有助于提高会计信息质量。在 1998 年、1999 年、2000 年,负责银广夏财务报告审计工作的中天勤会计师事务所连续三年为其出具了无保留意见的审计报告,说明注册会计师等相关会计人员的职业道德和素质对会计信息质量的影响。

真实可靠的会计信息是保护投资人、债权人合法权益的工具,建立现代企业制度和国家制定宏观经济政策的依据。社会各方面尤其是会计人员都应该充分认识到真实会计信息的重要性、失真会计信息的社会危害性,力争向社会提供真实、可靠的会计信息。

第九章
上市公司财务报表分析

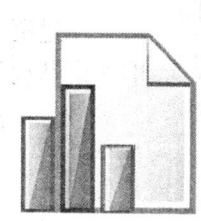

第一节
如何分析上市公司财务报表

一、对资产负债表的分析

资产负债表是反映上市公司会计期末全部资产、负债和所有者权益情况的报表。通过资产负债表,能了解企业在报表日的财务状况,长短期的偿债能力,资产、负债、权益和结构等重要信息。

(一)对资产负债表中资产类科目的分析

在资产负债表中资产类的科目很多,但投资者在进行上市公司财务报表的分析时重点应关注应收款项、待处理财产净损失、待摊费用和递延资产四个项目。

1. 应收款项

(1)应收账款。公司存在3年以上的应收账款是一种极不正常的现象,这是因为在会计核算中设有"坏账准备"这一科目,正常情况下,3年的时间已经把应收账款全部计提了坏账准备,因此,它不会对股东权益产生负面影响。但在我国,由于存在大量"三角债",以及利用关联交易通过该科目来进行利润操纵等情况。因此,当投资者发现一个上市公司的资产很高,一定要分析该公司的应收账款项目是否存在3年以上的应收账款,同时要结合"坏账准备"科目,分析其是否存在资产不实、"潜亏挂账"现象。

(2)预付账款。该账户同应收账款一样是用来核算企业间的购销业务的。这也是一种信用行为,一旦接受预付款方经营恶化,缺少资金支持正常业务,那么付款方的这笔货物也就无法取得,其科目所体现的资产也就不可能实现,从而出现虚增资产的现象。

(3)其他应收款。主要核算企业发生的非购销活动的应收债权,如企业发生的各种赔款、存出保证金、备用金以及应向职工收取的各种垫付款等。但在实际工作中,并非这么简单。例如,大股东或关联企业往往将占用上市公司的资金挂在其他应收款下,形成难以解释和收回的资产,这样就形成了虚增资产。因此,投资者应该注意到,当上市公司报表中的"其他应收款"数额出现异常放大时,就应该加以警惕了。

2. 待处理财产净损失

不少上市公司的资产负债表上挂账列示巨额的"待处理财产净损失",有的甚至挂账达数年之久。这种现象明显不符合收益确认中的稳健原则,不利于投资者正确评价企业的财务状况和盈利能力。

(二)对资产负债表中负债类科目的分析

投资者在对上市公司资产负债表中负债类科目的分析中,重点应关注其偿债能力。主要通过以下几个指标分析。

1. 短期偿债能力分析

（1）流动比率。流动比率即流动资产和流动负债之间的比率，是衡量公司短期偿债能力常用的指标。一般来说，流动资产应远高于流动负债，起码不得低于1:1，一般以大于2:1较合适。其计算公式是：流动比率 = 流动资产/流动负债。但是，对于公司和股东，流动比率也不是越高越好。因为，流动资产还包括应收账款和存货，尤其是由于应收账款和存货余额大而引起的流动比率过大，会加大企业短期偿债风险。因此，投资者在对上市公司短期偿债能力进行分析的时候，一定要结合应收账款及存货的情况进行判断。

（2）速动比率。速动比率是速动资产和流动负债的比率，即用于衡量公司到期清算能力的指标。一般认为，速动比率最低限为0.5:1，如果保持在1:1，则流动负债的安全性较有保障。因为，当此比率达到1:1时，即使公司资金周转发生困难，也不致影响其即时偿债能力。其计算公式为：速动比率 = 速动资产/流动负债。该指标剔除了应收账款及存货对短期偿债能力的影响，一般来说，投资者利用这个指标来分析上市公司的偿债能力比较准确。

2. 长期偿债能力分析

（1）资产负债率、权益比率、负债与所有者权益比率。这三个比率的计算公式为：资产负债率 = 负债总额/资产总额；所有者权益比率 = 所有者权益总额/资产总额；负债与所有者权益比率 = 负债总额/所有者权益总额。资产负债率反映企业的资产中有多少负债，一旦企业破产清算，债权人得到的保障程度如何；所有者权益比率反映所有者在企业资产中所占份额，所有者权益比率与资产负债率之和为1；负债与所有者权益比率反映的是债权人得到的利益保护程度。投资者在看财务报表时，只要看一下资产、负债、所有者权益、无形资产总额这几项，便可大概看出该企业的长期偿债能力状况，这三个比率只有在同行业、不同时间段相比较才有一定价值。

（2）长期资产与长期资金比率。其公式为：长期资产与长期资金比率 = （资产总额 − 流动资产）/（长期负债 + 所有者权益）。这一指标主要用来反映企业的财务状况及偿债能力，该值应该低于100%，如果高于100%，则说明企业动用了一部分短期债务来购置长期资产，这样就会影响企业的短期偿债能力，其经营风险也将加大，实为危险之举。

华能国际(600011)与国电电力(600795)财务报表分析比较报告

一、研究对象及选取理由

（一）研究对象

本报告选取了能源电力行业两家上市公司——华能国际(600011)、国电电力(600795)作为研究对象，对这两家上市公司公布的2001—2003年度连续三年的财务报表进行了简单分析及对比，以期对两个公司财务状况及经营状况得出简要结论。

（二）行业概况

能源电力行业近两三年来非常受人瞩目，资产和利润均持续较长时间大幅增长。

2003年、2004年市场表现均非常优秀,特别是2003年,大多数公司的主营业务收入出现了增长,同时经营性现金流量大幅提高,说明从整体上来看,能源电力类上市公司的效益在2003年有较大程度的提升。2003年能源电力类上市公司平均每股收益为0.37元,高出市场平均水平95%左右。2003年能源电力行业无论在基本面还是市场表现方面都有良好的表现。

并且电力行业未来成长性预期非常良好。电力在我国属于基础能源,随着新一轮经济高成长阶段的到来,电力需求的缺口越来越大,尽管目前电力行业投资规模大幅增加,但是电力供给能力提升速度仍然落后于需求增长速度,电力供求矛盾将进一步加剧,尤其是经济发达地区的缺电形势将进一步恶化。由于煤炭的价格大幅上涨,这对那些火力发电的公司来说,势必影响其盈利能力,但因此电价上涨也将成为一种趋势。在这样的背景下,电力行业必将在相当长的一段时期内,表现出良好的成长性。

因此,我们选取了这一重点行业为研究对象来分析。

(三) 公司概况

1. 华能国际

华能国际的母公司及控股股东华能国电是于1985年成立的中外合资企业,它与电厂所在地的多家政府投资公司于1994年6月共同发起在北京注册成立了股份有限公司。总股本60亿股,2001年在国内发行3.5亿股A股,其中流通股2.5亿股,而后分别在香港、纽约上市。

在过去的几年中,华能国际通过项目开发和资产收购不断扩大经营规模,保持盈利稳步增长。拥有的总发电装机容量从2900兆瓦增加到目前的15936兆瓦。华能国际现全资拥有14座电厂,控股5座电厂,参股3家电力公司,其发电厂设备先进,高效稳定,并且广泛地分布于经济发达及用电需求增长强劲的地区。目前,华能国际已成为中国最大的独立发电公司之一。

华能国际公布的2004年第1季度财务报告,营业收入为64.61亿人民币,净利润为14.04亿人民币,比去年同期分别增长24.97%和24.58%。由此可看出,无论是发电量还是营业收入及利润,华能国际都实现了健康的同步快速增长。当然,这一切都与今年年初中国出现大面积电荒不无关系。

在发展战略上,华能国际加紧了并购扩张步伐。中国经济的快速增长造成了电力等能源的严重短缺。随着中国政府对此越来越多的关注和重视,以及华能国际逐渐走上快速发展和不断扩张的道路,可以预见在不久的将来,华能国际必将在中国电力能源行业中进一步脱颖而出。

2. 国电电力

国电电力发展股份有限公司(股票代码600795)是中国国电集团公司控股的全国性上市发电公司,1997年3月18日在上海证券交易所挂牌上市,现股本总额达14.02亿股,流通股3.52亿股。

国电电力拥有全资及控股发电企业10家,参股发电企业1家,资产结构优良合理。几年来,公司坚持"并购与基建并举"的发展战略,实现了公司两大跨越。目前公司投资装机容量 1410 万千瓦。同时，公司控股和参股了包括通信、网络、电子商务等高科技公司 12 家，持有专利 24 项，专有技术 68 项，被列入国家及部委重点攻关科技项目有三项，有多项技术达到了国际领先水平。

2001 年公司股票进入了"道琼斯中国指数"行列，2001 年度列国内 A 股上市公司综合绩效第四位，2002 年 7 月入选上证 180 指数，连续三年被评为全国上市公司 50 强，保持着国内 A 股证券市场综合指标名列前茅的绩优蓝筹股地位。

2003 年营业收入 18 亿人民币，净利润 6.7 亿人民币，比上年度增加 24.79%。

正因为以上这两家企业规模较大，公司治理结构、经营管理正规，财务制度比较完善，华能国际是行业中的龙头企业，国电电力有相似之处，而两者相比在规模等方面又有着较大不同，具备比较分析的条件，所以特选取这两家企业作为分析对象。

以下将分别对两家公司的财务报表进行分析。

二、华能国际财务报表分析

(一) 华能国际 2001—2003 年年报简表 (见表 9-1)

表 9-1　2001—2003 资产负债简表　　　　　　单位：万元

年度 项目	2003-12-31	2002-12-31	2001-12-31
1. 应收帐款余额	235683	188908	125494
2. 存货余额	80816	94072	73946
3. 流动资产合计	830287	770282	1078438
4. 固定资产合计	3840088	4021516	3342351
5. 资产总计	5327696	4809875	4722970
6. 应付账款	65310	47160	36504
7. 流动负债合计	824657	875944	1004212
8. 长期负债合计	915360	918480	957576
9. 负债总计	1740017	1811074	1961788
10. 股本	602767	600027	600000
11. 未分配利润	1398153	948870	816085
12. 股东权益总计	3478710	2916947	2712556

(二) 财务报表各项目分析

以时间距离最近的 2003 年度的报表数据为分析基础。

(1) 首先公司资产总额达到 530 多亿元，规模很大，比 2002 年增加了约 11%，2002 年比 2001 年约增加 2%，这与华能 2003 年的一系列收购活动有关从中也可以看出企业加快了扩张的步伐。

其中绝大部分的资产为固定资产，这与该行业的特征有关：从会计报表附注可以看出固定资产当中发电设施的比重相当高，约占固定资产的 92.67%。

(2)应收账款余额较大,却没有提取坏账准备,不符合谨慎性原则。

会计报表附注中说明公司对其他应收款的坏账准备的记提采用按照其他应收款余额的3%记提,账龄分析表明占其他应收款42%的部分是属于2年以上没有收回的账款,根据我国的税法规定,外商投资企业两年以上未收回的应收款项可以作为坏账损失处理,这部分应收款的可回收性值得怀疑,因此仍然按照3%的比例记提坏账不太符合公司的资产现状,2年以上的其他应收款共计8789.38万元,坏账准备记提过低。

(3)无形资产为负,报表附注中显示主要是因为负商誉的缘故,华能国际从其母公司华能集团手中大规模的进行收购电厂的活动,将大量的优质资产纳入囊中,华能国际在这些收购活动中收获颇丰。华能国际1994年10月在纽约上市时只拥有大连电厂、上安电厂、南通电厂、福州电厂和汕头燃机电厂这五座电厂,经过9年的发展,华能国际已经通过收购华能集团的电厂,扩大了自己的规模。但由于收购当中关联交易的影响,使得华能国际可以低于公允价值的价格收购华能集团的资产,因此而产生了负商誉,这是由于关联方交易所产生的,因此进行财务报表分析时应该剔除这一因素的影响。

(4)长期投资。我们注意到公司2003年长期股权投资有一个大幅度的增长,这主要是因为2003年4月华能收购深能25%的股权以及深圳能源集团和日照发电厂投资收益的增加。

二、对利润表的分析

在财务报表中,企业的盈亏情况是通过利润表来反映的。利润表反映企业一定时期的经营成果和经营成果的分配关系。它是企业生产经营成果的集中反映,是衡量企业生存和发展能力的主要尺度。投资者在分析利润表时,应主要抓住以下几个方面。

(一)利润表结构分析

利润表是把上市公司在一定期间的营业收入与同一会计期的营业费用进行配比,以得到该期间的净利润(或净亏损)的情况。由此可知,该报表的重点是相关的收入指标和费用指标。"收入－费用＝利润"可以视作阅读这一报表的基本思路。当投资者看到一份利润表时,会注意到以下几个会计指标:"主营业务利润""营业利润""利润总额""净利润"。在这些指标中应重点关注主营业务收入、主营业务利润、净利润,尤其应关注主营业务利润与净利润的盈亏情况。许多投资者往往只关心净利润的情况,认为净利润为正就代表公司盈利,于是高枕无忧。实际上,企业的长期发展动力来自于对自身主营业务的开拓与经营。严格意义上而言,主营亏损但净利润有盈余的企业比主营业务盈利但净利润亏损的企业更危险。企业可以通过投资收益、营业外收入将当期利润总额和净利润作成盈利,可谁又敢保证下一年度还有投资收益和营业外收入呢?

(二)通过分析关联交易判断上市公司利润的来源

上市公司为了向社会公众展现自己的经营业绩,提高社会形象,往往利用关联方之间的交易来调节其利润,主要分析方法有以下几种。

(1)增加收入,转嫁费用。投资者在进行投资分析时,一定要分析其关联交易,特别是母子公司间是否存在着相互关联交易、转嫁费用的现象,对于有母子公司关联交易的,一定要将其上市公司的当年利润剔除掉关联交易虚增利润。

(2)资产租赁。由于上市公司大部分都是从母公司剥离出来的,上市公司的大部分资产主要是从母公司以租赁方式取得的,而租赁资产的租赁数量、租赁方式和租赁价格就是上市公司与母公司之间可以随时调整的阀门。有的上市公司还可将从母公司租来的资产同时转租给母公司的子公司,以分别转移母公司与子公司之间的利润。

(3)委托投资或合作投资。①委托投资。当上市公司接受一个周期长、风险大的项目时,则可将某一部分现金转移给母公司,以母公司的名义进行投资,将其风险全部转嫁到母公司,却将投资收益确定为上市公司当年的利润。②合作投资。上市公司要想配股,其净资产收益率要达到一定的标准,公司一旦发现其净资产收益率很难达到这个要求,便倒推出利润缺口,然后与母公司签订联合投资合同,投资回报按倒推出的利润缺口确定,其实这块利润是由母公司出的。

(4)资产转让置换。一般来说,上市公司通过与母公司资产转让置换,从根本上改变自身的经营状况,长期拥有"壳资源"所带来的配股能力,对上市公司及其母公司都是一个双赢战略。通常上市公司购买母公司优质资产的款项挂往来账,不计利息或资金占用费,这样上市公司不仅获得了优质资产的经营收益,而且不需付出任何代价,把风险转嫁给母公司。另外,上市公司往往将不良资产和等额的债务剥离给母公司或母公司控制的子公司,以达到避免不良资产经营所产生的亏损或损失的目的。

仍以"华能国际"财务报表为例,其利润分配表如表9-2所示。

表9-2 2001—2003利润分配简表　　　　　　　　　单位:万元

年度 项目	2003-12-31	2002-12-31	2001-12-31
1.主营业务收入	2347964	1872534	1581665
2.主营业务成本	1569019	1252862	1033392
3.主营业务利润	774411	615860	545743
4.其他业务利润	3057	1682	-52
5.管理费用	44154	32718	17583
6.财务费用	55963	56271	84277
7.营业利润	677350	528551	443828
8.利润总额	677408	521207	442251
9.净利润	545714	408235	363606
10.未分配利润	1398153	948870	816085

三、对现金流量表的分析

现金流量表是反映企业在一定时期内现金流入、流出及其净额的报表,它主要说明公司本期现金来自何处、用往何方以及现金余额如何构成。投资者在分析现金流量表时应注意以下几个方面。

(一)现金流量的分析

一些公司会通过往来资金操纵现金流量表。上市公司与其大股东之间通过往来资金来改善原本难看的经营现金流量。本来关联企业的往来资金往往带有融资性质,但是借款方并不作为短期借款或者长期借款,而是放在其他应付款中核算,贷款方不作为债权,而是在其他应收款中核算。这样其他应付、应收款变动额在编制现金流量表时就作为经营活动产生的现金流量,而实质上这些变动反映的是筹资、投资活动业务。这样当其他应付、应收款的变动是增加现金流量时,经营活动所产生的现金流量净额就可能被夸大。

(二)注意上市公司的现金股利分配的状况

现金股利分配有很强的信息含量。财务状况良好的公司往往能够连续分配较好的现金股利,有一些上市公司虽然账面利润好看,但是利润是虚假的,财务状况恶劣,一般不能经常分配现金股利。

(三)"每股现金流量"这一指标反映的问题

"每股现金流量"和"每股税后利润"应该是相辅相成的,有的上市公司有较好的税后利润指标,但现金流量较不充分,这就是典型的关联交易所导致的。另外,有的上市公司在年度内变卖资产而出现现金流大幅增加,这也不一定是好事。

现金流量多大才算正常呢?作为一家抓牢主业并靠主业盈利的上市公司,其每股经营活动产生的现金流量净额,不应低于其同期的每股收益。道理其实很简单,如果其获得的利润没有通过现金流进公司账户,那这种利润极有可能是通过做账"做"出来的。投资者最好选择每股税后利润和每股现金流量净额双高的个股,作为中线投资品种。

总之,进行报表分析不能单一地对某些科目关注,而应将公司财务报表与宏观经济一起进行综合判断,与公司历史进行纵向深度比较,与同行业进行横向宽度比较,把其中偶然的、非本质的东西舍弃掉,得出与决策相关的实质性的信息,以保证投资决策的正确性与准确性。

仍以"华能国际"财务报表为例,其现金流量表如表9-3所示。

表9-3 2001—2003 现金流量简表　　　　　　单位:万元

项目＼年度	2003-12-31	2002-12-31	2001-12-31
1.经营活动现金流入	2727752	2165385	1874132
2.经营活动现金流出	1712054	1384899	1162717
3.经营活动现金流量净额	1015697	780486	711414
4.投资活动现金流入	149463	572870	313316
5.投资活动现金流出	670038	462981	808990
6.投资活动现金流量净额	-520574	109888	-495673

续表

年度＼项目	2003-12-31	2002-12-31	2001-12-31
7.筹资活动现金流入	22128	617337	551415
8.筹资活动现金流出	603866	824765	748680
9.筹资活动现金流量净额	-382579	-807427	-197264
10.现金及等价物增加额	112604	82746	18476

第二节 上市公司财务报表的分析方法探析

上市公司财务报表的分析通常有如下四种方法。

1. 静态比较法

静态比较法是将各种财务数据转化成以股为单位所代表的"量价"值进行分析比较。也就是将各项主要财务数的总数分别除以发行在外的普通股的股数,如每股净收益、每股经营现金流量、每股净资产等。用本期指标与前期指标相比较,也可用本期指标与未来可能实现的目标相比较。通过与各期相应的数据对比可以直观、明显地看出企业的经营情况和股份权益。但该种方法也有缺陷,它只是从表面上看到公司的经营状况,并没有把引起这些指标变动的条件和因素反映出来,不能真正反映出公司的实际经营和主营业务状况,如"天津磁卡"(600800)2003年中期主营业务亏损,但非经常性损益为7368.64,每股收益实现0.121元,净资产收益率达10%以上。如果单纯从个量指标很难判断该公司持续经营能力。所以静态对比法应结合其他方法进行分析。

2. 纵向分析法(比率分析)

纵向分析法是分析同一会计年度报表中各项目之间的比率关系,从而揭示各个会计项目的数据在企业财务中所占的比重大小,它使在同一行业中规模不同企业的财务报表有了可比性。在运用比率分析法时,对资产负债表来说,就是以同一会计年度资产负债表中的"资产总额"负债和股东权益总额为基数,将表中全部资产类项目的余额化作"资产总额"的百分比,将属于"负债和股东权益"的各个项目的数额化作"负债和股东权益"的百分数,然后进行分析,这样可反映企业的资产占用构成情况、投资规模、资金来源、股东权益的增减,进而可以分析这样的资产构成、负债和权益构成是否合理,存在什么问题等;在损益表中,则将"销售收入"数据作为基数,再列计各项成本、费用、所得税金及利润项目的百分比等,这样可以清楚地反映企业的各项费用和销售利率等情况。如果再进一步分析的话,还可以分析同一年度财务报表中某一小项目及其结构情况。这主要是针对投资者的不同需要而言的,如流动资产项目下"货币资金""应收账款""应收票据""短期有价证券""存货"等项目各占多少比率,可进一步分析其流动资产结构及流动性程度等。

3. 横向分析法

横向分析法是在分析公司的"资产负债表"和"损益表""现金流量表"的基础上从空间、时间、行业的角度对财务指标进行互相对比的分析方法,通过横向分析,可以掌握公司在本行业所处的地位、增长速度、竞争能力、是否具有发展潜力等。如某上市公司的各项经济指标本年度完成较好,但与同行业另一公司相比差距较大,这说明公司在管理经营方面还有问题。再如,某公司在行业中其经营相对稳定,而其他企业则都出现大幅增长(如2003年钢铁类公司的巨大增长),则说明该公司经营和财务动作保守,没有抓住机遇进行开拓,相应地,对投资者来说该公司并不是最好的选择。

4. 趋势分析法

趋势分析法是将同一公司连续多年(目前最常用的是3年)的会计报表中的重要项目,如销售收入、销售成本、费用、税前净利、税收净利、主营业务收入、经营活动产生的现金流量等集中在一起用同比增加或减少的办法进行计算分析,即用计算年度的数值减去上一年度相应的数值除以上一年的数值再乘以100%,并按年度顺序排列,这样就可直观地反映出公司的资产、负债、股东权益以及收入、成本、费用、利润等项目在本年度的增减及每年的增减情况、变动幅度,据此可预测企业经营活动和财务状况未来变化趋势。趋势分析法是一种重要的分析方法,因为在证券市场当期的经营业绩只是未来投资的参考和研判的基础,实际上,买股票就是买公司的未来。

第三节
上市公司财务报表分析案例

财务比率分析表如表9-4所示。

表9-4 财务比率分析表

指标		2003-12-31	2002-12-31	2001-12-31
流动性比率	流动比率	1.01	0.88	1.07
	速动比率	0.91	0.77	1
长期偿债能力	资产负债率	0.33	0.38	0.42
	债务对权益比率	0.26	0.31	0.35
	利息保障倍数	12.5	9.09	5.26

续表

	指标	2003-12-31	2002-12-31	2001-12-31
运营能力	应收账款周转率	9.96	9.91	12.6
	存货周转率	19.41	13.32	13.97
	总资产周转率	0.46	0.39	0.34
获利能力	资产收益率(%)	12.7	18.56	9.35
	权益回报率(%)	15.87	10.11	12.31
	销售毛利率	28.85	27.83	27.96
	销售净利率	23.24	21.8	22.99
	净资产收益率	18.56	14	15.71

1. 流动性比率

(1)流动比率＝流动资产/流动负债

(2)速动比率＝速动资产/流动负债＝(流动资产－存货)/流动负债

公司2001—2003年流动比率先降后升,但与绝对标准2∶1有很大差距,与行业平均水平约1.35也有差距,值得警惕。特别是2004年是华能还款的一个小高峰,到期的借款比较多,必须要预先做好准备。公司速动比率与流动比率发展趋势相似。并且2003年数值为0.91接近于1,与行业标准也差不多,表明存货较少,这与电力行业特征也有关系。

2. 资产管理比率

(1)存货周转率＝销货成本/平均存货

(2)应收账款周转率＝销售收入净额/平均应收账款

应收账款周转天数(平均收账期)＝360/应收账款周转率

(3)资产周转率＝销售收入净额/平均总资产

公司资产管理比率数值2002年比2001年略有下降,2003年度最高,其中,存货周转率2003年度超过行业平均水平,说明管理存货能力增强,物料流转加快,库存不多。应收账款周转率远高于行业平均水平,说明资金回收速度快,销售运行流畅。公司2003年资产总计增长较快,销售收入净额增长也很快,所以资产周转率呈快速上升趋势,在行业中处于领先水平,说明公司的资产使用效率很高,规模的扩张带来了更高的规模收益,呈现良性发展。

3. 负债比率

(1)资产负债比率(负债比率)＝总负债/总资产

(2)已获利息倍数＝利税前利润/利息＝(净利润＋利息＋所得税)/利息

(3)长期债务对权益比率＝长期负债/所有者权益

公司负债比率逐年降低主要是因为公司成立初期举借大量贷款和外债进行电厂建设,随着电厂相继投产获利,逐渐还本付息使公司负债比率降低,也与企业不断地增资扩股有关系。并且已获利息倍数指标发展趋势较好,公司有充分能力偿还利息及本金。长期偿债能力在行业中处于领先优势。

4. 获利能力比率

(1)销售净利润率 = 净利/销售收入净额

(2)销售毛利率 = 毛利润/销售收入净额

(3)资产回报率 = 利税前利润/平均总资产

(4)每股收益 = 权益回报率 = (净利润 - 优先股股息)/平均普通股股权

(5)资产净利率 = (净利润 - 优先股股息)/平均资产

公司获利能力指标数值基本上均高于行业平均水平,并处于领先地位,特别是资产收益率有相当大的领先优势。各项指标显示在 2002 年比 2001 年略有下降,这可能与煤炭等资源的大幅度涨价有关。而 2003 年有了大幅度的增长,这说明公司 2003 年的并购等一系列举措获得了良好效果和收益。

从原来国家电力公司所属各上市电厂的横向比较上来看,华能国际的主营业务利润率仅次于桂冠电力,而且就行业的平均水平而言,桂冠电力的 59.12% 的主营业务利润率远远高于行业平均水平,这样的经营业绩令人怀疑。但是从华能国际的短期偿债能力的横向比较来看,短期偿债能力偏弱,企业没有办法保证在短期内能够偿还借款。此外,华能国际的存货周转速度也比同行业的其他几家企业的偏低,这说明华能国际在存货管理方面还存在着一定的问题。

第四节
上市公司财务报表的粉饰与识别

财务报表的粉饰是指未能遵循财务会计报告标准,无意识或有意识地采用各种方式和手段歪曲地反映企业财务状况、经营成果和现金流量,对企业的经营活动情况作出不实陈述的会计报告,有目的地向信息使用者传递虚假的会计信息。自 18 世纪 20 年代英国南海公司出现的全世界第一例财务报表粉饰案,至 20 世纪末的美国安然公司、世界通讯公司等一系列丑闻案件表明,财务报表粉饰问题已成为全球范围内的"毒瘤"。在本节中,我们将首先揭示财务报表粉饰的动机以及一些常见的手段,并介绍财务报表粉饰的识别方法。

一、会计报表粉饰的动机

1. 管理层业绩考核动机

公司的财务指标是公司的高层管理人员的重要考核指标,企业净利润、净资产收益率、销售利润率等会计指标是反映经营者业绩的重要依据。同时,在一些公司、企业中,管理人员的工资水平、福利待遇等直接与其经营业绩相挂钩。在这些利益的驱动下,企业就难免要对其会计报表进行包装、粉饰。

2. 融资动机

资金是企业运营所必不可少的资源之一。通过发行股票,企业可以在资本市场筹集到一大笔成本较低的资金。股票发行后,公司还要争取在二级市场上交易,如果有良好的经营业绩,不但将形成较高的每股价格,而且还可以通过增资配股再次筹集低成本资金。与此同时,在企业债权融资方面,银行等金融机构出于风险考虑和自我保护的需要,在放款之前通常会对企业的经营情况、偿债能力进行分析,一般不愿意贷款给亏损企业和缺乏资信的企业。因此,为获得金融机构的信贷资金或其他供应商的商业信用,一些经营业绩欠佳、财务状况不健全的企业,难免要对其会计报表进行粉饰。

3. 降低税收动机

根据我国有关税收法律法规的规定,增值税、营业税和所得税等主要税种项目的计缴基础与企业的收入、成本、费用等会计报表项目密切相关,因此,基于减少或推退纳税的目的,企业往往会对会计报表进行粉饰。当然,有时企业为满足资金筹措和操纵股价的需要,也会不惜多缴税,虚构收入、隐瞒成本费用,夸大利润。

4. 间接利益动机

公司披露良好的盈利水平,其间接的经济利益是很明显的。首先,当公司面临被兼并或被收购的危机时,可以用良好的盈利能力和财务实力进行反兼并和反收购;其次,有利于维护、提高公司股票的价值,树立公司良好的形象;最后,与公司相关的各方会更有信心与公司合作,从而使公司在激烈的市场竞争中处于主动地位。

5. 推卸责任动机

一些企业更换高级管理人员时进行的离任审计,一般会暴露出许多问题。新任总经理就任当年,为明确责任或推卸责任,往往大刀阔斧地对陈年老账进行清理。其典型的做法是把坏账、积压存货、长期投资损失、闲置固定资产、待处理财产损失等所谓虚拟资产一次性处理为损失,导致当期利益大幅降低。在会计准则、会计制度发生重大变化时,不少公司也会提前消化潜亏,并将责任归咎于新的会计准则和会计制度。另外一些企业在发生自然灾害,或高级管理人员卷入经济案件时,企业也很可能粉饰会计报表。

二、粉饰财务会计报表的常见手段

通常,粉饰财务报表的手段主要有以下几种。

1. 粉饰关联方交易

关联方交易是上市公司最常用,也是最不易被察觉的一种会计陷阱。企业对外提供的财务报表一般被认为是建立在公平交易基础上的。但在存在关联方关系时,关联方之间的交易可能不是建立在公平交易的基础上,而且交易双方的关系常常会以一种微妙的方式影响交易。粉饰关联方交易的主要方式是向母公司或非控股公司销售商品。上市公司若将产品销售给母公司或非控股公司,因无须合并报表,所以不必以对外的销售作为最终的销售实现,这样,对于上市公司而言,销售收入会增加,同时应收账款和利润亦会增加。此外,利用关联方进行的其他交易,包括关联方占用上市公司资金的交易、将上市公司作为提款机的交易、关联方以实物资产抵偿所欠上市公司款项的交易等。

2. 会计估计变更

对不确定的交易或事项以最近可利用的信息所作的判断,需要作出会计估计的交易有固定资产残余价值、坏账准备的计提比率、折旧的年限、无形资产摊销年限、应付债券溢折价的摊销、或有事项的估计等。由于会计估计需要运用职业判断,会计估计变更会用来粉饰报告。

3. 利用资本经营

资本经营作为一种全新的经营方式,涵盖资产重组、财务重组、资本重组,试图以价值管理为红线通盘考虑企业的价值资源。通过兼并、租赁、收购、上市、托管等,达到资本不断增值、企业财富最大化。

4. 操纵收入确认

一些上市公司为了在年度结束后能给股东一份"满意"的答卷,往往借助时间差调节利润。传统的做法是在12月份虚开发票,次年再以质量不合格为由冲回。其较为高明的做法是,借助与第三方签订"卖断"收益权的协议,提前确认收入。

5. 利用各种"利润调节器"

由于当期利润水平较高,企业试图平滑各年的利润水平或基于某种目的加大当年亏损,将以后年度的损失考虑足够,减轻以后年度的费用负担,以使以后年度出现较高的盈利水平。

6. 利用补贴收入

政府对某些公司的补贴由于没有成本,直接作为企业利润的组成部分,对公司业绩的提高起到立竿见影之效。但它只是偶然所得,不具有持续性,并不能代表企业的长期获利能力和发展能力。补贴收入的主要形式有:第一,税收优惠;第二,财政补贴;第三,利息减免;第四,资产优惠。

三、财务会计报表粉饰的识别方法

面对着纷繁复杂的粉饰财务会计报表手段,不论是市场的投资者,还是审计人员,或者是财务管理人员,只有努力掌握财务会计报表粉饰的识别方法,练就一双"火眼金睛",才能保障自身的利益不受损害。本节将介绍几种重要的财务会计报表粉饰的识别方法。

1. 异常利润剔除法

异常利润剔除法是指将其他业务利润、投资收益、补贴收入、营业外收入从企业的利润总额中剔除,以分析和评价企业要求科学地协调税费关系,建立合理的租、税、费体系。首先,加快税费调整,改变税费体系混乱的局面。保留补偿性、资源性和证照性的收费项目,对一部分纳入国家预算、管理比较规范的基金和收费项目亦可考虑保留,实行基金化管理。

2. 现金流量分析法

现金流量分析法是指将经营活动产生的现金净流量、投资活动产生的现金净流量、现金净流量分别与主营业务利润、投资收益和净利润进行比较分析,以判断企业的主营业务利润、投资收益和净利润的质量。一般而言,没有相应现金净流量的利润,其质量是不可靠的。如果企业的现金净流量长期低于净利润,将意味着与已经确认为利润相对应的资产可能属于不能转化为现金流量的虚拟资产,表明企业可能存在着粉饰会计报表的现象。

3. 不良资产剔除法

这里所说的不良资产除包括待摊费用、待处理流动资产净损失、待处理固定资产净损失、开办费、长期待摊费用等虚拟资产项目外,还包括可能产生潜亏的资产项目,如高龄应收账款、存货跌价和积压损失、投资损失、固定资产损失等。不良资产剔除法的运用,一是将不良资产总额与净资产比较,如果不良资产总额接近或超过净资产,既说明企业的持续经营能力可能有问题,也可能表明企业在过去几年因人为夸大利润而形成"资产泡沫";二是将当期不良资产的增加额和增减幅度与当期的利润总额和利润增减幅度比较,如果不良资产的增加额及增加幅度超过利润总额的增加额及增加幅度,说明企业当期的利润表有"水分"。

4. 关注资产重组与虚拟资产

资产重组是通过资产置换和股权置换来优化企业资本结构,调整产业结构和实现战略转移的一种方法。上市公司可能凭借关联交易,用上市公司的劣质或闲置资产,以大大高于账面价值的金额,与其国有控股母公司的优质资产相交换或出售,从而获取巨额利润。我们关注资产重组,可从利润表的营业外收入、投资收益、其他业务利润等项目及其明细表中查出虚增的利润金额,也可从资产负债表有关长期资产项目及明细表中查出其置换资产的性质和金额,还可以从会计报表附近的说明中了解资产置换的其他情况,掌握了这些信息,就可调减这部分人为虚增的利润和相应的净资产。虚拟资产是指一些已实际发生的费用作为待摊费用、待处理财产损失等项目列入资产负债表的资产方。虚拟资产严格地说不能为企业带来未来经济利益,不是企业真实的资产,而且长期挂账不摊销,也虚增了利润。在检查时,应重点关注各类虚拟资产项目的明细表,以及注意会计报表附注中关于虚拟资产确认和摊销的会计政策,特别是本年度增加较大和未予正常摊销的原因。

5. 关联交易剔除法

关联交易剔除法是指将来自关联企业的营业收入和利润总额予以剔除,分析某一特定企业的盈利能力在多大程度上依赖于关联企业,以判断这一企业的盈利基础是否扎实、利润来源是否稳定。如果企业的营业收入和利润主要来源于关联企业,会计信息使用者就应当特别关注关联交易的定价政策,分析企业是否以不等价交换的方式与关联方发生交易进行会计报表粉饰。关联交易剔除法的延伸运用是将上市公司的会计报表与其母公司编制的合并会计报表进行对比分析。如果母公司合并会计报表的利润总额应剔除上市公司的利润总额(大大低于上市公司的利润总额),就可能意味着母公司通过关联交易将利润"包装注入"上市公司。

第十章 中国资本市场的公司财务管理的股利分配政策分析

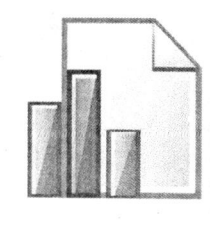

第一节
股利政策与企业价值

股利政策是上市公司利润分配的核心,是现代公司金融理论三大核心内容之一。上市公司的股利政策是企业价值最大化中的关键一环,是投资者获得投资回报的重要途径。在特定的市场条件下,资本市场上市公司在追求企业价值最大化的条件下,究竟应该采取什么样的股利政策,一直以来是公司金融理论领域争论的焦点。

本节从介绍股利政策和企业价值的相关理论及国内外的研究文献出发,分析我国上市公司的股利政策及存在的问题,结合我国股利政策的现状进行了分析,为我国上市公司的鼓励政策提出政策性建议。

一、股利政策的含义及类型

股利政策是股份公司关于是否发放股利、发放多少以及何时发放的方针和政策。它有狭义和广义之分。狭义的股利政策就是指探讨保留盈余和普通股股利支付的比例关系问题,即股利发放比率的确定。而广义的股利政策则包括股利发放比例的确定、股利宣布日的确定、股利发放时的资金筹集等问题。

1. 稳定性股利政策

稳定性股利政策是指公司在一段时期内保持每股股利金额的稳定,即使当某一年公司经济状况不好、经营业绩下滑时,也不会减少股利发放。稳定的股利额给股票市场和公司股东一个稳定的信息。许多长期投资者的股东(包括个人投资者和机构投资者)希望公司股利能够成为其收入稳定的来源,以便安排消费和各项支出,稳定性股利额政策有利于公司吸引和稳定这部分投资者的投资。

采用稳定股利额政策,要求公司对未来的支付能力作出判断。公司确定的稳定股利额不应太高,要留有余地,以免形成公司无力支付的困境。

2. 固定股利支付率政策

固定股利支付率政策是指事先确定股利占公司税后利润的比率,然后长期按此比率对股东支付股利。这种股利政策的特点是每股股利是每股收益的函数,每股股利随每股收益的增减而变动。

这一政策要求公司每年按固定的比例从税后利润中支付现金股利。从企业支付能力的角度来看,这是真正稳定的股利政策,但这一政策将导致公司股利分配额的频繁变化,传递给外界公司不稳定的信息,所以很少有企业采用这一股利政策。

3. 低正常股利加额外股利政策

这是介于固定股利政策和变动股利政策间折中的隔离政策。每期都支付稳定的、较低的正常股利额,当企业盈利较高时,根据实际情况发放额外股利。低正常股利加额外股利政策,既可以维持股利一贯的稳定性,又有利于使公司的资本结构达到目标资本结构,稳定性与灵活性较好结合,因而为许多公司所采用。

4. 剩余股利政策

这是以首先满足公司资金需求为出发点的股利政策。根据这一政策,公司按如下步骤确定其股利分配额:①确定公司的最佳资本结构;②确定公司下一年度的资金需求量;③确定按照最佳资本结构,为满足资金需求所需增加的股东权益数额;④将公司税后利润首先满足公司下一年度的增加需求,剩余部分用来发放当年的现金股利。

5. 不分配股利政策

不分配股利政策是指不论公司年末是否有净利,都不向股东支付股利的一种股利政策。

二、股利分配的形式

1. 现金股利

现金股利是指公司以货币资金支付给股东的股利,是最常见的股利形式。

2. 股票股利

股票股利是指以公司的股票向股东分派的股利,按比例向股东派发公司的股票。我国上市公司常将其称为送股。由于股票股利或股利分割增加了流通股票的数量,所以股票价格会下降,便于股票流通。股票分割同股票股利本质上是一样的,分割用比率来表示。如1对3意味着每1股分成3股。

3. 股票回购

股票回购是指将公司收入通过回购的方式分配给股东。在不存在税收和交易费用的情况下,在本质上股票回购与现金股利是相同的,股东拥有的财富是一样的。

4. 财产股利

财产股利是指公司以非现金资产支付给股东的股利。财产股利可以是公司所持有的其他公司的不动产、公司的有价证券、商品或其他经董事会决定用于分配的资产等,其中以其他公司的证券支付最为常见。

5. 清算股利

清算股利是指以超过留存收益的数额分配的股利。清算股利是减少实收资本的一种特殊的分派,其本质上并不是分派利润,而是返还资本,多见于准备停止经营或缩小经营规模的企业。

三、股利理论

股利理论主要有以下八种理论:股利无关理论(MM理论)、"一鸟在手"理论、税差理论、"信号"理论、"代理成本"理论、"客户效应"理论、"股权结构"理论、"交易费用"理论。

1. 股利无关理论

美国财务学家米勒和经济学家莫迪格莱尼提出了该理论,他们认为股利政策与企业的价值或资本成本无关。认为企业的总价值由企业本身的风险组合和获利能力决定,因而它取决于公司的资产投资决策而不是收益的存留与分配的比例状况。

在此理论下,不存在最优股利政策,所有股利政策都是等价的。

"MM理论"是建立在以下假设的基础之上的:股利支付不会影响企业的投资和融资决策;不存在交易费用和新股票发行费用;信息对称,各个投资者拥有的信息是相同的;不存在税收;管理层与股东之间没有利益冲突,不存在代理成本。但这种假设的完全市场与实际相差甚远,因而产生很多争议。

2. "一鸟在手"理论

迈伦·戈登和约翰·林特纳提出了"股利效应假设",学者称为"一鸟在手"理论。"一鸟在手"理论是建立在这样的假设上,即投资者通常是厌恶风险的,他们认为当前的股利风险较低,而未来的股利有更高的风险。企业盈利能力具有较大的不确定性,所以资本利得也存在不确定性。在股利与资本利得两种形式的收入中,对于比较现实的投资者来说,可能更偏好"实实在在"的股利。股利是在本期收到的,而资本利得的实现是在不确定的未来。所以,投资于支付股利的公司的投资者比投资于不支付股利的投资者能够更早一些消除不确定性。在其他条件相同时,投资者愿意为那些能够支付较高股利的股票支付较高的价格。在此理论下,企业应采用高股利政策。

3. 税差理论

法拉和塞尔文提出,由于资本收益税比股利收益税低,资本收益能获得税收上的好处,所以投资者更偏好留存收益而不是股利。在美国,股利按一般所得缴纳所得税,股票收益按资本利得缴纳资本利得税。而一般所得税率要比资本利得税的税率高。投资者的目标是在特定风险下使税后收益最大化,因此,当资本利得与股利收入税收存在差异时,如果企业保留盈余少发股利或不发股利,对投资者来说是有利的。股利的税收是在收到股利时支付,而资本利得的税收可以递延到股票真正卖出时才支付,可以递延纳税。基于税收差异理论,投资者希望税后收益最大化,会倾向于公司留存利润而不是分发股利。所以,愿意花更高的价钱去买低股利—高资本利得的公司股票,而不是高股利—低资本利得的公司股票。高股利损害了投资者的利益,而低股利则会增加企业的市场价值,抬高股价,从而使股东财富最大化。在此理论下,企业应采取低股利政策。

4. 信号理论

在非完美的市场中,当公司管理者与投资者存在信息不对称的情况下,管理者会利用股利政策来传递有关公司未来前景的信息。这是信号理论解释股利政策的基本思想。当管理当局对企业未来前景看好时,可能会通过提高股利来传递此消息,相反降低股利可能意味着管理当局对企业未来前景不太乐观。股利支付水平的改变可以将公司管理当局对未来盈利的预期传递给投资者,而投资者也可以理解为股利的变动是管理者对未来盈利预期改变的反应。信号理论认为股利政策包含了企业价值的信息,反映了企业当期和未来的收益状况,较高的股利意味着企业有较好的投资回报。在信息不对称的情况下,企业管理当局也可能会提高股利水平来取悦市场,提高股价。因此,业绩差的企业经理可能采取高股利政策制造好的市场反应,从而牺牲有价值的投资机会。

根据信号理论,伴随着股利的增长,股价往往也会上涨;相反,股利的减少会导致股价下跌。公司制定股利政策时应考虑到这一点。当然投资者也应该警惕管理者利用信息不对称设下的陷阱。

5."代理成本"理论

由于委托—代理关系的存在,委托方与代理方利益的不一致,就产生了代理成本。上市公司的管理当局在很多情况下不会以股东财富最大化为目标来管理企业,而是更多地把企业的资源用到利己消费中,如信息不对称产生的道德风险和逆向选择。股东则希望能够把经理自由控制的现金限制到最低限度。较高的股利对于投资者是利好消息,因为股利的发放可以降低企业的自由现金流量,从而降低剩余损失,减少代理成本。企业支付较高的股利,还迫使企业不断走向资本市场进行筹资,不断接收市场的监督和检验,因为新投资者只有在相信管理层能有效利用资本的前提下才会购买新股,债权人也只有在相信管理层能有效利用资本的前提下才会借钱给企业。较高的股利支付降低了委托方对代理方的监督成本。也可以把股利看作是对企业管理层的制约,如果企业管理层不能兑现支付股利的允诺,那么股东可以通过行使"用脚投票"的权利,抛售持有的股票。由此可以减少企业管理层的道德风险,促使他们努力工作,审慎作出决策,从而减少损失,增加股东的财富。

6."客户效应"理论

在现实经济社会中,由于交易成本、个人所得税的存在,投资者会根据对股利的偏好,选择符合其要求的股票。因此,如果公司股利支付的水平能与投资者对股利的偏好相吻合,该公司就会将偏好其股利政策的投资者吸引过来。当股利政策的变化会导致其股东转向别的公司时,股利政策就变得十分重要。"客户效应"理论警告公司不要频繁改变其股利政策,否则会导致其投资者流失。

7."股权结构"理论

股权结构理论以信息经济学为基础、以信号传递理论来解释股权结构对股利政策的影响。该理论认为,股权结构集中的公司,信息不对称程度较低,对股利传递的信息的要求程度也较低,公司没有必要制定较高的股利来传递利好消息。如股东与管理者一致的家族企业,或者受银行和产业集团控制的大公司。而股权结构越分散的公司,有效监督管理者经营行为的股东人数就越少,使得公司股东与管理者间的代理成本增大,因此,股东需要公司支付较高股利以传递管理者行为信息,降低代理成本。利用公司股权结构集中与分散的特点,可以解释完全依靠资本市场融资并且股权结构分散的英国、美国、加拿大等国的公司倾向于采取高股利政策,而主要依靠银行融资且股权结构集中的日本、德国、韩国等国的公司则倾向于采取低股利政策。

8. "交易费用"理论

该理论认为,由于投资者频繁卖出股票需要支付高昂交易费用,所以投资者喜欢定期现金股利这种低费用收到现金回报的方式。在交易费用高的相对不发达的资本市场,股利应高于交易费用低且发展成熟的市场。事实上像英国、美国以及加拿大等具备高流动性低交易费用特征的发达资本市场,公司的实际股利支付率却高于不发达市场。由于企业在资本市场上发行新股票的费用很高,那么公司应把所有的利润留存,而不是在支付股利的同时又通过发行新股为投资项目融资。但大多数美国公司却采取了这种做法。交易费用理论很难独立地解释现实经济中的股利政策。

四、我国上市公司股利政策的现状及存在的问题

1. 再筹资成为上市公司制定股利政策的直接目的

上市公司分配股利应考虑公司的经营状况和盈利能力,如果公司盈利多,可以多分配,反之就少分配或不分配。但我国的上市公司则往往把股利分配视为达到融资标准的一种手段。

2. 鼓励政策缺乏连续性和稳定性

连续、稳定的股利政策是投资者所希望的,也是公司经营状况良好的具体表现,而不稳定的股利政策会降低投资者的信心,最终影响公司的发展。我国目前的大多数上市公司的股利分配政策缺乏连续性和稳定性,股利政策的制定和实施缺乏远见,目的不明确且具有随意性。

3. 股利政策偏向管理层,管理层以其自身利益取代了股东利益

公司高管层薪酬增长速度正常情况下不应超过公司的利润增长率,应略低于或等于公司的利润增长率,否则,可能出现管理层利益取代了股东利益的不正常现象。我国的管理层以其自身利益取代股东利益的情况并不鲜见。

五、优化我国上市公司股利政策提出的合理化建议

1. 优化宏观环境

(1)建立健全证券市场监督法律体系。除了目前正在执行的《公司法》《证券法》等以外,还应制定其他相关市场监管法律,完善证券市场监管法律体系。一是应抓紧制定《证券市场监管法》,弥补《证券法》在市场监管操作上的方法、程序、处罚等方面的空白,加强在监管政策实施程序、监管政策制定程序、处罚的对象和程序的规定。二是应制定《证券监管机构管理规定》,明确证券监管机关的机构设置、人员配备、职能界定、工作范围等,从法规上进一步规范各机构的权利与责任。三是应制定《证券市场监管从业人员操守规范》,对从业人员的行为进行规范。

(2)加强政府监管,减少干预。我国证券市场发展时间短,监管对象、执法主体和投资者都不同程度地存在着法制观念比较淡薄的问题,所以政府监督机构要加强监管力度,不仅要完善市场运行规则,而且要严格监督上市公司的行为,对于无视规则、破坏市

场秩序的公司要及时进行查处和惩治。政府应调整对证券市场的指导思想,转变职能,从对市场的直接行政干预转向加强监管力度和依靠经济、法律手段间接干预。

(3)加强对证券市场主体的培训和教育。在引导上市公司股利政策方面,监管机构可以对上市公司的决策者进行诚信教育,使其建立起自觉维护中小投资者利益的观念。开设定期培训班,培训内容是诚信教育与财务管理。通过对上市公司的诚信教育,使上市公司增强给投资者回报的使命感与责任感。分配股利特别是分配现金股利不仅仅是对中小投资者的投资回报,而且也有利于上市公司树立起良好的形象。

2. 优化微观环境

(1)改革上市公司股东大会,引导中小股东行权。随着信息化产业的发展,股东大会网络化完全可以实现,这样使得更多的中小投资者能了解和参与公司经营管理,参加股东大会的表决、行使选举权和被选举权,监督上市公司管理层的经营、决策程序,从而更能洞悉管理层决策动机,以免管理层利益和权力膨胀。通过建章立制,明确上市公司每年应当召开的股东大会和董事会的次数,以加强上市公司内部监督和管理。

(2)提高上市公司自身的素质。上市公司应在提高盈利能力上下功夫,而不能单纯依靠股市圈钱的外部融资,要通过公司盈利水平的提高加强积累。上市公司要优化产品结构,积极应对市场变化,突出主营业务,提高核心竞争力,促进公司持续发展,并且努力提升技术优势和人才优势,提高创新能力,不断增强企业竞争力。

(3)保持股利分配政策的稳定性和连续性。稳定的股利政策有利于增加投资者对未来收益的可预期性,避免大股东以股利分配方案为工具损害中小投资者利益。因此,上市公司在制定股利分配政策时应该顾及经营的前后期,无论哪种股利分配政策,一经确定就应长期坚持;监管部门应加强对公司股利政策稳定性的规范,通过非行政性的安排,如要求上市公司建立上市公司股利信用机制、事先确定目标分配率等引导或鼓励公司制定出切实可行的股利政策。

第二节 上市公司股利分配影响因素及对策

随着我国证券市场的发展,上市公司的股利分配政策及方式的选择尤为重要。本节探讨影响上市公司股利分配的因素,提出完善我国上市公司股利分配政策的建议。

股利政策作为企业的核心财务问题,一直受到各方的关注。因为股利的发放既关系到公司股东和债权人的利益,又关系到公司的未来发展。支付较高的股利,不仅可使股东获得可观的投资收益;还会引起公司股票市价上升。但过高的股利将使公司留存利润减少,或者影响公司未来发展或者因举债、增发新股而增加资本成本,最终影响公司未来收益。而较低的股利,虽然使公司有较多的发展资金,但与公司股东的愿望相违背,致使公司形象受损,股票价格下降。恰当的股利政策可以树立上市公司的良好形象,激发广大投资者对上市公司持续投资的热情,从而能使上市公司获得长期、稳定的发展和机会。如何制定合理的股利政策,既兼顾公司和股东双方利益,同时又树立公司的形象以吸引投资者,对上市公司和证券市场的健康发展都具有重要的意义。

一、股利分配政策的类型

上市公司股利分配政策包括稳定股利政策、剩余股利政策、低正常股利加额外股利政策和固定比率股利政策。

1. 稳定股利政策

稳定股利政策仅当企业认为其将来的盈利明显下降的可能性降低时,会多分派其股利的发放额,否则其每年发放的股利会保持在同一固定的水平。稳定股利政策是为了防止由于经营状况差而导致股利被削减。

稳定股利政策的缺点是支付额与公司的盈余状况相关性少。该股利政策即使在当年盈余状况并不乐观的情况下,也需要支付同样的股利。而若是企业的盈余率较低时,还按以往固定的股利支付,有可能导致建设资金不足,财务状况不佳。

2. 剩余股利政策

上市公司在选择股利政策时,不仅会考虑投资机会,还会考虑资本成本。因为投资所需要的资金构成资本结构,而股利分配与企业资本结构有关。剩余股利政策是在遇到好的投资机会时,企业使用最佳资本结构,计算出投资所需的权益资本,从盈余当中留置这部分资金,而将剩余的那部分以股利的方式发放给股东。

3. 低正常股利加额外股利政策

低正常股利加额外股利政策,则为公司在普通状况下,每年支付固定并且数额较低的股利。如果盈余情况较好,则根据企业的实际情况发放额外的股利给股东。但额外的股利并不意味着未来都将使用同一股利支付率,也不会将支付率永远保持在同一水平线上。

4. 固定股利支付率政策

固定股利支付率政策是确定一个股利占盈余的比率,长期按此比率支付股利的政策。在这个股利政策下,公司的股利的分配情况完全根据运营情况来决定的。如果公司的运营较好,则分配给股东的股利就多,若是公司的运营较差,则能分配给股东的股利会下降。

选择该政策的主要考量是由于以固定的支付比率来支付股利,一来让股利与公司的经营情况相关,二来也可以对股东来说会公平一些。但其缺点是,公司的经济情况并非一直稳定,股利分配的数额一直变动很容易造成股票价格的变动而引起不良的影响。

二、影响上市公司股利分配的因素

1. 法律、法规因素

股利分配政策的确定受到公司所在国家税法、公司法、商法等关于公司股利分配规定的影响。只有在不违反法律强制性规定的前提下公司才能自主确定股利分配政策。公司法一般规定,公司当年的税后利润只有在弥补以前年度亏损和提取一定比例的法定公积金后才能分利。

2. 宏观经济与政策因素

纵观我国资本市场的发展历程,我国上市公司股利分配表现出来的特点是:当国家宏观经济形势运行良好,国家实行积极的财政政策和稳健的货币政策,拉动内需,刺激投资,鼓励银行贷款给企业,则上市公司经济效益较好,资金渠道畅通,现金股利发放比例大幅上涨;而一旦经济发展过热,国家则实行紧缩的金融政策,尤其是证券监督部门出台的有关政策,则直接限制了上市公司对其股利的派现。

3. 公司盈利能力因素

盈利能力是一项重要的能力指标,同时也对其分派股利的多少有着非常重要的影响。盈利能力越强的企业分派的股利会比较多,反之则越少。因为在企业盈利能力比较弱的情况下,其盈余要保留下来进行对自身的再投资与建设来维系其企业的持续发展。而盈利能力较强的公司,资金较充沛,筹资能力也比较强,自身发展的资金足够,可以负担分派给股东较多的股利。因此,投资者常会以企业支付股东的股利数额来判断这家企业的盈利能力,企业的管理者也可以以此来向投资者传递其盈利能力较强的信息,但同时无法避免的是管理者很可能为了达到某种目的而对股利政策进行不合理的操作。盈利能力强的公司则会倾向于选择分派股利较多的股利政策,而对于盈利能力较弱的公司则会倾向于选择分派股利较少的股利政策。

4. 公司竞争力因素

决定选择什么类型的股利政策不仅仅需要考虑当年的盈亏状况,还需要考虑筹资和经营状况。创新是企业的核心要素,创新的产品能吸引到投资者的投资,有了充足的资金也能让企业的运营更佳。当企业的利润增加率趋于平缓时,需要关注的关键问题是关注其产品的创新。因为当产品在市场上的持续时间过长,其市场份额会下降。当产品的新颖度下降时,其能获得的利润也会降低非常多。所以,企业为了维持在同行业中的市场竞争以及获得强大的财务支撑,企业迫切需要开发新的产品来提高其竞争力。如果此时企业不顾实际情况分配股利,只会导致企业的资金成本不断提高,而无法空闲出资金来对新的业务产品进行研发,最终会导致企业整体盈利状况的削弱。为了使企业保持相对较好的竞争力,必须要有足够的资金投入新产品的研发,而由此企业也能创造更多的利润,实现股东利益最大化。

5. 公司运营状况因素

在筹资方面,公司的筹资能力的高低直接影响股利分配。筹资能力低的公司为了公司的长远发展,倾向于将利润留存,不发或者是少发现金股利。在负债水平方面,在公司无力还债时或是由于股利的支付致使公司无法再进行经营时,在对债权人利益的保护基础上,则不能支付股利。税后利润是公司分配股利的基础,若是公司的负债过多而导致无法正常偿还债务及支付股利,此时若还强行支付股利,会导致公司的财务风险加大,还影响公司的持续支付现金股利的能力。为了应对可能的财务风险,通常不进行利润分配,用每股经营活动现金净流量来衡量现留存收益偿还债务。从现金流量方面来说,现金流量的重要性在于它反映了企业能给投资者带来回报的能力,就企业的管理者而言,必须要考虑公司现有的现金流量以吸引投资者。

6. 股东因素

我国由于特殊的股权结构使权利不对称的情况明显,上市公司经理层则有利用某种股利形式满足效用的内在动机;另外,高股利收入的股东又出于避税的考虑(股利收入的所得税高于股票交易的资本利得税)反对公司发放较多的股利。当支付较高的股利时,往往会导致公司留存收益的减少和将来发行新股的可能性加大,如果公司的控股股东没有或者不能认购增发的新股,发行新股会导致其控制权被稀释,控股股东为防止这种情况就可能采取低支付率的股利政策。虽然这种股利政策不可能使所有股东的财富最大化,但却对具有控制权的股东有最大的利益;当公司面临被其他公司或投资者收购的危险时,低股利支付率可能有助于"外来者"取得控制权,外来者可以游说股东相信目前公司不能使股东财富最大化,而外来者却可以做得更好,这就会导致面临被收购的公司不得不支付较高的股利来取悦其股东。

第三节
股利支付程序与形式

一、股利支付的程序

1. 股利宣告日,即公司董事会将股东大会通过本年度利润分配方案的情况以及股利支付情况予以公告的日期。
2. 除息日,也称除权日,是指股利所有权与股票本身分离的日期。我国上市公司除息日通常是在登记日的下一个交易日。
3. 股权登记日,即有权领取本期股利的股东资格登记截止日期。
4. 股利支付日,是公司确定的向股东正式发放股利的日期。

二、股利支付的方式

1. 股票股利。公司增发的股票为股利的支付方式。
2. 现金股利。以现金支付的股利,这是股利支付的主要方式。
3. 财产股利。现金以外的资产支付的股利,主要是以公司所拥有的其他企业的有价证券,如债券、股票。
4. 负债股利。公司以负债支付的股利,通常以公司的应付票据支付给股东,不得已情况下也有发行公司债券抵付股利的。

注意：

①(3)(4)实际上是现金股利的替代方式,这两种方式很少使用。

②发放股利方式的辨别:公司增发本公司股票是"股票股利",公司拥有的其他公司股票是"财产股利"。

③发放股利方式的辨别:公司以自己的应付票据、公司债券的为"负债股利",公司拥有的其他公司债券是"财产股利"。

三、上市公司股利支付方式的选择

(一)我国上市公司面临的两类代理问题

我国上市公司与发达市场上市公司相比,具有特殊的股权结构模式和公司治理特征,直接表现为面临两类突出的代理问题。

一是不同股权属性导致股东之间的代理问题。股权分置改革以前,我国上市公司的股权存在着可流通的公众股和不可流通的法人股、国家股之分,且两者的比例相差悬殊。非流通股东和流通股东在投资成本、权利大小、投资目标、获利方式等方面存在显著差异,这决定了我国不同属性股东间的利益冲突和代理问题。

二是特殊的股权结构导致"内部人控制"问题。在我国从计划经济体制向社会主义市场经济体制转变、国有企业向公司制改造的过程中,出现了较为普遍的内部人控制现象。我国上市公司特殊的股权结构是导致该现象出现的体制原因:股权过于集中容易造成国有股持股主体缺位导致管理层的内部人控制、以控股股东为主的内部人控制、中小股东"免费搭车"加剧上市公司内部人控制等。

(二)两类代理问题对股利支付方式影响的理论分析

1. 股东间代理问题对股利支付方式的影响

大小股东间的代理问题对股利形式的影响有两种观点:一是保留现金观,即控股股东制定不发放股利或削减股利的分配政策,而自己利用对公司的控制优势来获取除股利外的其他控制收益,如通过关联交易或其他方式寻租获利,而造成的对公司的损失,大股东只负担部分成本;二是转移现金观,即控股股东倾向于通过现金股利的派发实现自身利益的最大化,我国的实践约束更倾向于支持这种观点。

2. 内部人控制问题对股利支付方式的影响

我国上市公司存在严重的内部人控制,内部人的经理层和股东的利益不完全一致,因此,经理层有动机通过操纵股利支付方式以实现自身利益的最大化,其主要途径有如下两个。

一是内幕交易。内幕交易是指管理层利用优势信息炒作自身股票,或者和市场主力联手操纵股票价格,从而获得巨额利润。股利政策一直是经久不衰、市场钟爱的炒作题材。在利益驱动下,一些市场主力游说上市公司采用某种流行的股利形式,并对上市公司许以种种好处。由于市场炒作和企业的股本规模密切相关,股本规模越小,越容易为炒家控制,而炒作股本规模大的公司,需要巨大的资金,内幕交易成功的可能性就会降低。从理论分析来看,如果为顺应公众股东对股票股利的偏好而达到通过内幕交易获利的目的,应是规模越小越倾向股票股利;规模越大,选择股票股利进行炒作的动机越弱,且控股股东通过现金股利转移资金的动机越强,故规模越大越倾向于现金股利。这个理论模型需要实证检验的支撑。

　　二是过度投资。由于存在严重的内部人控制问题,管理层有控制资源的动机,却没有提高效率的动机和足够的外在压力,所以企业往往存在过度投资行为。管理层有将股本扩大从而扩大控制资源的动机,一方面他们将收益以股票股利形式发放用来满足流通股东对股票股利的偏好,另一方面又达到了扩大控制资源的目的。这样就会导致过度投资浪费资源的问题。如公款消费程度和企业规模有很大关系,如果管理层以固定的比例进行消费,那么规模越大,控制的资金越多,可用以消费的资源也就越多。

　　我国上市公司控股股东存在强烈的转移现金动机,第二大股东对第一大股东基本上起不到监督作用,"一股独大"的现象确实存在;公司规模越小,出于为扩大规模保留现金的考虑,或者为顺应流通股股东对股票股利的偏好以满足市场炒作的需要,越倾向于选择股票股利;规模越大,控股股东可以转移的现金越多,越倾向于选择现金股利;确实存在过度投资现象等理论分析的结论。笔者认为,从根本上规范当前我国上市公司的股利政策,有待于彻底改变我国特殊股权结构的历史遗留问题,优化股权结构,实现"同股同权同利",这也正是股权分置改革的题中之意;完善公司治理机制,包括激励机制、聘选机制、监督机制等,有效解决"内部人控制问题";注重培育完善的市场环境,例如积极培育完善的经理人市场,加强市场的监督力量,强化会计师、律师事务所、审计师、信用评级机构的独立性和职业道德规范建设等,从而通过强化上市公司的外部约束来规范股利分配行为。

第十一章
市场经济下公司财务资本市场监管

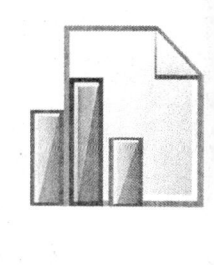

第一节 监管目标

在国际范围内,国际证监会组织(IOSCO)提出了证券监管的主要目标:保证市场的有效、公平和透明;保护投资者;减少系统性风险。

西方成熟市场和发展中国家新兴市场对于证券监管宗旨的界定及社会、政治、经济、体制等内在因素,本书对证券监管的目标概括如下。

1.证券监管的现实目标:克服证券市场各种缺陷(证券市场失灵),保护市场参与者利益(尤其投资者利益),维护证券市场的透明、公平与效率,促进证券市场机制的运行和证券市场功能的发挥。

2.证券监管的最终目标:保证证券市场的稳定、健全和高效率,促进整个国民经济的稳定和发展。

上述第一层含义更多的是从微观层次来阐述,构成第二层含义的基础:证券市场失灵问题是证券监管的必要条件,要求政府及其证券监管部门克服一切操纵、垄断、欺诈、内幕交易等违法行为,规范证券发行、交易行为,保证其公平进行,从而保护作为证券市场根基的投资者的合法权益;通过政府监管来力求实现一个健康、有序、稳定、高效率的证券市场。恰如施蒂格勒所说:这一管制旨在使经济变得更加真实,防止或惩罚欺诈行为。强调证券监管的作用并不是否定证券市场机制对于资源配置的决定意义。证券市场是一种市场机制,自由竞争的市场机制是左右证券市场实现其经济功能的基本力量,证券监管的目标必须定位于解决市场失灵问题,从而更好地促进并保障市场机制发挥作用,而不是替代市场机制。

第二节 监管理念与基本原则

一、证券监管理念的概念

证券监管理念是监管者进行监管工作的目的、要求与行动指南,是证券监管工作的指导思想。

虽然监管理念并不作为监管要素,但每个监管要素都受其影响,渗透在监管要素之中,并且自始至终地贯彻在证券监管的整个过程中,发挥着指导作用。

我国证券监管理念的转变需要做好如下几点。

(一)转变对证券监管目标的认识

证券监管最本质的目标有:维持证券市场的有效性;维护证券市场的公正性;发挥证券市场的自我调整作用。

目前,证券交易方式日趋复杂,证券交易的规模急剧增大,证券交易活动的透明度降低,风险性增强,导致金融体系的系统性风险上升,金融危机发生的频率和破坏程度增大。因此,我国证券监管的目标应是保护投资者权益、促进公平竞争、防范金融风险、维护社会经济稳定。在金融经济的新环境下,保护投资者权益,就是使投资者免受操纵、误导、欺诈、内幕交易、不公平交易和资产被滥用行为等的损害;促进公平竞争,就是指监管者通过恰当地制定和设立交易制度等来保证公平交易,使投资者能平等地使用市场资源、进入内场和获得市场信息。监管制度应当保证交易价格形成的公平性。监管制度应当防止、发现和惩罚操纵市场者和导致市场交易不公正的行为。

监管者应当保证市场信息的广泛传播、及时公布和有效反映于市场价格中,增强证券市场的有效性。监管者还应当切实保证市场的高透明度。防范金融风险,就是要通过设定对市场中介机构的资本充足率和内部控制及其他系统性控制风险的措施,降低投资者的风险,鼓励投资者进行理性的风险管理和安排、监控过度的风险行为,保证投融资渠道的畅通,使社会经济稳定发展。要使金融监管实现主要目标,必须树立全新的证券监管理念,适应证券市场的发展变化。

(二)转变对证券监管功能的认识

从最本质上而言,证券监管的功能应是资源配置功能。证券监管应积极运用灵活多样的监管方式,引导投资方向,调控证券市场与证券交易,监督证券经营机构和各中介机构依法经营,从而有效地实现证券市场的资源配置功能。证券市场的存在是产权的货币化、商品化和证券化,而证券监管制度强大的选择、评价和监督机制促使投资主体作为理性的经济人在逐利动机的驱使下,在价格导向的指引下,通过资产重组、买卖等方式带动资金从低效益企业向最有效率、最有竞争力的企业流动;而成长性差、没有效益的企业因无法得到资金支持将受到抑制或被社会淘汰,从而使社会资源得到有效利用,经济结构也在调整中得到升级和优化,整个社会经济的效益和效率得以提高。证券市场优化资源配置这一核心功能长期被忽视,导致证券市场的功能处于扭曲状态。过去长期被片面强调证券市场的融资的原始功能已经不合时宜,我们应通过优化资源配置、强化证券监管,促进经济结构的调整。

证券监管的局限性体现在以下几个方面:监管体制不论多么有效和完善,都无法保证不会有证券机构陷入困境和破产,不论是证券监管,还是其他任何力量,都不能消除证券市场的内在固有风险;证券监管是对市场行为的再反应,再加上监管者本身的局限性,使证券监管很难具有前瞻性。证券监管孕含着道德风险,有不稳定因素。因此,证券监管绝不是在任何情况下惟一最有效的方式。证券监管的功能能否发挥受到宏观政策与微观主体等多因素的影响。

(三)转变对证券监管体系的认识

证券监管体系的变革应致力于构建双层结构的证券监控体系:微观层面的监控体系

应完善证券经营机构和各中介机构的风险监控机制;宏观层面的监控体系应完善证券监管的结构和制度安排。监控体系是建立在合理的功能分工的基础上的,需要全面考虑六大因素:监管者、市场规则、所有者、经营者、市场约束和市场控制,实现这些影响因素的动态协调。原有的由监管当局制定的模型和监管规则很难适应市场情况的现实变化。

格林斯潘认为,监督创新应在监管中不仅利用而且激发市场的作用。证券监管当局应合理界定角色,制定简洁、可预期的监管规则,而让各证券机构承担更多的风险监控责任,让市场积极降低监管成本,调控风险,赋予政府更加独立的市场地位。国际监管领域也正呈现出向以市场为基础的监管转移的趋势,既可以减少对官方监督的依赖,又注重建立适当的激励机制,创造充分发挥市场约束机制的作用,监督者若能借助证券经营机构和市场的力量,不仅能提高监管的有效性,还能减少监管成本,并减轻给客户、被监管者和纳税人带来的负担。

三、证券监管理念的市场化

我国证券市场监管模式的市场化必须要树立市场化的监管理念,包括以备案制为核心的事后监管理念,以安全监管不妨碍发挥证券市场效率最大化,一切从提高证券市场效率为目标的效率监管理念,以及以节约监管成本,来提监管有效性的有效监管理念。

(一)事后监管理念

市场竞争要求政府对证券市场的行政监管从事前监管移向事后监管,即重心从前台走向后台。政府的管理模式与市场的竞争模式不同。政府的管理是依据行政法和上级机关的授权来行使其职能的,是行政管理模式。对行政机关作用的评判是上级机关,亦即是一种自上而下的管理模式。市场的竞争模式正好相反,市场主体的动力来自市场。市场主体的存在价值是在市场上以赢利为目的。对市场主体的存在价值的评判是市场,而不是其他。政府即使参与经济也是在竞争市场之外,或是在市场不完善的地方,或是以市场主体的身份参与到竞争市场之中,或是在市场不能发挥作用的地方。在政府与市场的关系中,政府的作用是为市场服务,市场是第一位的。这是市场经济的共性,也就是政府的社会性。市场主体想要生存下去,在市场竞争的激烈环境下,就必须不断地进行开拓创新,对于国家行政管理机关来说,法律没有授权的,就是不可以做的。对于市场主体来说,法律没有禁止的,就是可以做的。

事前监管与市场主体的市场创新理念和市场创新的压力相互冲突。事后监管的理念应该是只规定不能做什么,没有规定禁止做的市场主体都是可以做的。按照事前监管,法律、政策没有规定市场主体可以做的,如果做了就是违规。这种转变主要是给金融创新提供空间,因为创新就是和原有的不同。如果没有规定的都是违规,只有规定了的才能做,那么金融机构就根本没有创新的余地。

事前监管降低了金融创新产品的竞争优势。产品跟监管有很大的关系,监管是行政性的、硬性的。在产品监管方面,不是说你先跳,然后再来给你们划圈。现行做法基本上是先划圈,然后你就在圈里边跳。相对僵硬的监管使得产品的结构单一。产品是经过人们的设计和创新形成的。如果按照事前监管模式,市场主体开发出金融产品后,必须经政府事前审批才能投放市场，等到政府审查批准后，竞争的时效性已大打折扣，从而降低了市场主体的市场竞争能力。

为保证证券市场的公正和透明，发达国家成熟资本市场的监管工作都主要是靠事后监管。中国证监会的措施大量事前把关，如同所有行政性的管制措施一样，虽然能发现一部分问题，但是应当承认其负面影响正在扩大，积极作用正在减小。真正能够比较持续稳定地发挥作用的，从尊重市场运行的角度来看是在制定清晰的规则的基础上，转而依靠中介机构的诚信和尽责，市场主体的自我约束，使中国证监会从大量具体的事前审批中摆脱出来。对金融机构运营状况的监管，应主要通过增强投资者的风险意识、信息披露和会计师事务所等社会中介服务机构进行。

（二）效率监管理念

中国金融改革和开放过程中需要妥善处理的两个目标是安全与效率。金融业利润丰厚、技术性强、竞争异常激烈，因而存在高度风险的领域。吸取前些年国际金融危机的经验和教训，在通过改革开放提高效率时必须时时顾及到金融安全问题，并把安全目标放在效率目标之前优先进行考虑。任何国家都是无法造就无风险的金融运行体系。金融安全只能是将金融风险控制在可能引致危机的临界点以下，在不至于触发经济危机的条件下尽可能地提高金融效率，降低金融风险。金融安全的主要任务是降低系统金融风险，即避免导致整个金融体系陷入货币贬值危机、支付危机以及投资者信心危机的可能性。从发生过金融危机的国家的教训来看，即使由高度开放条件下的外部金融冲击引发的金融危机，总是能在危机发生国家的经济基本面和金融体系中找到可以使外部因素发挥作用的内部缺陷，即结构性问题。而我国经济中的结构性问题的根本解决则只能依赖于我国经济的高度发展，即只能在发展中解决历史问题。我国经济中的结构性问题的现状及在金融高度开放后这些结构性问题的发展趋向，实质上就是我们判断我国实现金融高度开放后金融安全问题的基本标准。在经济的停滞不前中不仅不能解决任何问题，反而还会产生新的问题。

证券监管如果仅仅把确保金融安全、防范金融风险作为惟一目标，那么就势必牺牲金融效率的最大化和金融实力的快速增长；而如果金融经济实力没有足够的增长，则无法抵御很小的金融风险。所以，既要采取各种措施来防范金融风险，防止金融危机的爆发，以保证金融安全和经济安全时，又要把立足点放在发展上，发展经济，发展金融。我们在分析东南亚金融危机我国没有受到直接的冲击，是因为有两道防火线：一是人民币在资本项目上不可自由兑换；二是外资不能进入中国 A 股市场。但更主要的是 20 年来我国经济的高速增长，实力增强。当时如果没有 1400 亿美元的外汇储备，情况会大不一样。

监管正在以市场化和法治化为导向。在新的形势下，单纯依靠政府的行政监管很难确保金融安全。只有建立在效率基础之上的安全才是最稳固的安全。现在，中国证券市场监管思路已经由控制风险转向提示风险。通过广泛深入地开展投资者教育，提高广大投资者的风险意识。监管的透明度也提高了，通过强制信息披露，提高上市公司的透明度，让广大投资者能够自主地对其投资行为的投资价值作出理性的判断。

保证证券市场安全的首要任务是必须逐步建立健全证券市场风险释放机制。将证券市场风险有效地释放给各市场利益主体，真正实现风险自担，由它们承担其经营行为所产生的相应风险。例如，由证券交易所对市场的公平交易秩序和交易系统的安全性负责；上市公司对其信息披露的真实性承担法律责任；证券经营机构对其内部风险控制、财务经营风险能力负责；会计师事务所对其出具的财务审计报告的真实性、准确性和完整性负责；证券投资咨询机构对其咨询报告的投资建议负责；等等。政府的责任就是有效监督各市场利益主体真正承担其各自应负的责任。

(三) 有效监管理念

经济学的两大核心思想，即物品是稀缺的和社会必须有效地利用它们的资源。经济学研究社会如何利用稀缺的资源以生产有价值的商品，并分配给不同的个人。经济学的这一基本原理提醒我们必须考虑资源约束，即必须认识到实施监管也是需要耗费资源的。在贯彻实施监管的过程中耗费掉的资源成本可能大于实现监管目标后的收益。或者运用机会成本的概念，监管过程中所耗费的资源原本可以有更合算、更好的用处，能够带来更大的收益，在追求理想的监管目标时必须考虑监管成本的因素。由监管引起的成本可以分为两大类：一是监管引起的直接资源成本；二是监管引起的间接资源成本。直接成本分由政府负担的成本和由金融机构负担的成本两个部分，前者简称行政成本，后者简称执行成本。由监管引起的间接效率损失包括：可能导致人为地抑制金融机构间的竞争，造成静态低效率；可能妨碍金融机构的创新，导致动态低效率；过于严厉的监管会导致金融业务转移到其他国家和地区的金融中心；等等。

运用成本有效性分析判断金融监管是否适度为一种好办法。成本有效性是指监管的有效程度与监管成本之比的最大化。在制定监管法规、建立监管制度、选择监管体制、执行监管措施时必须考虑监管成本问题。党中央关于建立节约型社会的战略更要求我们提高对节约监管成本的认识。由政府单方面全面监管并不是万能的。监管的有效性在很大程度上取决于上市公司和证券中介机构的自律，以及市场机制的作用。如果没有市场机制的作用，上市公司没有完善的法人治理结构，证券公司、会计师事务所等中介机构没有行业行为的自律，监管的效率会打很大的折扣。因此，加强监管还应同完善上市公司的法人治理结构和证券中介机构的自律制度结合起来，应将外部施加的监管与内部自发的响应有机地统一和结合起来。

目前，中国正处于经济发展的转型期，有关法规和政府监管职能都很不完善。在新形势下，政府职能定位需要进一步明确，在经济管理中的角色需要转换，与市场功能之间的界限需要划清，这需要一个过程。在转型期，为了防止监管失灵和不当行为的发生，提高监管有效性，要进一步加强监管法规和政策的有效性研究。深入总结监管经验，明确监管权限和执法程序，提高监管过程的透明度。还要强化对权力的监督制约机制，加强对监管人员的教育，防止少数人滥用权力，给国家和投资者造成损失。

在证券市场立法执法实践中的问题表现集中在以下几个方面。

1. 立法粗放、缺乏可操作性

我国采用立法性法律体系，目前法律体系还不够完善。立法机关颁布的制定法文件不能满足司法实践的需要。1981年,《全国人民代表大会常务委员会关于加强法律解释工作的决议》规定:"凡属于法院审判工作中具体应用法律法令的问题,由最高人民法院进行解释。"从效力和功能来看,我国司法解释也是法的渊源之一。最高人民法院具有进行规范性司法解释的权力。国家中央行政机关、地方权力机关和行政机关在职权范围内发布的规范性文件也构成法的渊源。

我国已经形成了以《公司法》《证券法》为核心,以行政法规为补充,以部门规章为主体的证券法律体系。但《证券法》本身粗放、缺乏可操作性,还有不完善之处。如对于泄露内幕信息的行为,我国《刑法》第180条规定:"证券交易内幕信息的知情人员或者非法获取证券交易内幕信息的人员,在涉及证券的发行、交易或者其他对证券的价格有重大影响的信息尚未公开前,买入或者卖出该证券,或者泄露该信息,情节严重的,处5年以下有期徒刑或者拘役,并处或者单处违法所得1倍以上5倍以下罚金;情节特别严重的,处5年以上10年以下有期徒刑,并处违法所得1倍以上5倍以下罚金"。泄露内幕信息是单独成罪的,按《证券法》第70条规定,泄露内幕信息是一种单独的违法行为,但该行为的具体认定,却没有相关的司法解释,因此在稽查工作中,缺乏依据认定,无法查处这种行为。

2. 证券市场政治化,政府主导市场发展

中国正处于转轨时期,证券市场带有政治色彩。证券市场的产生和发展是由政府规划设计的,赋予其政治功能:减轻国家财政压力,转移国有银行风险,解决就业问题,为国有企业筹资、充实资本金并为国企解围等,形成了证券市场上国有股"一股独大"、股权双重性等独特现象。

在立法层面上,证券市场政治化体现在立法向国有企业倾斜。如《公司法》第152条规定,股份有限公司申请股票上市必须公司股本总额不少于人民币5000万元;开业时间在3年以上,最近3年连续盈利等。原国有企业改建设立的,或者本法实施后新成立,主要发起人为国有大中型企业的,可连续计算。上市条件就把非国有企业拦在了门外。在政策上非国有企业得不到扶持,到20世纪90年代初其发展规模和盈利记录尚达不到上述要求。中国股市至今仍以国有企业和国有控股公司为主体。

3. 证券立法中偏重刑事责任、行政责任,而民事责任的规定则极度缺失

证券法中行政责任、刑事责任与民事责任分别从私法与公法的角度,对证券法律进行了调整。三者只有协调一致,才能维护证券市场秩序。刑事责任由国家负责追究,行政责任及处罚由主管机关追究,民事责任则由蒙受损失的投资大众进行追诉。民事责任既不能代替其他的法律责任形式,也不能由其他的法律责任形式代替。刑事责任和行政责任虽可成为民事责任的有益补充,却无法替代民事责任固有的功能,民事责任应该为先。

通过建立、完善证券民事责任机制可以预防证券违法违规行为。民事责任制度具有给予受害人提供充分救济的功能,通过责令不法行为人赔偿受害人的损失,剥夺其通过不法行为所获得的非法利益,从而使违法者有所畏惧。

我国《证券法》中关于民事责任的规定很少。《证券法》针对证券市场主体违反禁止性规定的行为应负法律责任中,大多是责令停产或关闭、吊销资格证书、没收违法所得、罚款等行政责任(有33个条文涉及),以及该违法行为构成犯罪时所产生的刑事责任(有18处涉及),但涉及民事责任的条款不到法律条款的1/18,仅有2条。因此,证券民事责任制度的缺失非常明显。

4.执法权高度集中,执法司法协调不畅

市场功能的政治化和市场主体的单一性,使得执法权高度集中于政府部门即中国证监会。执法司法协调不畅,使得证监会在案件的查处上自由裁量权的行使存在着随意性的可能。司法以行政处罚为前提,行政处罚又以违反法律为前提,认定违法的责任在行政部门,而最终裁决是否犯罪的权力在司法部门。循环化的制度在遇到问题时,会出现"有法等于无法""有法无用"的现象。

五、监管原则

(一)保护投资者利益原则

投资者拿出收入来购买证券,且大多数投资者缺乏证券投资的专业知识,只有在证券市场管理中相应采取措施,维护其合法权益,使投资者得到公平的对待,才能更有力地促使人们增加投资。

(二)依法管理原则

这一原则是指证券市场监管部门必须加强法制建设,保护市场参与者的权益,明确划分有关各方面的权利与义务,即证券市场管理必须有法律依据和法律保障。

(三)"三公"原则

1.公开原则

这一原则就是要求证券市场充分透明,要实现市场信息的公开化。信息披露的主体不仅包括证券交易者、证券发行人,还包括证券监管者;要保障市场的透明度,除了证券发行人需要公开影响证券价格的企业情况说明外,监管者还应当公开监管身份、监管程序、对证券市场违规处罚等。

2.公正原则

这一原则要求证券监管部门对一切被监管对象给予公正待遇。根据公正原则,证券立法机构应当制定体现公平的法律、法规和政策;证券监管部门要在法律的基础上,应当根据法律授予的权限履行监管职责,对所有证券市场参与者给予公正的待遇;对证券违法行为的处罚和对证券纠纷事件和争议的处理,都应当公平进行。

3.公平原则

这一原则要求证券市场不存在歧视,参与市场的主体具有平等的权利。无论是投资者还是筹资者,监管者还是被监管者,也无论其投资规模与筹资规模的大小,只要是市场主体,则在投资机会、享受服务、进入与退出市场、获取信息等方面都享有完全平等的权利。

(四)监督与自律相结合的原则

这一原则是指在加强政府、证券主管机构对证券市场监管的同时,也要加强从业者的自我教育、自我约束和自我管理。国家对证券市场的监管是证券市场的保证,而证券从业者的自我管理是证券市场的基础。国家监督与自我管理相结合的原则是各国共同奉行的原则。

六、证券市场监管的意义

证券市场监管是宏观经济监督体系中必备的组成部分,对保证证券市场的健康发展意义重大。

(一)加强证券市场监管能够保障投资者权益

投资者涉足证券市场是以获取某项权益和收益为前提的,是证券市场的支撑者,经纪公司、证券发行公司、交易商的违规行为会使投资者蒙受损失,影响投资者的积极性,造成证券市场的萎缩。为保护投资者的合法权益,必须坚持"公开、公平、公正"的原则,加强对证券市场的监管。只有这样,才便于投资者充分了解证券证券的价值、发行人的资信和风险状况,从而使投资者能够正确地选择投资对象。

(二)加强证券市场监管可以维护市场秩序、保障筹资者权益

不法行为会引起证券市场的混乱,影响投资者购买公司证券的积极性,影响合法筹资者的正常筹资。为保证证券发行和交易的进行,国家要通过立法手段,允许金融机构和中介人在国家政策法令许可下买卖证券并取得合法收益;在现有的经济条件下,市场也存在着垄断行市、蓄意欺诈、操纵交易和哄抬股价等多种弊端。为此,必须对证券市场进行监督检查,对非法证券交易进行严厉查处,以保护正当交易,维护证券市场的正常秩序。

(三)加强证券市场监管能够发展和完善证券市场体系

完善的市场体系能有利于稳定证券行市,促进证券市场筹资和融资功能的发挥,促进资本合理流动,增强社会投资信心,从而推动商业、金融业和其他行业以及社会福利事业的顺利发展。

(1)证券业属于知识和资本密集型行业,易形成垄断。垄断性有可能导致证券产品和金融服务的消费者付出额外的代价,政府从证券产品的定价和金融业的利润水平方面对证券业实施监管是应该严格的。

(2)证券市场是高风险、高收益和高投机的市场,证券业的竞争过度与不足,都会引起证券价格的剧烈波动、扭曲,使市场失灵,导致经济的无效率和福利水平下降。为了消除或者减少负面影响,必须约束个体的行为,对证券市场实施监管,消除或避免证券市场失灵所带来的不公平竞争、资金配置不经济,以及金融市场和宏观经济不稳定的后果,以确保市场机制在证券领域发挥其应有的作用。

(3)由全部证券产品的集合所构成的综合效用(股票价格指数)是公共产品,具有强烈的外部性,会关系到每一个证券投资者的利益。对证券产品实施必要的政府监管符合经济学原理。

(四)加强证券市场监管可以提高证券市场效率

证券产品是信息决定产品,交易双方存在着严重的信息不对称,市场的有效程度完全取决于证券发行者能否实现信息彻底的披露。

准确、及时和全面的信息是证券市场参与者发行和交易的重要决策依据。证券产品的交换价值几乎完全取决于交易双方对信息的掌握程度及作出的判断,新信息的出现都有可能导致人们形成新的判断,从而导致证券交易价格的调整。因此,监督证券市场主体的信息披露行为,建立健全信息披露制度,是保证证券市场健康、有效发展的前提。

发达高效的证券市场信息必定灵敏。它既要有现代化的通讯设备系统,又必须有组织严密的信息网络机构;既要有分析、收集、预测和交换信息的制度与技术,又要有高质量的信息管理干部队伍,而这些都只有通过国家的组织管理才能实现。

七、证券市场监管的手段

(一)法律手段

法律手段通过证券法律与法规来实现,约束力强,是监管部门的主要手段。

(二)经济手段

经济手段是指通过公开市场业务、运用利率政策、税收政策等经济手段,对证券市场进行干预。这种手段相对比较灵活,但调节过程可能较慢,存在时滞。

(三)行政手段

行政手段是指通过制定政策、计划等对证券市场进行行政性的干预。这种手段比较直接,但运用不当可能违背市场规律,无法发挥作用。在证券市场发展初期,法制尚不健全、市场机制尚未理顺或遇突发性事件时使用。

八、证券市场监管内容

(一)信息披露

1. 信息披露的意义

制定证券发行信息披露制度的目的是通过公开、充分、公正的制度,保护投资者免受欺诈和不法操纵行为的损害。各国均强制要求信息披露。信息披露的意义在于如下几点。

(1)有利于价值判断。投资者把投资获利作为惟一的目的,要从繁多的有价证券中选择最有利的投资机会,投资者必须对发行公司的财力、资信及其公司的营运状况充分了解。投资者只有取得有关发行人完整、真实、准确的信息,才能作出合理的投资决策。

(2)有利于监督经营管理。以企业会计准则约束企业会计核算,有利于发行公司的管理规范化。信息公开包括公司财务信息的公开。实施信息公开制度,还可以扩大发行公司的影响,提高其知名度。

(3)防止信息滥用。证券的发行是公司股权或债权转移的过程,是风险分化的过程。公平的证券市场中投资者都有均等获得信息的权利和投资获益机会。如果没有信息公开制度,发行人可能隐匿真实信息、散布虚假信息、滥用信息操纵市场,或欺骗投资者而转嫁风险,使得证券市场无法显示证券的真正价值。

(4)防止不正当竞业。竞业禁止义务是指公司董事在为自己或第三人从事公司营业范围的交易时,必须公开有关交易的事实,并须得到股东大会的许可。在制度的演化过程中,所有权与经营权相分离。为保证经营权的合理行使,维护股东和公司债权人的利益,有些国家的公司法规定董事负有忠实义务、勤勉义务和竞业禁止义务。这是由于董事从事竞业行为时可能牺牲公司利益来夺取公司的交易机会,或者利用职务上的便利而对公司造成损害。因此,以法律规定董事承担竞业禁止义务,公开与公司有关的信息,成为维护公司和股东权益的重要手段。

(5)提高证券市场效率。信息公开能够提高证券市场效率。证券发行与投资是实现社会资源配置的过程,这一过程依靠市场机制进行调节。证券发行包括发行品种、发行时间、发行数量等,取决于市场的要求及投资者的投资能力。证券投资是一个选择过程,如果企业资信良好、管理甚佳、实力雄厚、盈利丰厚,其发行的证券必为广大投资者追捧。因此,为使投资者科学地选择投资证券,实现合理的资源配置,必须建立完备的信息公开制度。

2. 信息披露的基本要求

(1)真实性。真实性是指发行人公开的信息资料应当真实、准确,不得有误导、虚假记载或欺骗。

(2)全面性。全面性是指发行人应当充分披露可能影响投资者投资判断的资料,不得有隐瞒或重大遗漏。

(3)时效性。时效性是指向公众投资者公开的信息应当具有及时性、最新性。公开资料反映的公司状态应为现实状况,公开资料时间不得超过法定期限。

3. 证券发行与上市的信息公开制度

(1)公开证券发行信息。发行人要向投资者阐明投资于其证券的风险和投机因素。公司有责任对投资者负责,对出售证券所筹资金的目的和使用方向进行说明。如果新股票是溢价发行,对股东产权引起的削弱等应给予解释。公司还应公布证券发行的包销计划等。

(2)公开证券上市信息。《证券法》第48条规定,上市公司除公告上市申请文件外,还应当公告下列事项:股票获准在证券交易所交易的日期;持有公司股份最多的前10名股东的名单和持股数额;监事、董事、经理及有关高级管理人员的姓名及持有本公司股票和债券的情况。《证券法》第47条规定,股票上市交易申请经证券交易所同意后,上市公司应当在上市交易的5日前公告经核准的股票上市文件,并将该文件置备于指定场所供公众查阅。《公司法》第54条规定,公司债券上市交易申请经证券交易所同意后,发行人应当在公司债券上市交易的5日前公告公司债券的核准文件、上市报告及有关上市申请文件,并将其申请文件置备于指定场所供公众查阅。

4. 持续信息公开制度

《证券法》第60条规定,股票或者公司债券上市交易的公司,应当在每一会计年度的上半年结束之日起两个月内,向国务院证券监督管理机构和证券交易所提交记载以下内容的中期报告,并予公告:涉及公司的重大诉讼事项;公司财务会计报告和经营情况;已发行的股票、公司债券变动情况;提交股东大会审议的重要事项;国务院证券监督管理机构规定的其他事项。

《证券法》第61条规定,股票或者公司债券上市交易的公司,应当在每一会计年度结束之日起四个月内,向国务院证券监督管理机构和证券交易所提交记载以下内容的年度报告,并予公告:公司概况;监事、董事、经理及有关高级管理人员简介及其持股情况;公司财务会计报告和经营情况;已发行的股票公司债券情况,包括持有公司最多的前10名股东名单和持股数额;国务院证券监督管理机构规定的其他事项。

5. 证券交易所的信息公开制度

《证券法》第107条规定,证券交易所应当为组织公平的集中竞价交易提供保障,公布证券交易行情,并按交易日制作证券市场行情表,予以公布。《证券法》第110条规定,证券交易所对在交易所进行的证券交易实行监控,按照国务院证券监督管理机构的要求,对异常的交易情况提出报告。证券交易所应对上市公司披露信息进行监督,督促上市公司依法准确、及时地披露信息。

6. 信息披露的虚假或重大遗漏的法律责任

《证券法》关于信息披露文件的责任主体,主要包括四类:发行人及公司发起人;发行人的重要职员,包括监事、董事、经理及在文件中签章的其他职员;律师、注册会计师、工程师、评估师或其他专业技术人员;证券公司。

(1)发行人、证券经营机构在上市公告书、招募说明书、公司报告及其他文件中作出虚假陈述。《证券法》规定,经核准上市交易的证券,其发行人未按照有关规定披露信息,或者所披露的信息有虚假记载、误导性陈述或者有重大遗漏的,由证券监督管理机构责令改正,对发行人处以30万元以上60万元以下的罚款;对直接负责的主管人员和其他直接责任人员给予警告,并处以3万元以上30万元以下的罚款;构成犯罪的,依法追究刑事责任。

(2)证券交易所、证券业协会或者其他证券业自律性组织作出对证券市场产生影响的虚假陈述。证券公司、证券交易所、证券登记结算机构、证券交易服务机构的从业人员、证券业协会或者证券监督管理机构的工作人员,故意提供虚假资料,伪造、变造或者销毁交易记录,诱骗投资者买卖证券的,取消从业资格,并处以3万元以上5万元以下的罚款;属于国家工作人员的,还应当依法给予行政处分;构成犯罪的,依法追究刑事责任。

(3)会计师事务所、律师事务所、资产评估机构等专业性证券服务机构在其出具的审计报告、法律意见书、资产评估报告及参与制作的其他文件中作出虚假陈述。为证券的发行、上市或者证券交易活动出具审计报告、资产评估报告或者法律意见书等文件的专业机构，就其所应负责的内容弄虚作假的，没收违法所得，并处以违法所得1倍以上5倍以下的罚款，并由有关主管部门责令该机构停业，吊销直接责任人员的资格证书，造成损失的，承担连带赔偿责任；构成犯罪的，依法追究刑事责任。

(4)证券经营机构、发行人、专业性证券服务机构、证券业自律性组织在向证券监管部门提交的各种文件、报告和说明书中作出虚假陈述。发行人未按期公告其上市文件或者报送有关报告的，由证券监督管理机构责令改正，对发行人处以5万元以上10万元以下的罚款。

(二)操纵市场

证券市场中的操纵市场是指某一组织或个人以获取利益或者减少损失为目的，利用其信息、资金等优势，制造证券市场假象，滥用职权，诱导或者致使投资者在不了解事实真相的情况下作出证券投资决定，扰乱证券市场秩序的行为。

1. 操纵市场的方式

(1)虚买虚卖。虚买虚卖是指以影响证券市场行情为目的，人为创造证券交易的虚假繁荣，从事所有权非真实转移交易的行为。其构成要件有两个：一是行为人客观上达成交易，但证券未交割、财产所有权未转移；二是行为人主观上有创造市场虚假繁荣、诱导公众投资者盲目跟进，从而达到影响市场行情的目的。虚买虚卖的手法主要有以下几种：第一种是投机者分别下达预先配好的委托给两家经纪商，由一经纪商卖出，另一经纪商买进，但所有权并未发生实质性转移；第二种是交易双方同时委托同一经纪商在证券交易所相互申报买进卖出，都作相互应买应卖，但其间并无证券或款项的交割行为；第三种手法是投机者(称为做手)先卖出一定数额的股票，由预先安排的同伙买进卖出，继而又将证券退还给做手，取回价款的行为。

(2)连续交易操纵。连续交易操纵是指以抬高或者压低证券交易价格为目的，而自行或与更多的人连续买卖上市证券，蓄意造成证券交易繁荣现象的行为。构成连续交易操纵的要件有两个：一是连续交易导致市场表象或价格变化；另一个是行为者以压低或抬高证券交易价格为目的。

(3)合谋。合谋是指行为人欲影响市场行情与他人同谋，由一方做出交易委托，另一方按对方委托的内容，在同一地点、时间以同等数量和价格反向委托，并达成交易的行为。其要件是交易双方有通谋行为，委托在价格、时间、数量上具有相似性。

2. 操纵市场行为

(1)通过单独或者合谋，集中资金优势、连续买卖、持股优势联合或操纵证券交易价格。

(2)进行不转移所有权的自买自卖，以自己为交易对象，影响证券交易价格或者证券交易量。

(3)与他人串通，以事先约定的价格、时间和方式相互进行证券交易或者相互买卖并不持有的证券，影响证券交易价格或者证券交易量。

(4)以其他方式操纵证券交易价格。

3. 对操纵市场行为的监管

(1)事前监管。事前监管是指在发生操纵行为前,证券管理机构采取必要手段以防止损害发生。为实现这一目的,证券立法和证券管理机构都在寻求有效的约束机制。如美国《证券交易法》第21条赋予证券管理机构调查权,以约束市场危害行为。

(2)事后救济。事后救济是指证券管理机构对市场操纵行为者的处理及操纵者对受损当事人的赔偿。这主要包括两个方面:第一,处罚操纵行为。根据我国《证券法》规定,操纵证券交易价格或者制造证券交易的虚假价格或者证券交易量,获取不正当利益或者转嫁风险的,没收违法所得,并处违法所得1倍以上5倍以下的罚款;构成犯罪的,依法追究刑事责任。证券经营机构的操纵行为被查实后,证券管理机构可以取消其交易所会员资格,暂停或取消其注册资格,或对其交易数量加以限制,或令其停止部分或全部交易。第二,操纵行为受害者可以通过民事诉讼获得损害赔偿。

(三) 欺诈行为

欺诈客户是指以获取非法利益为目的,违反证券管理法规,在证券发行、交易及相关活动中从事虚假陈述、欺诈客户等行为。

1. 欺诈客户行为

(1)证券经营机构将自营业务和代理业务混合操作。

(2)证券经营机构违背代理人的指令买卖证券。

(3)证券经营机构不在规定时间内向被代理人提供证券买卖书面确认文件。

(4)证券经营机构不按国家法规和证券交易场所业务规则的规定处理证券买卖委托。

(5)证券登记、清算机构不按国家有关法规和本机构业务规则的规定办理交割、清算、过户、登记手续。

(6)证券经营机构以多获取佣金为目的,诱导顾客进行不必要的买卖,或者在客户的账户上翻炒证券。

(7)证券登记、清算机构擅自将顾客委托保管的证券用作抵押。

(8)发行人或者发行代理人将证券出售给投资者时,未向其提供招募说明书。

(9)证券经营机构保证客户的交易收益或者允诺赔偿客户的投资损失等。

2. 监管欺诈客户行为

为了维护证券市场秩序,禁止证券欺诈行为,保护投资者的合法权益和社会公共利益,国务院于1993年9月2日发布了《禁止证券欺诈行为暂行办法》(以下简称《办法》)。《办法》对我国证券发行、操纵市场、欺诈客户、交易及相关活动中的内幕交易、虚假陈述等行为进行了明确的界定并制定了相应的处罚措施。《办法》规定,禁止任何单位或个人在证券发行、交易及其相关活动中欺诈客户。证券经营机构、证券登记或清算机构以及其他各类从事证券业的机构有欺诈客户行为的,将根据不同情况,限制或者暂停证券业务及其他处罚。因欺诈客户行为给投资者造成损失的,应当依法承担赔偿责任。

(四) 内幕交易

所谓内幕交易,又称知内情者交易,是指公司监事、董事、经理、主要股东、职员、证券市场内部人员或市场管理人员,以获取利益或减少经济损失为目的,利用地位、职务等便利,获取发行人未公开的、可以影响证券价格的重要信息,进行有价证券交易,或泄露该信息的行为。

1. 内幕交易的行为主体

《证券法》第68条规定,下列人员为知悉证券交易内幕信息的知情人员:发行股票或者公司债券的公司董事、经理、监事、副经理及有关高级管理人员;持有公司5%以上股份的股东;发行股票公司的控股公司的高级管理人员;由于所任公司职务可以获取公司有关证券交易信息的人员;证券监督管理机构工作人员以及由于法定职责对证券交易进行管理的人员;由于法定职责而参与证券交易的社会中介机构或者证券登记结算机构、证券交易服务机构的有关人员;国务院证券监督管理机构规定的其他人员。

2. 内幕交易的行为方式

内幕交易的行为方式主要表现为行为主体知悉公司内幕信息,且从事有价证券的交易或其他有偿转让行为,或者泄露内幕信息或建议他人买卖证券等。

3. 内幕信息

《证券法》第69条规定,在证券交易活动中,涉及公司的经营、财务或者对该公司证券的市场价格有重大影响的尚未公开的信息,为内幕信息。下列各项信息皆属内幕信息:本法第62条第二款所列重大事件;公司分配股利或者增资计划;公司股权结构的重大变化;公司债务担保的重大变更;公司营业用主要资产的抵押、出售或者报废一次超过该资产的30%;公司的董事、经理、监事、副经理或者其他高级管理人员的行为可能依法承担重大损害赔偿责任;上市公司收购的有关方案;国务院证券监督管理机构认定的对证券交易价格有显著影响的其他重要信息。

4. 对内幕交易的监管

《证券法》第70条规定:知悉证券交易内幕信息的知情人员或者非法获取内幕信息的其他人员,不得买入或者卖出所持有的该公司的证券,或者泄露该信息或者建议他人买卖该证券。《办法》规定,禁止任何单位或个人以获取利益或减少损失为目的,利用内幕信息进行证券发行、交易活动。

5. 内幕交易行为种类

(1)内幕人员向他人泄露内幕信息,使他人利用该信息进行内幕交易。

(2)内幕人员利用内幕信息买卖证券或者根据内幕信息建议他人买卖证券。

(3)非内幕人员通过不正当的手段或者其他途径获得内幕信息,并根据该信息买卖证券或者建议他人买卖证券等。

根据《办法》规定,内幕人员和以不正当手段或者其他途径获得内幕信息的其他人员违反法律规定,根据内幕信息买卖证券或者建议他人买卖证券的,泄露内幕信息的,将根据不同情况予以处罚,并追究有关人员的责任。

第三节 监管体制与监管模式

中国证券市场与美国这个世界上最发达的证券市场相比,仍然存在监督体系和法律制度不够完善,上市公司和券商的实力不强,市场容量和深度不够,投资和避险工具缺乏等诸多问题,并据此提出了中国证券市场未来发展的建议。

证券市场现已是中国社会主义市场经济体系中最活跃的、重要的部分,而在美国则形成了目前世界上最发达、最庞大、最成熟的证券市场。我国证券市场已经具备了相当的规模,证券市场在国民经济中的地位愈发重要。然而证券市场仍然存在着过度投机、市场缺乏透明度等问题。中国证券市场监管体制上的弊端是导致证券市场低效率的原因之一。我们有必要通过与成熟稳健的监管体制进行比较,找出我国证券市场监管体制与国际惯例存在的差距。

一、美国证券市场的监管体制

在实践中,各个国家和地区对资本市场的监管基本上可分为3种不同的体制:自律型监管体制、集中型监管体制和中间型监管体制。采取不同的监管体制是因为各国之间的经济制度、文化传统以及市场发育完善程度等都是不尽相同的,而这种选择也必然会影响整个证券市场的发展。美国采取的是集中监管与自律监管适度统一的中间型监管体制。通过长期的发展完善,美国证券市场的监管体制形成各州政府的监督与管理、联邦政府的监督与管理以及证券业行业自我监督与管理3个层次。美国联邦政府为加强对证券市场的监督与管理,专门成立了美国证券交易委员会(SEC)SEC是非党派的、独立的、准司法性的管理机构,它的职能是执行由国会制定的各项与证券有关的,以保护投资者的利益和维持证券市场的有序运转。

由于证券市场的监管涉及面广,是一项相当复杂而艰巨的工作,单靠全国性的证券主管机关而没有证券交易所和证券业协会的配合,就难以实现既有效管理又不过多行政干预的目标。美国建立了一套非官方的行业自律组织,包括全美证券商协会和各证券交易所。自律组织同样具有高度的独立性。他们负责上市审核,对上市公司的仲裁纠纷、日常监管、规范场外交易市场等。

二、我国证券市场监管的现状及存在的主要问题

中国证券市场从无到有,发展到现在的规模,成绩卓越。由于市场发展迅猛,政府监管部门疲于应付繁杂的大量日常事务,忽略了对市场发展急待解决的根本的监管制度建设。为了尽快解决一些短期凸显的问题,往往采取急救措施,或以行政命令的方式强行调控市场,虽然能够暂时缓和事态,但是很可能为市场发展和监管带来了意想不到的隐

患。尽管我国证券监管机构近年来加大了对欺诈与操纵的打击力度,但行政监管是事后监管,存在明显的弱效性和滞后性。

(一)弱效性

对违规行为处罚显得过轻。如民源海南公司动用银行贷款和透支操纵"琼民源"股价非法获利万元,查处后除了没收非法所得以外,仅处以警告和罚款了事。对上市公司违规行为的处罚却转嫁到公司股东身上,并无过错的中小股东受害最深。对应承担直接责任的违规公司的高管人员处罚过轻,弱化了监管效果。

(二)滞后性

从违规行为的发生到监管机构作出处罚,历时弥久,监管行为存在明显的滞后性。如"中科创业""亿安科技"操纵股价行为在发生数年后才发现,而"琼民源"事件的查处竟长达两年。监管力量有限,调查费用不菲,一些市场欺诈行为未被处理,成为漏网之鱼,使违法者产生侥幸心理,铤而走险。

三、完善我国证券市场监管制度的措施

(一)加强监管部门自身的独立性和监管行为的规范性

要使中国证券市场的监管产生效力、具有权威,其前提条件就是监管对象必须是独立自主的上市公司和投资者。监管机构作为惟一的行政监督管理者依法行使监督管理权,不允许任何其他政府机构或明或暗地介入。当前要做和能做的就是大力推进企业制度的建设使上市公司和券商成为符合市场要求的市场独立法人主体。证券监管机构作为行政管理机构其职能又不同于一般行政机构,它必须遵循市场经济原则依法对市场行为进行监督管理,实现行政手段与市场原则的统一。

(二)完善上市公司信息披露制度

要退一步完善上市公司信息披露制度,增强市场透明度,规范上市公司行为,以有效地保护证券投资者的平等交易的机会。

(三)强化证券交易所的自律功能

我国沪、深两个交易所都属于会员制的自律组织,他们已部分承担证券市场的监管任务,处于证券市场监管一线,但同时在日常监管中也存在不少问题。应当进一步强化证券交易所作为一线监管部门的地位和职能,明确其在因监管不力而造成或加剧的违规违法行为中所应承担的责任,从而督促其加强对上市公司和投资者监管的力度。在监管过程中尤其要加强对行为和过程的监管,而不仅仅是对结果的监管,对监管者而言,行为本身比结果更值得关注。

四、中外证券市场监管模式的比较与启示

证券监管是证券市场健康发展的重要保障,是国家金融监管的重要组成部分。需要结合具体国情不断健全完善,以适应市场经济的需求。中国证券市场的国际化,与国际市场的联系越来越紧密,要求市场监管模式也要趋向国际化。本书通过英国、美国和德

国的监管模式的综合评述和比较,将中国证券监管模式的改革纳入全球证券市场整体中分析,以客观地发现当前我国证券市场监管的差距,提出改革的思路。

(一)国外证券监管模式的类型

由于各国政府宏观调控手段不同,证券市场发育程度不同,其证券市场的监管模式也不一样,主要有以下3种类型。

1. 集中统一型监管模式

这种模式以美国为典型代表,由政府下属的部门或由直接隶属于立法机关的国家证券监管机构对证券市场进行集中统一监管,而各种自律性组织,如证券交易所、行业协会等只起协助作用。集中统一监管模式以美国、韩国、日本、新加坡等国为代表。

2. 分散自律型监管模式

自律模式以英国为典型代表,通常没有制定直接的证券市场管理法规,而是通过一些间接的法规来制约证券市场的活动;没有设立全国性的证券管理机构,而是靠证券市场的参与者,如证券交易所、证券商协会等进行自我监管。英国、意大利、法国、荷兰等国是自律模式的代表。

3. 综合型监管模式

以德国为代表的综合型监管模式,是介于政府监管型和行业自律型间的监管模式,该模式强调自律管理,强调集中统一的立法监管,是集中型和自律型两种模式的相互协调、渗透的产物。

(二)不同证券监管模式的比较分析

综合比较自律型监管模式、政府监管模式及介于两者之间的德国模式,可认识到如下几个问题。

1. 自律模式

自律模式的优点是:允许证券商参与制定证券市场监管规则,专业知识和实践经验较丰富,更能对市场存在的问题作出迅速准确的判断,从而使市场监管更切合实际,制定的监管法规具有更大的灵活性,比政府监管机构效率高;能充分发挥市场的创新和竞争意识,有利于活跃市场;自律组织对市场发生的违规行为能作出迅速而有效的反应。但是,自律模式也存在缺陷,主要表现在:由于没有立法作后盾,监管手段较软弱,易被钻空子;通常把重点放在市场的有效运转和保护证券交易所会员的经济利益上,对投资者利益往往没有提供充分的保障;由于没有统一的监管机构,非规范化、弹性大、随意性大,监管者的主观因素、人为因素对监管影响很大,难以实现全国证券市场的协调发展,容易造成混乱。由于这些原因,不少原来实行自我监管的国家,现已开始逐渐向集中监管模式转变。例如,1996年,英国政府宣布,要彻底改变证券市场的传统监管方式,加强政府监管力量。其他一些实行自律模式的国家,如泰国、意大利、约旦等,也开始走向集中监管模式。

2. 集中监管模式

集中监管模式的优点在于:具有统一的证券法规,使证券行为有法可依,提高了证市场监管的权威性和严密性;由于监管机构超脱于市场竞争者之外,能公正、高效、公平、严格地发挥其监管作用,并能协调全国各证券市场,防止出现过度投机的混乱局面;更注重保护投资者的利益,有效地克服市场失灵现象。其弊端在于:证券法规的制定者和监管者超脱于市场,从而使市场监管可能脱离实际,缺乏效率;证券市场的复杂性和多变性,单靠政府机构而缺乏自律组织的配合很难达到既有效管理又不过多行政干涉的目标。与自律组织相比,政府机构掌握的信息有限,离市场较远,造成监管成本上升,而且对市场发生的意外行为反应较慢,可能处理不及时,使得监管滞后。

德国模式就是这两者的有机结合,以实现互补。目前,日本、美国、英国的证券监管模式也正在朝这一方向发展。英国陆续出台了一系列法规,朝着法制化、规范化方向发展;美国正改变僵硬的法律条文和适当减少比率指标测评和模型运用,增加其灵活性和主动性,对不同的金融机构采取区别对待的方针等;日本也出台了一系列旨在加强市场机制的法律、法规,宣告政府的"护送舰队"式的监管时代的终结。

这3种监管模式都有优点和缺点,证券市场监管模式的变迁必须与国家(或地区)的文化、政治经济体制和传统的变化相适应,伴随着证券市场的发展而不断成熟,没有绝对优或绝对劣的监管模式。近年来,各国的证券监管模式也有调整和完善,发展总趋势是以自律管理为基础,政府监管(以立法方式)为指导的证券市场监管体系。行业自律行使一线监管作用,是政府风险监管的配合,政府具有最终的法定监管权。这种趋势在一定程度上使集中监管和自律监管模式相互取长补短,发挥各自的优势。

(三)对我国证券监管改革的启示

我国证券市场各种各样的丑闻屡屡发生,如操纵股价、假账、连环担保圈黑幕等,致使目前市场诚信缺失,流通市值损失不小,对证券监管模式改革的呼声越来越高。进一步考察我国证券监管的现状,结合以上3种监管模式的分析,可发现我国的证券监管模式自1992年10月国务院证券委员会(简称国务院证券委)和中国证券监督管理委员会(简称中国证监会)宣告成立,中国证券市场统一监管体制开始形成,其职权范围逐步随着市场的发展创新,1998年9月国务院批准了《中国证券监督管理委员会职能配置、内设机构和人员编制规定》,明确中国证监会是全国证券期货市场的主管部门,为国务院直属事业单位,标志着集中统一的全国证券监管体制基本形成。我国的证券监管模式属于政府监管型,需要改革和完善。

我国证券市场不成熟,尚处于起步和发展阶段,规则和制度不健全这种特殊国情,它决定了强化政府监管有其合理性。我国的证券市场风险日益复杂化,也增加了控制和化解风险的难度,完全依赖政府来监管市场是不现实的。但目前交易所缺乏公司上市的选择权,"为辅"的行业自律还缺乏法律赋予的权力,缺乏对市场运行与异常波动的实时监控权和调查权,中国注册会计师协会作为社会监管组织,只能调查和处罚会计事务所及注册会计师,不能调查上市公司,这些都不利于及时发现查处违规行为。我国应该借鉴国外经验,明确界定自律组织与政府监管部门的分工,充分发挥自律组织在风险防范中的一线缓冲作用,凡是能通过行业自律组织解决的问题就由自律组织解决,避免证监会始终处在风口浪尖上,承受过大的社会压力,逐步实现"以政府监管为主,自律为补充"的监管模式向"以自律为基础,政府监管为主"的监管模式的过渡。

合理划分政府与自律组织的监管权限,受如下因素的影响:第一,政府、证券自律组织各有所长。政府擅长于宏观决策、事后制裁、强制执行等,证券自律监管组织则更贴近市场,更具灵活性,市场认同感更强。第二,就我国现阶段而言,政府主导证券监管体制仍是合理的选择。考虑以上因素,并结合证监会国际组织(简称 IOSCO)自律监管组织咨询委员会的题为《有效监管模型》的报告,我国证券交易所应该主要负责一线市场并对其股东实行监管,包括核准公司证券的发行,对证券市场活动的监管,审查公司证券的上市,对违反规则的行为进行调查、惩处和纠正,制定内部规章制度等;而证券业协会主要在一线市场外对证券公司实行监管,授权批准市场中介机构的市场准入及其标准制定,审查证券公司的设立、行业标准的制定和实施,监督证券市场主体在一线市场内的活动,对违反法律规范和行业规范者给予纪律处分。

加强我国证券业自律监管,就是要充分发挥证券自律组织的自律监管功能。我国的证券业协会尚不能完全承担自律监管的任务,主要是因为其本身存在着需要完善之处。适当的法律方式能帮助完善证券业协会。法律应当加强对证券业协会的监督,确保其公正性。法律应当赋予证券业协会独立的地位,保证其他组织,尤其是政府不会随意对其侵犯。法律应当规定该协会与其会员的联系制度和决议的产生方式,增强其代表性。法律应当明确其性质、地位和作用,保证移交给它的职能是合理的。目前,我国证券业协会的法律性质不明确,这个问题必须得到解决。这样有利于保证证券业协会充分地行使权力,解决当前证券业协会难以实现自律监管的问题,并更有效地保障其他证券市场主体的合法权益。

根据我国法律的规定,证券交易所是会员制法人。根据有关法律规定证券交易所的设立和解散,其章程的制定、修改和重要人事任免都取决于政府。随着经济全球化的深入和网络科技的迅速发展,证券交易所面临的竞争十分激烈。目前,我国的证券交易所离独立的会员制法人还有一些距离,不利于证券交易所自律功能的实现。为求生存和发展,国际上证券交易所的发展趋势是向公司制靠拢,建立非互助式的结构。鉴于我国证券交易所产权不清导致了各种问题的产生,建议将我国的证券交易所改制为公司制,以推动交易所的市场化发展。证券业协会与证券交易所间还应就自律监管建立协调的关系,以便于自律监管体系的顺畅。

第四节
市场经济下公司财务资本市场监管具体方法

本节以 2017 年北京辖区证券资格会计师事务所监管工作为例,探讨市场经济下强化监管公司财务资本市场监管,包括三个方面的内容:一是 2017 年全国证券期货监管工作会议的重要精神;二是 2016 年北京辖区审计机构检查情况及存在的主要问题;三是对

2107年审计工作提出的要求。

一、2017年全国证券期货监管工作会议的重要精神

2017年2月10日,中国证监会召开了全国证券期货监管工作会议,中国证监会党委书记、主席刘士余同志做了题为"不断强化'四个意识',牢牢把握稳中求进、协调推进资本市场改革稳定发展"的讲话。会议总结了过去一年的工作,分析了当前市场形势,部署了今年的重点任务。与审计机构相关的重要内容如下。

刘士余在总结2016年工作时,突出强调了证监会的监管理念,就是"依法全面从严监管"。结合自身监管工作,首先阐述对这一监管理念的理解,以加深大家对资本市场执业环境的认识。

依法监管,指的是依法履责。资本市场法律规则体系经过二十多年的发展,不断健全,对监管授权、法律责任和相应罚则都有明确和详细的规定。以往监管中,可能存在法律授予的行政权力未能充分使用、法律要求的追责未能严肃追究、以行政监管措施代替行政处罚等问题,今后将坚决避免。强调依法监管,就是要求证监会认真履行法律赋予的监管职责,充分用足各项法律工具、监管手段,依法追责到位,无论是行政责任、民事责任还是刑事责任。

全面监管,指的是不留死角。首先,在监管对象方面,对于违法违规案件涉及的所有当事方、所有环节都要进行认真调查、一查到底,包括各市场主体及相应中介服务机构;凡是违法违规的,都要进行追责问责。这和各家会计师事务所息息相关。尤其是在IPO、并购重组、再融资、债券发行、上市公司及新三板年报审计等重点监管领域,证监会同时将证券资格审计机构纳入监管范围,在稽查立案和追究责任时均一视同仁、一经发现问题将坚决严肃处理。希望通过全面监管,形成发行人和审计机构之间的良性博弈,进一步保证资本市场财务信息披露的真实性。其次,在监管方式方面,现场检查和非现场检查充分结合;既要强化事中事后监管,也不能放松事前监管。各种手段要用足,方式要灵活,不断提高监管实效。此外,在监管领域方面,无论场内市场还是场外市场,股票市场还是债券市场、理财市场,现货市场还是期货市场,监管执法都要实现全面覆盖,不留监管空白。

从严监管,指的是重拳治乱。对于违法违规行为要予以严厉打击,把法律规定的罚则用好用足,该从严从重顶格处罚的,决不手软。这在近期证监会采取的行政处罚措施中得以显著体现。2016年证监会全年行政处罚决定数量、罚没款金额均创历史新高,市场禁入人数也达到历史峰值。同时,2016年将55起案件移送公安机关追究刑事责任,公安机关已对其中45起立案侦查,移送成案率创历史新高。而2017年3月底对"资本大玩家"鲜言开出的34亿元的罚单,为证监会史上最大罚单,更加充分体现了证监会治理市场乱象的决心和魄力。对于影响恶劣、挑战市场规则和监管底线、可能引发市场系统性风险的案例,我们将始终保持高压态势、坚决打击。

总之,依法全面从严,不仅仅是一个口号,更是证监会系统目前从准入、日常监管到执法及追责问责全链条正在践行的监管理念。清楚认识当前监管环境,在内部管理、质

量控制、具体执业等方面苦练内功，努力做到更好。

2017年证券期货监管工作的总体要求是：全面贯彻党的十八大和十八届三中、四中、五中、六中全会精神，深入学习习近平总书记系列重要讲话精神和治国理政新理念新思路新战略，不断增强"四个意识"特别是核心意识和看齐意识，向核心看齐，紧紧围绕统筹推进"五位一体"总体布局和协调推进"四个全面"战略布局，坚持稳中求进工作总基调，以稳促进，以进促稳，牢固树立和贯彻落实新发展理念，不忘初心，始终保持依法全面从严监管，保护投资者合法权益，着力提高和改进监管能力，把防控金融风险放在突出位置，牢牢守住不发生系统性风险底线，切实推进和服务供给侧结构性改革，加大开放，提升资本市场服务实体经济和社会发展能力，以优异的成绩迎接党的十九大胜利召开。同时，会议提出目前重点工作：一是深入推进全面从严治党、全面从严治会，确保资本市场发展的政治方向不动摇；二是将防控风险放在突出位置，牢牢守住不发生系统性风险的底线；三是深化依法全面从严监管，维护市场秩序，继续提升监管能力；四是紧紧围绕供给侧结构性改革这条主线，切实提升服务实体经济能力；五是稳步推进多层次资本市场建设；六是加强市场基础设施和监管保障能力建设；七是积极推进资本市场法制与诚信建设和投资者保护工作；八是开拓资本市场对外开放新格局；九是加强全系统自身建设。

具体而言，与审计行业相关的重点工作如下。

一是深化依法全面从严监管，切实维护市场秩序。2016年，证监会依法全面从严监管，坚持底线思维，对存在的乱象和问题果断出手、多管齐下，持续整顿市场秩序，保护投资者合法权益。其中包括首次对审计、评估机构开展专项执法行动，全面强化中介机构市场责任。同时，强化对"忽悠式""跟风式"重组的监管力度，针对并购重组中履行承诺和信息披露等方面存在的突出问题，开展全覆盖、分批次现场检查，严肃查处问题项目相关中介机构。此外，建立了首发在审企业现场检查工作机制，对首发和再融资环节中的问题中介机构进行专项问核。2017年，证监会将坚持"零容忍"原则，进一步深化依法全面从严监管，对内幕交易、市场操纵、虚假信息披露等行为严惩不贷；继续重点关注和严格审核"忽悠式"重组、红筹企业退市回归、类借壳重组方案等问题，严格规范杠杆收购行为；继续实施首发企业现场检查和信息披露质量抽查，严格审核企业申报文件，坚决防止企业带病上市；加强对各类市场主体的现场检查和非现场监管，继续提升监管能力。

认真贯彻依法全面从严监管要求，对相关市场主体违法违规行为认真调查、严厉打击，在责任追究上对包括审计机构在内的相关中介机构保持同样力度。2016年，北京辖区内一家会计师务所因为一单IPO项目财务造假被采取行政处罚、两名签字会计师被市场禁入；此外，因一家借壳企业财务造假，辖区内一家会计师事务所和一家评估机构被立案调查。

二是加强新三板挂牌企业会计审计监管，提升审计机构资本市场执业水平。2016年，证监会对新三板挂牌公司开展大股东资金占用专项检查，明确相关主体实施新审计报告准则的范围和时间。国务院常务会议明确提出，要完善新三板交易机制，改善市场流动性，对今后发展指明了方向。下一步，证监会将规范发展新三板市场，完善相关制度，把发行、交易、投资者准入和监管等各个方面的改革贯通起来；同时，加大对新三板审计业务的监管力度,强化现场检查,推动中介机构提升执业质量。目前证监会已经对部分新三板公司予以稽查立案,未来监管将更加严格。希望大家在执行新三板审计业务时,摒弃"量大、规模小、标准松"的观点,严格履行准则要求,不能掉以轻心。

三是加强上市公司执行会计准则和财务信息披露监管,进一步提升资本市场主体信息披露质量。2016年,证监会抽样审阅上市公司财务和内控报告,分析存在的问题,面向社会公开发布上市公司会计监管报告;同时编写并出版了《上市公司执行企业会计准则案例解析》,为资本市场各类主体执行企业会计准则提供相应参考。今后证监会将进一步研究准则修订的影响和准则在资本市场执行中的问题与难点,为资本市场会计审计工作提供更多指导建议。会计师事务所作为服务资本市场主体的专业机构,也应不断加大对会计准则的研究力度,紧跟热点问题,提升专业胜任能力,充分发挥鉴证职能,促进资本市场会计信息披露质量的进一步提升。

四是完善会计师事务所从事证券业务的监管体制,制定会计师事务所从事证券服务业务监督管理办法。2016年,证监会对4家审计机构进行全面检查,同时全面核查了上市公司年报审计中注册会计师轮换违规情况,此外各证监局也对辖区上市公司审计执业项目进行了多项检查,对审计机构的监督检查力度不断强化。2017年将完善审计机构从事证券业务的监管体制,制定《会计师事务所从事证券服务业务监督管理办法》,以规范审计机构及相关人员执行证券服务业务行为。会计师事务所应加强对监管规则的学习,了解监管政策和监管原则,贯彻监管要求,免踏雷区。

二、2016年北京辖区审计机构检查情况及主要问题

2016年,审计机构的检查深度和处罚力度都较以往年度有大幅提升。经统计,2016年由证监会及各派出机构对北京辖区会计师事务所采取的处罚情况如下:采取行政处罚4次(涉及3家机构、9名注册会计师),采取行政监管措施共计34次,其中包括出具警示函29份、监管谈话5次(涉及12家机构、56名注册会计师)。2017年以来,北京辖区内会计师事务所被采取行政处罚3次(涉及1家机构、6名签字会计师);目前还有6家会计师事务所被稽查立案、涉及9个执业项目。此外,2016年以来,有2家审计机构因两年内在执业活动中受到两次行政处罚被责令暂停承接新的证券业务。

结合北京辖区内会计师事务所检查情况,下面总结2016年监管发现的突出问题,有些问题依然存在,仍然需要警惕。只有高度重视、采取有效措施切实改正,才能避免一而再、再而三的历史问题重现。

(一)总所对分所管控无力,未能真正实现一体化

北京辖区22家证券资格总所,在全国共拥有分所近500家。客观地说,当前能够完全实现总分所一体化管理的会计师事务所屈指可数,"分灶吃饭"现象仍然较多。从近两年辖区内机构被采取行政处罚的项目情况来看,绝大部分都是分所承接业务。例如,瑞华被立案稽查的6个项目,均为分所承做。分所管控问题带来的巨大风险显而易见,必须高度重视。其主要问题包括以下三个方面。

一是内部整合问题突出。合并、增设分所、吸收团队,是目前事务所做大规模的主要

途径。但部分事务所片面追求规模扩大，忽略了自身管理水平的局限，合并后问题频现，内部整合无法到位，形聚神散，执业理念、人员管理、业务管理、财务管理等方面未能实现实质统一，给事务所发展埋下隐患。

二是业务管理分所化。部分审计机构总分所业务管理各自为政，分所可自主承接和执行各类业务，甚至包括高风险业务，总所无相应风险把关，缺少管控。管理失控带来的后果必然是执业失控、风险积聚。

三是未对分所执业质量有效控制。总分所未能统一质量控制体系，尤其是新吸收合并的分支机构，问题更为突出；未能定期对分所执业质量进行检查，未能实施有效监控，分所执业质量参差不齐。

（二）质量控制尚不完善，风控能力亟待提高

质量控制是事务所的生命线，然而知易行难，实际执行中往往会重项目收益、轻质量控制，这将给事务所带来极大的执业风险。其突出问题有以下三个方面。

第一，质控制度生搬硬套。部分事务所不重视质控制度建设，直接照搬准则，条款规定原则化，未结合自身实际情况建立具体、详细的制度，缺少可操作性。

第二，质控人员力量薄弱，独立性堪忧。部分事务所质控人员配备严重不足、无法保障复核质量。个别事务所过于强调收益、忽视质控，质控人员复核工作受到事务所合伙人的干扰，要求为利益让道、给"带病"报告放行，质量复核难以独立、有效进行。

第三，质控复核流于形式。特别是独立合伙人复核环节，仅简单签字、未见复核记录，实质性复核有限。另外，有个别事务所在审计程序严重不到位、底稿混乱、重要记录缺失的情况下仍通过复核出具报告，质控复核完全失效。

（三）独立性问题依然存在，执业公信力受损

近年来，独立性核查是检查中的常规动作，监管机构对此一直非常重视，但独立性问题却时有发生。其主要有以下三个方面。

一是舞弊案件频发，独立性饱受质疑。在2016年查处的欣泰电气、辽宁振隆2单IPO造假案件中，审计机构及审计人员均因未勤勉尽责，被行政处罚、市场禁入。调查结果显示，案件舞弊手法并不复杂，如通过调减应收账款余额、少记材料成本、虚增合同单价、虚增存货等方式来虚增利润，审计难度并不大。审计机构缘何未能发现造假事项，除去程序执行不到位外，审计独立性也受到社会公众质疑。

二是未严格遵守签字注册会计师轮换规定。在对辖区签字注册会计师轮换情况的专项核查中，北京辖区15家会计师事务所70人次违反了签字注册会计师定期轮换的规定，存在连续为同一家上市公司提供审计服务超过5年、IPO审计后连续提供审计服务超过2年、轮换期不足2年等违规情形，主要原因是事务所对证监会强制轮换的政策理解有误。

三是违规买卖股票行为依然存在。会计师事务所制定的独立性政策执行不到位，且未对员工投资情况进行有效监督及责任追究。事务所日常管理及培训中未将独立性问题重点宣贯，造成审计人员独立性意识薄弱。

(四)新三板审计问题突出,执业水平低下

截至 2017 年 3 月 31 日,新三板挂牌公司家数增至 11022 家,平均每家证券资格所承担 276 项年审业务。加上挂牌及并购审计业务,新三板市场业务量巨大,给事务所业务发展提供了良好契机。但巨大业务量与有限审计资源之间的不匹配,导致新三板审计质量难以保障,执业问题十分突出。其具体体现在以下四个方面。

一是风险认识不足。多家机构将新三板审计项目分类为非 A 类业务,风险定位低于上市公司业务,内部执行的质量控制程序也少于上市公司业务,未充分考虑新三板挂牌公司规模小、抗风险能力低、财务基础薄弱、治理层与管理层高度重叠、个别公司业务模式特殊等风险点。

二是收费水平过低。统计发现,新三板业务平均收费仅为上市公司年报审计的十分之一。过低的收费必然导致审计时间短、审计资源投入不足、审计质量难以保证。成本效益、执业风险与审计报告完备性之间的矛盾日益突出,亟待解决。

三是集中度过高。个别事务所甚至承接了 2500 余项新三板审计业务,执业能力面临严峻考验,执业质量堪忧。

四是审计质量粗劣。在对事务所现场检查中发现,新三板业务执业问题显著多于上市公司业务,多单被采取行政监管措施或被稽查立案。例如,未恰当识别影响公司持续经营能力的事项或情况,在公司经营能力存在重大不确定性的情况下仍同意其基于持续经营假设编制财务报表;未对关联交易占比畸高的情况设计和执行有针对性的实质性审计程序、导致未能发现舞弊等。

(五)审计执业规范性不足,重要程序执行存在缺陷

审计程序执行不到位、重要程序缺失,将难以发现审计对象存在的问题,极大地增加审计风险、损害审计执业质量。日常监管和现场检查中,项目执业问题主要有以下五个方面的内容。

第一,函证程序缺失较多。函证是检查发现问题最为集中的领域,近年来对审计师的行政处罚案例中基本上都存在函证问题。其主要包括:一是重要函证程序缺失,未对重要银行账户和应收账款实施有效函证,甚至对于借方余额为负的银行账户未关注、未函证,未能发现企业虚构收入回款、虚增收入;二是未对函证过程保持控制,存在由客户代发代收函证、未恰当记录函证方式和过程等情形;三是未充分关注函证异常现象,导致未能及时发现审计对象虚构客户的事实。

第二,收入审计程序存有缺陷。项目审计中,收入是重点审计领域;同理,也是监管机构的重点检查范畴。检查发现的收入相关审计问题主要集中在以下几个方面:一是收入确认依据不足,未获取充分的支持性资料,未对大额销售合同、工程竣工决算资料进行查验,机械化堆砌资料现象普遍存在;二是未按照会计准则对公司收入确认原则进行合理判断,如对应在提供服务期间平均分摊确认的收入一次性予以确认,结果不能可靠估计的建造合同收入简单按照回款金额予以确认等;三是未对年底发生的金额重大的异常交易、期后大额销售退回等收入异常现象加以关注。个别项目中,审计人员在电话联

系审计对象销售客户时发现大部分客户联系不上,且联系上的客户基本反映不欠款;对此重大异常现象审计人员却未予足够关注、未采取有效措施进一步跟进,审计程序严重不到位,难以保证审计结论的恰当性。

第三,监盘程序执行不到位。监盘是验证存货真实性和完整性的重要程序,却也是检查发现问题的"重灾区"。部分审计师执业中未对重要存货实施有效的监盘程序,替代程序亦不充分。个别项目中,审计人员仅对存货进行简单拍照,未获取公司盘点记录、未能详细核对物料清单,难以实现监盘目的。此外,对于盘点差异,审计师未认真查找原因,甚至不予处理。诸多审计失败的案例都与监盘有关,希望对此程序一定要严格执行。

第四,减值测试程序不当。在去产能、调结构的背景下,资产减值是诸多上市公司需要考虑的重点问题之一,尤其是商誉减值。依据2016年三季报数据,辖区内185家上市公司列示商誉2111亿元,其中16家上市公司商誉金额占净资产50%以上、个别公司商誉金额甚至超过净资产,商誉减值给公司带来的经营风险不言而喻。尤其是在当前行业景气度下降的情况下,减值风险将愈发突出。减值测试程序不到位,将严重影响会计信息质量。检查中发现,审计师在减值测试程序上疏忽颇多,究其原因还是重视不足、怠于执行必要审计程序、风险意识不够。其问题主要表现在:未关注资产减值迹象,未执行必要的减值测试程序;对评估报告的使用采取"拿来主义",未分析评估假设、相关参数与预测数据的合理性,未能恰当评价评估结果。

第五,股份支付审计存在的问题。监管中发现相当数量上市公司在股份支付会计处理中存在突出问题,包括:一是仅对股份支付进行会计确认、未确认回购义务;二是股份支付相关递延所得税资产确认不规范,未关注到会计处理与税法规定的时间差异;三是对限制性股票公允价值的计量不正确,如不当考虑行权条件从而对公允价值进行"打折"处理;四是对于分期行权的股份支付未能分批次进行区分,而是将相关费用在整个股份支付计划期间内进行平摊。对于前述上市公司会计处理问题,审计机构亦未能有效识别、充分关注,未能恰当进行审计调整,究其原因主要是由于审计师自身的专业技术水平有待进一步提高、对会计准则的学习理解有待进一步加强;而审计机构内部的技术支持和质量把关亦未能发挥相应作用。

三、辖区审计监管具体工作要求

针对前述问题,下面对审计监管工作提出以下几点要求。

(一)强化分支机构管理,真正实现一体化

在当前分所执业问题高发的情况下,最终需要承担责任的是整个事务所品牌,受损失的是整个事务所的利益,一损俱损。因此,各事务所必须采取切实有效措施,加强分所管理,努力做到总分所一盘棋、真正实现一体化。

一是认真推进有效整合。事务所扩张或团队吸收后,必须树立品牌意识,统一执业理念以及业务、质量控制等各项管理体系,加强内部沟通和培训学习,消除执业差异,切实做到"真合并"和利益的一体化。

二是把好分所业务关。充分认识分所执业质量对全所的重大影响,加大对分所执业

质量的监督和管控力度,全链条把控好分所的业务承接、业务委派、人员配置、项目质量复核及报告签发工作,尤其是要加强质量复核环节的管控力度,切实保证分所执业质量,降低分所业务执业风险。

三是严禁"出借"证券资格牌照。近年来资本市场发展迅速,给事务所业务拓展带来了诸多机会。由于市场竞争日趋激烈,事务所也面临收费低、人员少、时间紧的困境,执业压力较大。在此我们想强调,各事务所应珍惜资本市场执业资格,严禁违规"二次批发"证券资格,即形式上承接、实质上转由其他机构承做。我们也将对此予以重点监管,一旦发现,必将严惩不贷。

(二)加强质量控制,保证复核效果

各事务所应改变拼行业排名、轻执业质量的发展思路,做大的同时更应做强,注重质量控制,加大人员和技术投入,着力提升整体执业水平。在此强调以下两点。

一是配备足够的质控人员,充分履行复核程序、保证复核效果,防止复核工作流于形式。同时,应在制度设计、工作流程、考核评价等内部机制上充分保障质控人员独立履行复核工作,严守执业标准,避免不当干扰。从事务所长治久安的角度来保证质控的运作机制和正常履责。

二是加强证券项目质量控制复核,委派具有胜任能力、符合独立性要求的人员承担复核工作,合理设置复核人员的职责权限,保证其能够实质性参与审计项目重大事项和重大判断的讨论和复核。

(三)切实采取有效措施,确保审计独立性

独立性是审计行业生存和发展的基石,是审计执业的关键,也是注册会计师行业取信于社会公众的首要条件。事务所和审计人员必须对此高度重视,切实采取有效措施,从形式上、实质上充分保证审计独立性。

一是强化内部职业道德教育及监督,确保审计人员执业中遵守独立性要求,不要触碰监管高压线,不能为暂时经济利益放弃执业原则;同时加强内部检查,发现问题严肃处理。

二是严格执行签字注册会计师定期轮换规定。事务所内项目定期轮换能够一定程度上打破信息不对称的情况,进一步维护审计业务独立性,提升项目执业质量。事务所应加强学习、全面宣讲并认真贯彻执行签字注册会计师定期轮换刚性要求,杜绝轮换流于形式、人员非实质性轮换的情况,处理好轮换与业务衔接的关系。

三是对于审计人员离职后去审计对象从事相关工作的情形,在承接和执行其审计业务时,必须评价该事项对独立性产生的不利影响,并采取有效措施确保审计独立性。

(四)高度重视新三板业务风险控制,提升执业质量

加强新三板会计审计监管切实采取有效措施,多举措提升项目执业质量。

一是准确定位新三板业务风险类型,加强风险管理,严格执行内部质量控制程序,加大对新三板业务的内部监督审核力度。

二是量力而行,合理承接业务。事务所应充分考量审计要求、审计收费、时间进度、

自身的人员力量等多项因素,在保证能够合理安排审计资源的情况下恰当承接审计业务,切忌"拼价格"恶性竞争、贪多求大、重数量轻质量。

三是认真履责,保障执业质量。结合新三板公司的具体特点,恰当评价公司持续经营能力,重点考虑可能存在高风险的领域,尤其是收入、成本、关联方资金拆借等问题多发领域,认真做好各项审计工作,以期将执业风险降至最低,为新三板会计信息质量保驾护航。

(五)严格执行必要审计程序,恰当出具审计意见

在交易日趋复杂、监管从严的执业环境下,风险导向和程序到位是会计师事务所防范风险、应对风险的有效途径。

一是关注审计准则的变更,充分把握新准则的要求。

二是加强质量控制,保证复核结果。

三是采取有效措施,确保审计独立性。

四是有效贯彻风险导向理念,严格执行审计程序。

对于高风险类上市公司,包括受宏观环境影响较大的传统行业公司、合规风险较高的新兴行业公司以及有巨额商誉、股份支付、重大资产减值风险的上市公司,审计师应审慎识别重大风险领域,认真分析公司会计处理的恰当性、特别是异常交易,须获取充分适当审计证据,在此基础上合理出具审计意见,保障审计执业质量。

(六)加强沟通交流,促进行业发展

业界的交流明显增加,北京辖区各事务所对各业务条线检查工作提供的大量人员支持。北京辖区审计机构、与机构内部的培训,促进了行业学习互动,提升了监管人员专业水平。

一是对北京辖区审计机构的内部治理情况进行摸底调研,了解"一体化"科学性及可操作性,总结"一体化"运作的重点和难点,并精选"一体化"实施情况较为完善的模式案例,在行业中进行分享,促进行业达成共识,督促北京辖区审计机构建立符合行业标准及自身特点的内部管理模式,进而提高辖区审计机构的整体管理水平及执业质量。

二是针对上市公司执行企业会计准则和财务信息披露规范中涉及的重点难点问题,收集整理北京辖区资本市场典型会计实务案例,结合准则进行深入剖析,形成案例解析汇编,以消除疑义、凝聚共识,提升北京辖区市场主体财务信息披露质量。北京辖区机构数量众多,提供服务的审计对象也占据资本市场较大比重,积累了大量宝贵实践财富。

三是关注"接下家"行为。不少机构曾反映过行业里的"接下家"行为,委托方有不合理要求,一些机构坚持底线不妥协,结果业务被其他机构承接了,而且还出具了标准意见审计报告。对于这种严重破坏行业秩序的行为和不良风气,监管部门的态度是坚决的,发现一起,查处一起。业界同行应该共同抵制,坚守底线,维护职业尊严。只有这样,才能净化执业环境,提升行业地位和话语权。

四是加强对北京辖区风险的动态监测监控。要大力推进建立风险监控机制,各审计机构及时统计自己和证券业务客户被立案调查的情况,提前防范风险。

审计机构作为资本市场会计信息质量的把关者,在资本市场改革发展、保护投资者权益方面发挥着越来越重要的作用。北京辖区集中了全国证券资格审计机构的半壁江山,监管任务重大,需要理解、支持和积极配合。北京辖区内各机构应该秉承独立性原则,不断完善内部管理,重视执业风险,认真履行审计程序,勤勉尽责,共同促进资本市场会计信息质量的进一步提高。

参考文献

[1]单喆敏.上市公司财务报表分析.上海:复旦大学出版社,2005.

[2]何瑛.上市公司财务管理案例.北京:经济管理出版社,2016.

[3]祝建军.上市公司财务报表分析理论与实战.武汉:武汉大学出版社,2017.

[4]胡元木,姜洪丽.高级财务管理.北京:经济科学出版社,2016.

[5]赵国忠.上市公司财务困境研究.北京:北京大学出版社,2009.

[6]范瑞尔.阿查里亚,托马斯.库勒,马修.理查德森,英格.沃尔特.监管华尔街.北京:中国金融出版社.2012.

[7]刘李胜.上市公司财务管理--深层变革与创新.北京:经济科学出版社,2011.

[8]袁春生.治理环境、外部监督机制与上市公司财务舞弊防范.北京:经济管理出版社.2015.

[9]陈玉清,马丽丽.我国上市公司社会责任会计信息市场反应实证分析[J].会计研究.2005.

[10]吴晓求.中国上市公司资本结构与公司治理.北京:中国人民大学出版社.2003.

[11]郑长德.企业资本结构离理论与实证研究.北京:中国财政经济出版社,2004.

[12]宴艳阳,陈共荣.我国上市公司的资本结构与代理成本问题分析.会计研究.2000(9).

[13]朱武祥.产品市场竞争与企业融资行为及资本结构.清华大学博士学位论文.2002.

[14]刘毅.企业融资结构优化与资本市场发展.财经理论与实践,2001(12).

[15]夏清华.从企业融资结构理论谈我国企业债券市场的发展.财经问题研究,1997(9).

[16]刘金兰.论上市公司的资本结构.山西财经大学学报,2007(4).

[17]倪国柱.我国上市公司资本结构优化研究.宁夏党校学报,2006(9).

[18]王玉荣.中国上市公司融资结构与公司绩效.北京:中国经济出版社,2005.

[19]柳松.转型期上市公司资本结构优化与融资行为研究.北京:中国经济出版社,2004.

[20]李常青.股利政策理论与实证研究[M].北京:中国人民大学出版社,2001.

[21]李剑锋.现金股利政策信息内涵的实证研究[J].中国学术期刊优秀硕博论文数据库,2005.

[22]俞乔,程澄.我国公司红利政策与股市波动[J].经济研究,2001(4).

[23]魏刚.我国上市公司股利分配的实证研究[J].经济研究,1998(6):30-36.

[24]孔小文,于笑坤.上市公司股利政策信号传递效应的实证分析[J].管理世界,

2003(6)

[25]何剑. 我国上市公司股利分配问题及建议[J]. 集团经济研究,2005,(12下)

[26]陈宏辉. 企业利益相关者的利益要求:理论与实证研究[M]. 北京:经济管理出版社,2004.

[27]陈晓,王琨. 关联交易,公司治理与国有股改革[J]. 经济研究,2005,4:77-86.

[28]樊纲,王小鲁,朱恒鹏. 中国市场指数--各省区市场化相对进程2011年度报告[J]. 2011.

[29]张萍,马忠. 上市公司社会责任信息披露现状及影响因素[J]. 中国国情国力,2008(9):39-42.

[30]郑志刚. 投资者之间的利益冲突和公司治理机制的整合[J]. 经济研究,2004,2(11):5-1.

[31]周建波,孙菊生. 经营者股权激励的治理效应研究--来自中国上市公司的经验证据[J]. 经济研究,2003(5):74-82.

[32]朱宝宪,王怡凯. 1998年中国上市公司并购实践的效应分析[J]. 经济研究,2002(3),83-86.

[33]杨瑞龙,周业安. 论利益相关者合作逻辑下的企业共同治理机制[J]. 中国工业经济,1998,01:38-45.

[34]张维迎. 从现代企业理论看国有企业改革[J]. 价格与市场,1995,02:40-42.

[35]张新. 并购重组是否创造价值?--中国证券市场的理论与实证研究,[J],. 经济研究,2003,(5),20-29

[36]曹廷求,钱先航. 公司治理与盈余管理:基于上市公司的实证分析[J]. 山东大学学报:哲学社会科学版,2009(6):50-58.

[37]曹亚勇,王建琼,于丽丽. 公司社会责任信息披露与投资效率的实证研究[J]. 管理世界,2012,12:183-185.

[38]范小雯. 上市公司自愿性信息披露影响因素研究[J]. 证券市场导报,2006(4):72-77.

[39]符林,刘轶芳,迟国泰. 上市公司的成长性判定方法与实证研究[J]、财经问题研究,2008(6):71-77.

[40]耿合江,韩振燕,崔伟. 企业社会责任的影响因素及推进机制[J]. 中国人力资源开发,2008,07:35-38.

[41]陈留彬. 中国企业社会责任评价实证研究[J]. 山东社会科学,2007(11):145-150.

[42]陈宏辉,贾生华. 公司社会责任观的演进与发展[J]. 中国工业经济.2003,12.

[43]刘俊海. 公司的社会责任[M]. 北京:法律出版社,1999.

[44]冒乔玲,许敏,韩长俊. 企业成长性综合评价方法研究——基于江苏省上市公司的实证检验[J]. 财会通讯:综合(下),2009(5):47-49.

[45]沈洪涛,金婷婷. 我国上市公司社会责任信息披露的现状分析[J]. 审计与经

济研究，2006，21(3)：84-87.

[46]郭红玲.非营利组织对企业社会责任行为的影响方式研究[J].集团经济研究，2007 (03S)：98-98.

[47]雷辉，张一雄，涂蕾，等.基于主成份分析的上市公司治理水平体系构建[J].财经理论与实践，2011，32(5)：96-100.

[48]李益娟.基于 Logistic 回归模型的上市公司成长性判定[J].财会月刊，2009，6：024.

[49]李正，向锐.中国企业社会责任信息披露的内容界定，计量方法和现状研究[J].会计研究，2007 (7)：3-11.

[50]刘计含，王建琼.企业社会责任与资本约束--来自中国上市公司的证据[J].管理评论，2012，11：151-157.

[51]沈艺峰，肖珉，黄娟娟.中小投资者法律保护与公司权益资本成本[J].2005.

[52]杨瑞龙，周业安.企业的利益相关者理论及其应用[M].经济科学出版社，2000.

[53]杨瑞龙，杨其静.专用性、专有性与企业制度[J].经济研究，2001，03：3-11+93.

[54]沈洪涛.公司社会责任和环境会计的目标与理论基础[J].会计研究，2010，3：86-92.

[55]原红旗，吴星宇.资产重组的真实面貌--重组对财务绩效影响的实证研究[M]，上市公司会计研究论丛.1998,(6).

[56]Beasley, Mark S. "An empirical analysis of the relation between the board of director composition and financial statement fraud." Accounting Review(1996)：443-465.

[57]Waddock, Sandra A., and Samuel B. Graves. "The corporate social performance." Strategic management journal 8.4 (1997)：303-319.

[58]Williamson, Oliver E. "Markets and hierarchies." New York (1975)：26-30.

[59]Bhagat, Sanjai, Brian Bolton, and Roberta Romano. "THE PROMISE AND PERIL OF CORPORATE GOVERNANCE INDICES." Columbia Law Review108.8 (2008).

[60]Williamson, Oliver E. The economic intstitutions of capitalism. Simon and Schuster, 1985.

[61]Wolf, R., and K. Aupperle. "Introduction to corporate social performance：methods for evaluating an elusive construct." Research in corporate social performance and policy 12 (1991)：265-8.

[62]Yermack, David. "Higher market valuation of companies with a small board of directors." Journal of financial economics 40.2 (1996)：185-211.

[63]Agle, Bradley R., Ronald K. Mitchell, and Jeffrey A. Sonnenfeld. "A report on stakeholder attributes and salience, corporate performance, and CEO values." Research in Stakeholder Theory 1998 (1997)：39-54.

[64]Agrawal, Anup, and Charles R. Knoeber. "Do some outside directors play a political role." JL & Econ. 44 (2001): 179.

[65]Alchian, Armen A., and Harold Demsetz. "Production, information costs, and economic organization."The American economic review (1972): 777-795.

[66]Aupperle, Kenneth E., Archie B. Carroll, and John D. Hatfield. "An empirical examination of the relationship between corporate social responsibility and profitability." Academy of management Journal 28.2 (1985): 446-463.

[67]Bebchuk, Lucian, Alma Cohen, and Allen Ferrell. "What matters in corporate governance?." Review of Financial Studies 22.2 (2009): 783-827.

[68]Aupperle, Kenneth E., Archie B. Carroll, and John D. Hatfield. "An empirical examination of the relationship between corporate social responsibility and profitability." Academy of management Journal 28.2 (1985): 446-463.

[69] Bowen H. R., Social Responsibilities of the Businessman, NewYork: Harper&Row,1953.

[70]Brunda, Michael J., et al. "Antitumor and antimetastatic activity of interleukin 12 against murine tumors." The Journal of experimental medicine 178.4 (1993): 1223-1230.

[71]Freeman, R. Edward, and David L. Reed. "Stockholders and Stakeholders: A New Perspective on Corporate Governance." California management review25.3 (1983).

[72]Freeman, R. Edward. A stakeholder theory of the modern corporation: Kantian capitalism. 1988.

[73]Healy, P. M, K. G Palepu and R. S. Ruback. Does corporate performance improve after mergers [J] Journal of Financial Economics (1992),135-156

[74]Jensen, Michael C., and William H. Meckling. "Theory of the firm: Managerial behavior, agency costs and ownership structure." Journal of financial economics 3.4 (1976): 305-360.

[75]Kaplan, Robert S., and David P. Norton. The strategy-focused organization: How balanced scorecard companies thrive in the new business environment. Harvard Business school press, 2001.

[76]Cornell, Bradford, and Alan C. Shapiro. "Corporate stakeholders and corporate finance." Financial management (1987): 5-14.

[77]Dechow, Patricia M., Richard G. Sloan, and Amy P. Sweeney. "Causes and consequences of earnings manipulation: An analysis of firms subject to enforcement actions by the sec*." Contemporary accounting research13.1 (1996): 1-36.

[78]Donaldson, Lex, and James H. Davis. "Stewardship theory or agency theory: CEO governance and shareholder returns." Australian Journal of management 16.1 (1991): 49-64.

[79]Donaldson, Lex, and James H. Davis. "Stewardship theory or agency theory: CEO

governance and shareholder returns." Australian Journal of management 16.1 (1991): 49 -64.

[80] McConnell, John J., and Henri Servaes. "Additional evidence on equity ownership and corporate value." Journal of Financial economics 27.2 (1990): 595 -612.

[81] McNair, Carol J., Richard L. Lynch, and Kelvin F. Cross. "Do financial and non-financial performance measures have to agree." Management Accounting 72.5 (1990): 28 -36.

[82] Mehran, Hamid. "Executive compensation structure, ownership, and firm performance." Journal of financial economics 38.2 (1995): 163 -184.

[83] Van Beurden, Pieter, and Tobias Gssling. "The worth of values - a literature review on the relation between corporate social and financial performance." Journal of business ethics 82.2 (2008): 407 -424.

后 记

我国资本市场已经出现诸多功能缺陷:股权融资功能被过度强化,而定价功能和资源配置功能、激励约束功能则出现了严重扭曲。本书在前人研究的基础上,突破了资本市场和公司财务理论相互割裂的局部研究思路,把金融学与财务管理学视为一个整体系统,对资本市场功能缺陷的制度性根源进行了深入探讨。

本书认为,资本成本作为公司财务学、投资学以及资本市场等领域的交汇点,应该是影响资本市场功能的深层次制度因素。本书不仅剖析了资本成本在我国缺位的原因,而且突破了金融学意义上的的资本成本概念,赋予了资本成本以投资者产权的性质,使其成为剖析资本市场功能缺陷原因的一个关键工具。在此基础上,本书借鉴了投资学、公司财务学、新制度经济学和信息经济学的理论,揭示了资本成本影响资本市场功能的各种机制。

本书指出了资本市场功能与资本成本理念的内在联系,为研究我国资本市场深层次问题提供了一个全新的视角。本书针对我国上市公司财务管理的状况,广泛地吸收了国内外有关的最新研究成果,去发现问题、解决问题。通俗易懂的语言和案例,有助于读者了解财务管理的方法与内容,在理论和具体操作实务方面有所提高。在世界经济企稳回升的时刻,希望本书能够为我国上市公司财务管理提供借鉴,以求促进我国经济的健康发展。

本书从选题、框架设计以及最后修改定稿,得到了许多专家、学者的指导和帮助,尤其是得到了武汉商学院领导、科研处和同事们的积极鼓励和大力支持。本书的完成首先要感谢我所在的武汉商学院,是学校领导的支持以及良好的学术环境才使得本书顺利完成,感谢学校设立的专著基金的资助和科研处的帮助,感谢为我提供修改和指导意见的专家、学者,感谢中国商业出版社的领导和编辑为本书的写作和出版提供的大力帮助,感谢那些在我最困难和最需要帮助的时候,能毫无保留地给予我各种形式帮助的亲人、老师、同事、同学和朋友们,他们给予了我很多支持,在此一并致谢。

本书在写作过程中参考了国内外相关文献资料,已在书中注明,特向这些文献资料的作者表示衷心的感谢!

随着我国资本市场的不断发展,上市公司财务管理的状况日趋复杂,因此,本书的研究会因为作者的能力和水平不足而留下诸多遗憾,书中的不当和疏漏之处,恳请专家、学者及广大读者批评指正,并提出宝贵的意见和建议,以便进一步修改与完善,谢谢!

张 娟
2019 年 1 月